ハムレットの大学

岡山茂

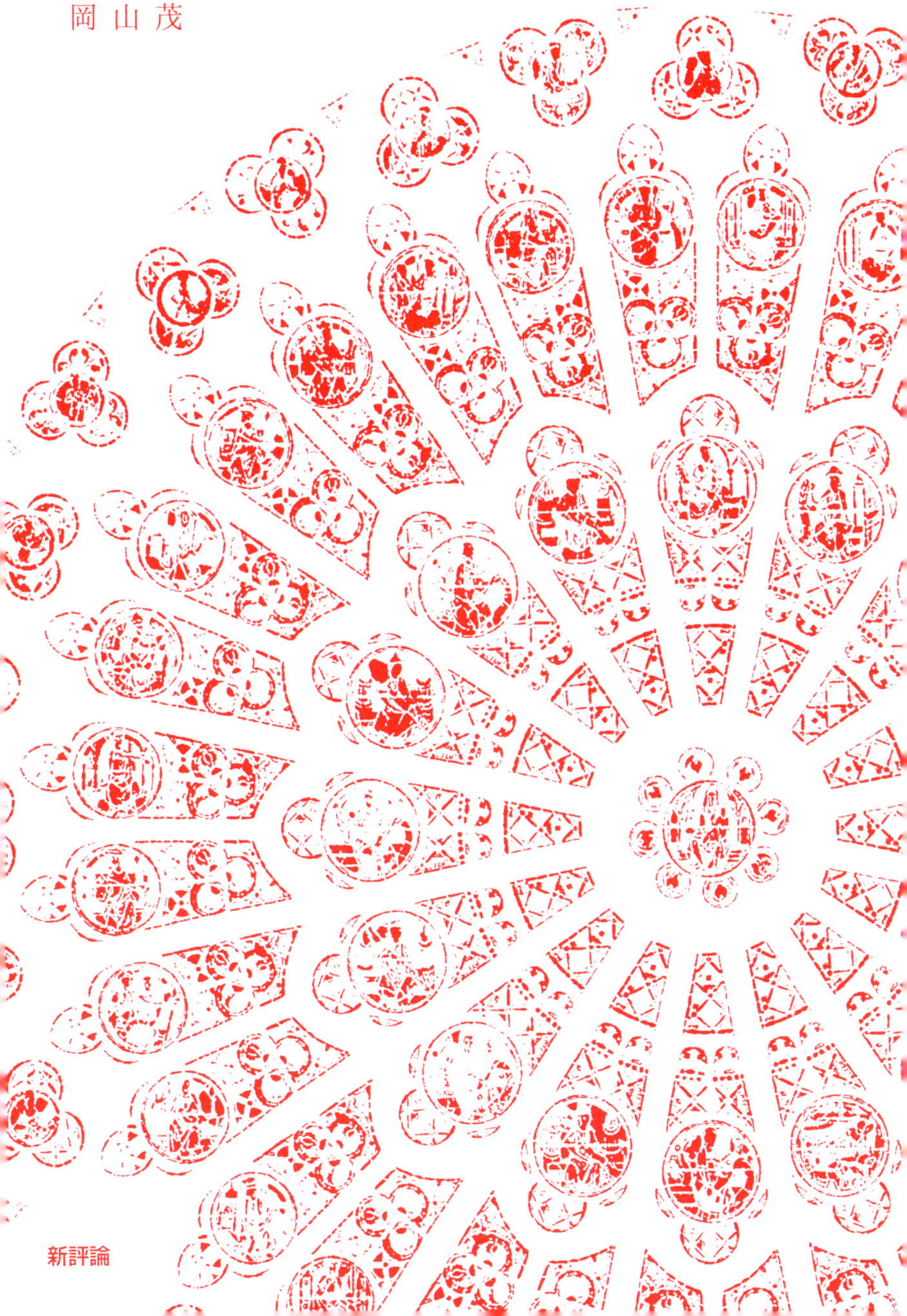

新評論

はじめに――フクシマ以後の人文学

大学は八〇〇年前の水源から発していまも流れる「河」のようなものだ。その河のなかで教員はつねに若返る学生を眺めながら老いてゆく。教員が教えたいと思うことは、学生が学びたいことであるとは限らない。教える者と学ぶ者はどのように出会うのか、あるいは出会い損ねるのかという問いは、さらに古くからある問いだろう。ソクラテスによるソフィスト批判、キリストとその弟子たちの対話などを想ってみればよい。そしてそれらは、ボローニャ大学を創った学生たちの要求、ベルリン大学の教授たちの「学問の自由」をめぐる議論、一九六〇年代末に起きた大学騒乱などへと、途切れることなく続いている。

もちろん河を流れる水にすぎない教員や学生には、水かさの増した河の護岸工事や、流れそのものを変えるような土木作業はできない。しかしそれは官僚や政治家など、すでに「陸」に上がった人たちに任せておける仕事でもない。とりわけフクシマ以後、大学の学長ばかりでなく教員や職員や学生でさえも、自らがそのなかにいる大学について根源的な反省を迫られている。大学が社会に新たな知性をもたらしうるかどうかを、自分たちで考えねばならないところにまで追い詰められている。ところでそういう大学人にも、つねに生まれ変わりながら流れる大学という「行く河」の、三・一一以後という岸辺に立ち、そこに生える「葦」となって「河」の来し方・行く末を想うぐらいのことはできる。というより、パスカルやシェークスピアの昔から、「考える葦」のように、あるいは一人のハムレットのようにこの地上に在るということは、むしろ人間としての本分なのである。

フランスの詩人マラルメが見た一九世紀末のオックスフォード大学やケンブリッジ大学には、中世以来の美しいキャンパスが保たれていた。フェローたちがそこを悠然と歩くのを眺めながら、詩人は、イギリスにはフランスとは違う「社会的寛容」、あるいは「攪乱されることのない伝統的な土地」があると思った。彼の母国は大革命のときにすべての大学を廃止してしまったからである。

フランスはその後、ヨーロッパの「大地」をも踏み荒らしてしまうだろう。プロイセンはナポレオンへの抵抗のなかでベルリン大学を創設し、近代国家としてのドイツの礎とした。普仏戦争に敗北したフランスは、一九世紀末にドイツにならって「近代」の大学を復活させるが、第一次世界大戦で再びドイツと戦い、塹壕戦の泥沼で無数の人間を死なせてしまう。両国に欠けていたのは、まさにマラルメがイギリスに見出した「社会的寛容」の精神かもしれない。

しかしそのイギリスにおいてさえ、サッチャーによる大学改革（一九七九年）でそのような精神はすっかり失われてしまった。イギリスのかつての伝統を引きつぐアメリカの有名私立大学やリベラルアーツ・カレッジ（全寮制少人数教育の学士課程のみをもつ大学）にしても、その豊かな環境は、高い学費と寄付（たしかに寛大なものかもしれない）によって支えられているにすぎない。二〇一一年秋にウォール街を占拠した群衆は、アメリカでは1％の富裕層が99％の民衆を支配していると叫んでいる。世界のいたるところで「怒れる者たち」の反乱が起きているが、この「怒り」は端的に、大学が「禁域」として一握りのエリートに独占されていることへの拒否なのである。

かつて日本には、大学がすべての人に開かれると思われた時代があった。すべての県に国立大学がおかれ、帝国大学や私立大学も含めて「新制大学」として一元化されたときである。旧制高校から帝国大学へと進んだ者にのみ許されていた特権が、すべての学生にある程度まで許されるようになると人々は信じた。自分の子どもを大学に入れることが、焼け跡から立ち上がろうとしていた民衆にとっての希望となり、それがこの国の「奇蹟の復興」を支えた。しかし大学の大衆化が進むなか、東西冷戦のせいで戦前のイデオロギーが復活する。大学もまたそのなかで反動化する。旧帝大系の支配的な地位は入試という制度によって再び揺るぎないものとなり、私立大学も学費が少しずつ高くなることで民衆から遠いものとなってしまう。歴代の政府は無償の高等教育を国民に保障する代わりに、新幹線、高速道路、そして原発の建設を優先したのである。

小泉純一郎元首相（二〇〇一年～二〇〇六年）のもとでの遠山敦子文部科学相による「聖域なき改革」は、民衆にとってさらに「不寛容」なものとなった。それは「禁域」としての大学をすべての人に開放するどころか、戦後の民衆の夢を幻想として切り捨てるような改革でしかなかった。すべての大学が「競争的環境」に投げ込まれ、予算が削減されるなかで「生き残り」を賭けた改革が迫られ、教育環境はむしろほとんどの大学で劣化した。校舎はきれいになったが教員が減らされ、第二外国語を学べないような大学や学部はいまではざらである。

それではどうして日本の若者は静かなのだろうか。「就活」はほとんど屈辱でしかないし、福島第一原発の事故による放射能汚染の影響は彼らの世代にもっとも深刻である。彼らはそれでも「社会的寛容」を失わない世界でもまれな若者なのだろうか。それとも親の世代の大学への夢が、いまでも彼らのなかに眠っているのだろうか。おそらく彼らは知っているのだ。国が不寛容なら民衆は啓蒙されてあらねばならないということを。原発事故とその後の対応で、エリートや専門家への信頼が根底から揺らぎ、そのために大学への信憑さえ薄らいでしまったいま、彼らはだまされないくらいには啓蒙されている。そうでないのは、命令されたり専門家の意見を聞いたりしないと何もできない大人たち、そしてネオリベラリズムに犯され、経営のことしか考えられなくなってしまった学長たちである。

すでにＥＵ（欧州連合）には「ヨーロッパ高等教育圏」なるものができている。しかしそこには大学の理念をめぐる不一致があり、それは簡単には乗り越えられないとクリストフ・シャルル（パリ第一大学、歴史学）は述べている。もとよりアメリカの連邦政府のような権限はＥＵにないし、その各国には日本や中国や韓国やインドがもつような科学・テクノロジー開発への自発性が欠けている。またポール・ヴァレリー（マラルメの若い友人でもあった）がアメリカや日本の台頭をまえに「ヨーロッパ」を意識したように、「ヨーロッパ高等教育圏」も「グローバリゼーション」のなかでアメリカや日本（とりわけその科学技術開発への投資の脅威）に対抗するために創られたものだった。そこにはグランド・ゼコール（フランス独自の高等教育機関）の存在をヨーロッパ全域で認めさせせようとするフランスの、ナポレオン的な意志さえ見え隠れする。

ジャック・デリダによれば、ヨーロッパとはユーラシアから突き出た「キャップ」（「岬」あるいは

「頭」）である。そこにおいて「キャピタリズム（資本主義）」も培われた。しかし蒸気機関を動かすための燃料（木材、石炭、石油）をめぐる利権争いは、帝国主義的な対立と戦争をもたらし、二度目の世界大戦では核兵器も使われた。そしてその後に原子力発電が始まり、チェルノブイリとフクシマという「ヨーロッパ」の東の辺境でカタストロフが起こった。いまやテクノロジーは人類を生かしも殺しもする第二の自然となっている。

ヨーロッパはEUを構成することでユーラシアから自らを切り離した。しかし「キャプテン」を欠いたまま大洋へと出たこの船は、その舳先（キャップ）をどちらに向けてよいのかわからない（国王と王妃をギロチンで処刑した後の一九世紀のフランスのように、その混乱は今後もしばらく続くのだろう）。いま大学は、こうして漂流を始めた「ヨーロッパ」あるいは「グローバル化」された世界のいたるところで、イマジネールな「首都」（ラ・キャピタル）として機能しなければならない「頭」（キャップ）である。「脱亜入欧」をめざした日本や、もともとユーラシアから離れたところに「帝国」を築いたイギリスやアメリカも、その船に「すでに乗船している」（パスカル）ことにおいて変わりはない。ヨーロッパにおいて誕生し、その形成に関わったがゆえに、大学は、「資本」（ル・キャピタル）との共犯を問われ、それを断ち切るように求められている「身体」なのである。

マラルメの描くエロディアードは、洗礼者ヨハネの断頭を命じ、その首との「結婚」によって地上に救世主をもたらす王女であった。またシェークスピアの描くハムレットは、真理と正義をひたすら追求することで、クローディアスのような邪な王の支配から民衆を救う王子であった。彼らには護ってくれるような親はいなかった。いまや「法人」として教会や国家の庇護のもとから離れた大学も、「資本」や「首都」

との関わりにおいて、この王女や王子のような存在であらねばならないのではないのか。そしてそこに生きる学生や教員も、一人ひとりが鏡をまえにしたエロディアード、あるいは「自分という書物を読みながら歩くハムレット」(マラルメ)ではないのか。王女や王子にはもとより就職の心配はない。彼らは「エリート」でもないし「人的資本」でもない。地上にあって民衆とともに/のために闘う、一つの自律した魂である。

洗礼者ヨハネは断頭されることを自ら望み、その首から流れる血でエロディアードを懐胎させた。エロディアードによって捨てられたその首は、地平線の向こうに落日を光背にして沈んでゆく。教える者と学ぶ者の「婚姻」も、おそらくはそのようにして成就するのだろう。夜空には昇天した知が星となって輝いている。人文学はそのなかでも中心にあるべき星座だ。なぜならそれは近代科学の成立以前からそこに輝いているし、地上における人類の生存も、「新たなユマニテ(人類=人文学)」の生成のための、その脱構築にかかっているからである。

ハムレットの大学❖目次

第三部　世界という書物

［目次下画像］
Image modifiée de la photo prise par Armin Hornung,
"Tour Eiffel 360° Panorama", 26/12/2009.

第一部　イマジネールな知の行方

エロディアードの大学　マラルメとデリダによる

＊この文章は、二〇〇五年六月二八日に早稲田大学政治経済学部第一会議室で行なわれた「教授昇任講演会」における筆者の講演録「イマジネールな知の行方、マラルメと大学を結ぶもの」を下敷きにしている。

フランスの哲学者ジャック・デリダによると、「プロフェッスール（プロフェッサー）」とは、「告白」とか「職業」とかを意味する「プロフェッシオン」という語に由来することから、「自分の信じていることを公に発言する者」という意味になるのだそうです。たとえば哲学を大学で教えることは、たんに哲学の知識を伝えることではなく、自らの哲学への「信仰」を表明し、そのために闘うことを意味する、というわけです。今日は「教授昇任講演」なるものをさせていただくにあたって、私もみなさんのまえで私なりの「信仰告白」をしなければならないのかもしれません。

私の専門は一九世紀末のフランス文学で、そのなかでもステファヌ・マラルメとサンボリスト（象徴派の詩人）たちをおもな研究対象としてきました。サンボリストというのは、マラルメのあとにやってくるマイナーな詩人たちで、合わせると七〇人ほどいます。ドレフュス事件を境に、そして一八九八年のマラルメの死を境に、フランスの韻文詩の伝統は大きく変化するのですが、そのときの彼らの身の処し方にいまの私は関心をもっています。ヴァレリー、ジッド、クローデルのように独自の境地を拓いて有名になる

「サンボリスト」がいる一方、ジャーナリストになったり、キリスト教に帰依したり、愛国主義者になったりして、詩を書くことから遠ざかってしまうサンボリストたちもいるのです。クリストフ・シャルルが『「知識人」の誕生』(1)のなかで描いているように、ドレフュス事件のときにドレフュス派として活躍したサンボリストは多いのですが、一九〇五年に政教分離法が施行されたときの彼らの反応はさまざまで、さらに第一次世界大戦のころになると、もはやグループとしての存在さえ確認できなくなってしまいます。どうしてそのようなことになったのか、その後「サンボリスム」(象徴主義)はどのようなかたちで生き残っているのか、ということを私は明らかにしてみたいのです。

しかし実を言うと、このサンボリスト研究は、一九九八年に私がこの学部の専任講師になって以降あまり進んでおりません。日本の大学は九〇年代中ごろから大きく変わりつつあって、大学で研究するということがもはや自明なことではなくなってしまいました。長いこと非常勤講師をやってきて、ようやく「研究」ができるような身分になったときに、それまでやってきた文学研究はひとまず措いてでも、大学で教えたり研究したりするというのはどういうことかを、一から考えざるをえなくなったのです。

とは言え、マラルメにも短いものですが大学について語った文章はありますし、その晩年の一八九六年には、大革命以降廃止されていた大学が、フランスに法人として復活しています。また大学というテーマは、必ずしも文学研究からかけ離れたテーマではありません。じっさい私は、マラルメとサンボリストに関連してドレフュス事件を調べているときに、クリストフ・シャルルと出会い、彼がピエール・ブル

---

(1) Christophe Charle, *Naissance des «intellectuels». 1880-1900*, Les Éditions de Minuit, 1990. 邦訳、白鳥義彦訳、藤原書店、二〇〇六年。

デューとともにアレゼール（「高等教育と研究の現在を考える会」▼本書第二部参照）という大学人の自主団体を組織していることを知りました。そのアレゼールの本を翻訳した機会に、私も何人かの同志と「アレゼール日本」という研究会を創ることになりました。つまり大学について考えるにあたっても、私はいわばマラルメとサンボリスト経由で始めたのです。

1　イマジネールな知とは何か

この講演のタイトルを「イマジネールな知の行方」としましたのは、マラルメのイマジネールな世界と大学における知的研究に共通するものとして、「イマジネールな知」というものがあってよいのではないかと思ったからにほかなりません。それがどのようなものであるかを示すために、ここでは「知」を三つに分けて考え、それをそれぞれ、「宗教的な知」、「イマジネールな知」、「科学的な知」と名付けたいと思います。

まず「宗教的な知」というのは、たとえありえないことではあってもそれを信じる人にとっては真実であるような、ミステーリアスな知をいいます。たとえば聖母マリアがイエス・キリストを身ごもったという話は、受胎告知の絵などを通してわれわれにも親しいものになっていますが、キリスト教世界では真実として語り継がれています。説明しがたい知であるがゆえに信仰の対象となって、人々を自然あるいは死への怖れから救うものが、この「宗教的な知」です。この地上にどうしてわれわれは存在しているのかという問いに科学が答えることができないかぎり、この「知」は存続するでしょう。

次に「イマジネールな知」というのは、これがマラルメとも関係するのですが、「宗教的な知」を文学的なイマジネーションによって脱構築するような知をいいます。それは一つの作品として誰にでも読めるものとなりますが、イマジネーションによって作り上げるものですから虚構《フイクション》としてしか存在しません。

いま「脱構築」と言いましたが、これはジャック・デリダが用いて有名になった言葉で、「デコンストリュクシオン」というフランス語の日本語訳です。壊すことでも作ることでもなく、すでに在るものを絶えず批判的に作り変えていくという、終わることのない構築を言います。もとはと言えばデリダは、この「脱構築」というアイデアをマラルメから手に入れたのではないかと私は思っています。

デリダは一九七〇年代にマラルメ論を書いていて、そのなかで「イメーヌ hymen」という言葉の両義性に着目しました。「イメーヌ」というのはギリシャ語起源のフランス語で、ふつうは「結婚、婚姻」を意味しますが、解剖学では「処女膜」を意味します。たとえばマラルメのテクストには、「欲望とその成就のあいだのイメーヌ」というような表現があって、その両方の意味を持たせることでやっと理解が成立するような微妙な言葉使いが随所にあります。そしてそのような言葉の両義性を極限まで駆使して書かれた作品に、『エロディアードの婚礼』という未完の作品があります。マラルメはまさにこの作品において、聖母マリアに関わる神秘を「脱構築」しようとしているのです。ここで「イマジネールな知」を実感してもらうために、その『エロディアードの婚礼』をごく簡単に紹介したいと思います。

これは「聖史=神秘劇《ミステール》」と銘打たれていて、アレクサンドランという一二音綴の詩句によって書かれた、それほど長くはない作品です。マラルメはドレフュス事件のさなか、その騒ぎから逃れるようにパリを離

（2）アレゼール日本編『大学界改造要綱』藤原書店、二〇〇三年。

れて、ヴァルヴァンという郊外の小さな村でこの作品を完成させようとしました。しかし突然の咽喉の痙攣の発作で死んでしまいます。一八九八年九月のことです。そのためこの作品は未完成のまま残され、一九五九年まで公表されることもありませんでした。

登場人物は、ある城に暮らすプリンセス「エロディアード」、昔から彼女に仕えている乳母、そして預言者ヨハネの「首」です。エロディアードは、鏡のなかの自分に憧れながら、その影と一つになることをひたすら待ち望んで生きているナルシスティックな王女です。ナルシスが水鏡に映る自分に恋して沼で溺死してしまうのに対して、彼女のまえにはガラス板という透明な障害があるため、鏡のなかには入れません。あるいは彼女は、太陽が出ると消えてしまう月のような存在であって、ひたすら「月」に還ることを待ち望んでいるのかもしれませんが、いまは地上に追放されて暮らしているのです。

ある日のこと、エロディアードは中庭で沐浴しているときに、その裸身を太陽に少しだけ覗かれてしまいます。すると彼女の鏡に小さなひびが入りました。鏡が割れてしまうと自分も消えてしまうけれども、その割れ目から鏡のなかに入り込むことができるかもしれない。そういう期待が生まれたときに、彼女はヨハネの声を聞いたのでした。ヨハネは城の牢につながれていて、そこから大声で何事かを叫んでいます。その声が彼女の部屋の窓から風のように入り込んできて、窓のカーテンを揺らし、彼女のベッドのシーツを撫で、首だけの一つの影となって宙に浮かぶのをエロディアードは見ました。

ヨハネは太陽からの使者であり、地上における預言者です。そして天の世界に戻るために、首を刎《は》ねられたときに思い切り跳ね上がって、その勢いで「天の氷河」を打ち破ろうと考えています。つまりエロディアードにとっての鏡のガラス板は、ヨハネにとっての「天の氷河」でもあるのです。それが彼らを結びつけると同時に切り離しもする「イメーヌ」となっており、そこに少しだけ「ひび」が入ったのでした。

乳母は地平線に沈む太陽に、ひざまずいて祈るような人の姿と、舌を引きつらせたまがまがしい首を見たような気がしました。また台所の食器棚に飾られている金の皿が、太陽の光を受けて異様に輝いているのにも気づきました。乳母はその皿の上に盛られるはずのエロディアードの婚礼の宴のごちそうが、地下牢にいるヨハネの首であることを予感します。

エロディアードはじっさい「聖者の首を金の皿に載せてもっておいで」と乳母に言うのです。地上にむなしく落ちてしまったヨハネの首が、エロディアードのもとに運ばれてきます。それからはエロディアード一人だけの、孤独な「婚礼」の儀式です。すべては物言わぬ首に向かっての彼女のモノローグなのですが、最後にヨハネの首を高く掲げ、その冷たい唇をむさぼると、首から滴る血が彼女の白い体に沿って流れます。ヨハネは太陽の光ではなく、自らの血でエロディアードを洗礼したのでした。もはや役目を終えた首は、エロディアードによって窓の外へと投げ捨てられます。首はこんどは、沈んだ太陽を追いかけるかのように、まだ赤く染まっている西の地平線に消えてゆくのでした。エロディアードは暗くなった部屋のなかで一人バレエを踊ります。それは自分が鏡のなかの影と一つになり、いまや女王として地上に君臨できるようになったことを祝うためでした。

以上がマラルメの『エロディアードの婚礼』のあらすじですけれども、聖書におけるサロメの伝説が、自由に換骨奪胎させられていることがお分かりになったと思います。サロメはヘロデ王の義理の娘で、宴会の席でダンスを踊って会席者たちを喜ばせ、王から「なんでも欲しいものをあげるから言ってごらん」と言われると、「ヨハネの首」と応えたのです。マラルメはその宴会のごちそうのテーマを、金の皿の上のヨハネの首にすりかえ、サロメの踊りを部屋のなかでのエロディアードのバレエというかたちで採り入れています。

ところで、エロディアードはこうして処女のまま懐妊するのですが、いったい誰を産むのでしょうか。マラルメはそのことについては一切語っていません。しかしヨハネはメシアの到来をつげる預言者ですから、キリストであると言ってもよいかもしれません。しかしそうなると、エロディアードはサロメではなく、聖母マリアだということになります。聖書においては、サロメはヘロデ王を惑わせヨハネを殉教させる邪悪な女であり、マリアはキリストを身ごもる聖なる女となっています。しかしマラルメのエロディアードにおいては、サロメとマリアが一人の女性に統合されてしまっています。もしマラルメの「聖史＝神秘劇」が「真実」であるなら、聖書の物語はいったい何なのでしょうか。

一九世紀末には、サロメを主題にしたさまざまな作品が書かれました。このマラルメの作品は未完であったため、フランスでもほとんど知られておりませんが、ギュスターヴ・フロベールの『エロディア』やオスカー・ワイルドの『サロメ』を超えるものを、マラルメが晩年に構想していたことは間違いありません。そしてそれは、聖母マリアにまつわる「秘蹟」をイマジネーションによって脱構築する試みだったのです。

この『エロディアードの婚礼』は、聖書があればこそ意味をもつ一つの物語であって、それを否定するものではありません。にもかかわらず（あるいはそれゆえに）、マラルメのサロン「火曜会」はサンボリストたちにとっての秘教的な「信仰」の場となり、マラルメはその教祖とされてしまいました（▼本書二二五－二二八頁参照）。マラルメとしては、文学は教会から異端扱いされる「黒ミサ」ではなく、カトリシスムという「宗教的な知」とともに機能する「イマジネールな知」であったはずなのですが。
たしかに、この「イマジネールな知」は文学を可能にします。しかしより厳密に言うなら、それは中世から存在する伝統的な韻律によって育まれている「知」であり、脚韻の響きや詩句のリズムによって、世界あるいは宇宙を感性的に理解しようとするものです。それはカトリシスムと裏腹の関係にあります。つまり「宗教的な知」が天からの光で地上の闇を照らそうとするのに対して、それはインクの黒で闇そのものを飼いならし馴致しようとするのです。一九世紀末のフランスに起こった韻律法の崩壊という「事件」は、この「イマジネールな知」を危機に陥れるものにほかなりませんでした。サンボリストたちによる「自由詩」やナテュラリストたちによる「小説」の隆盛のなかで、「イマジネールな知」の崩壊はすでに始まっていたのです。

もう一つ、「科学的な知」が残っていました。これは、人間が観察や実験にもとづいて手に入れた知であって、ガリレオが「それでも地球は回る」と言ったように、「宗教的な知」と対立します。それは科学技術を生み出し、「自然」を変える力をさえ持つようになるでしょう。バイオテクノロジーやクローンの技術は、試験管のなかでの「処女懐胎」を可能にしました。しかしそのことによって、われわれがこの地上に存在していることの「神秘」が明らかになったわけではありません。医学が病気を癒すことはあっても、また不妊治療が子どものいない夫婦に希望をもたらすことはあっても、それらはわれわれを「死」への怖れから救うものではありません。むしろ「科学的な知」はクローン技術や原子爆弾を可能にするゆえに、「宗教的な知」からその倫理を問われることになるでしょう。

しかし「科学的な知」も「宗教的な知」と同様に、世界を光で照らそうとするものです。それは「啓蒙」という思想と結びついて迷妄の闇を祓おうとしますが、いかにあまねく照らそうとしても光は影を作りだしてしまいます。つまり「知」はつねに「非＝知」を作りだすのです。「イマジネールな知」はその「非＝知」に関わる特殊な「知」であると言えましょう。それはあたかも「月」のように、太陽の光を受けながら地上の闇を照らします。ヨハネの首と結婚して女王となったエロディアードは、「鏡」のなかに入り込んで、そのなかからわれわれを見つめています。「鏡」というものに触れるときに、〈彼女〉の視線を感じることがないとしたら、それはわれわれの「イマジネールな知」が枯渇していることの証拠です。

以上に述べた三つの知は、それぞれが独立した場を形成しています。しかしそのうちの一つのみが特権化されると、知はたちまち権力と化してしまうでしょう。そのためこれらの三つの知をつき合わせ、それらを互いに批判させることのできる場がさらに必要なのです。それこそが「大学」であり、そのなかでもとりわけ「人文学」であるとデリダは言っているように思います。もとより大学は、教会と密接な関係にありながら、近代化のプロセスにおいて教会から離れました。しかし「科学的な知」を育み伝えることを目的とするようになった今日でも、そのなかに宗教や文学を研究する「人文学」という分野を含んでいます。それゆえ、大学およびそのなかの「人文学」という領野において、三つの知のあいだの絶えざる調停がなされうるはずだし、なされないといけないのです。科学的には証明できないゆえに、これはまるで大学への、そして人文学への「信仰」のようなものなのですが、その「信仰」をデリダは『条件なき大学[3]』のなかで「告白」しました。しかしそのことについて語るまえに、まずはマラルメを介して一九世紀の大学を見ておくことにします。

2　一九世紀ヨーロッパの大学

マラルメにとってイギリスは特別な国でした。そこには「汚されることのない伝統的な土地」が息づいていると言っています。一八九四年、彼はオックスフォード大学とケンブリッジ大学を訪れ、そこで「音楽と文芸」という講演を行なうのですが、そのときの旅の思い出を綴った「禁域」という文章のなかで、イギリスには二つの美しい大学都市が花開いていると書いています。イギリスには霧に覆われたロンドンや、工場の煤煙にまみれた地方都市もあるのですが、それらもまるで「考えるための二つの都市」への自己犠牲を厭わないかのようだといい、そこにフランスとは「異質の社会的寛容さ」を認めています。

また「対岸から見たテニソン」という文章の冒頭において、マラルメはイギリスの詩人テニソンの葬儀がウエストミンスター寺院で行なわれたことを印象的に語っています。フランスではユゴーはパンテオンの冷たい地下に眠り、テオドール・ド・バンヴィルはリュクサンブール公園に碑が建てられていますが、彼らの葬儀はパリのノートルダム寺院で行なわれたわけではありません。しかしイギリスにおいては、国民的な詩人の葬儀が英国国教会の大聖堂で行なわれているのです。そこに宗教と文学とが矛盾なくつながる、イギリス独特の風土があるとマラルメは考えたようです。つまり「宗教的な知」と「イマジネールな知」と「科学的な知」の共存を許すような、「汚されることのない伝統的な土地」です。

（3）Jacques Derrida, *L'Université sans condition*, Éditions Galilée, 2001. この講演ののち、二〇〇八年に西山雄二による邦訳『条件なき大学』（月曜社）が刊行された。

ところで、私はかつて東京日仏学院でモーリス・パンゲ先生の授業に出ていたときに、たしかジョルジュ・バタイユについての講義だったと思うのですが、大地の処女性について興味深い話を聴きました。つまり人間は、直立歩行を始めたときから、朝に立ち上がり、夜に横になるという運動を日々繰り返すようになりましたけれども、バタイユによるとこれは、処女なる大地と交わろうとするわれわれの、性的なピストン運動にほかならないのだそうです。しかしその欲望はわれわれが死んで墓穴に入ることによってしか成就しません。よって大地はつねに「処女」のままに留まるのです。言いかえるなら、われわれは男も女も「死」をまえにしては「処女」であるということ、つまり「鏡」をまえにしたエロディアードにほかならないということです。

マラルメも、日没とは、太陽という〈男〉と大地という〈女〉の交わりであると考えていました。そこから「人類」が地上に産み落とされたのだとすれば、日没という光と闇のドラマにわれわれの地上における生誕と、その運命の秘密を読みとることができるはずです。そしてそれを言葉に翻訳することが「詩人」たる者の役目なのでした。テニソンはそのような詩人として国民から尊敬されていたがゆえに、ウエストミンスター寺院に埋葬されたのです。ではどうしてユゴーはノートルダム大聖堂に葬られなかったのでしょうか。

イギリスが「処女なる大地」を大切に守っているのに対して、フランスはそれに「手を付けて」しまいます。まず一八世紀の終わりに大革命が「宗教的な知」を権力から遠ざけました。中世以降ずっと教会の庇護のもとにあった大学も、そのときに廃絶されてしまいます。次に一九世紀の終わりに、伝統的な韻律法という聖域にも手が付けられ、「イマジネールな知」が崩れ始めてしまいました。

大革命のころ、フランスでは大学の代わりに、のちにグランド・ゼコールと呼ばれることになる高等教育機関が創られました。それは高級官僚、エンジニア、軍の参謀のようなエリートを養成するためのいくつかの「学校」であり、科学技術を優先して教える実践的な教育機関でした。その後ナポレオンは、このグランド・ゼコールをさらに充実させるとともに、かつて大学に属していた法学部、医学部、文学部を復活させ、それらを「帝国大学」という全国的なシステムのもとに置きました。それらは「ファキュルテ」(学部)と呼ばれ、法律家、医者、教員など、社会で働くプロフェッショナルを育てることになりました。

他方、ナポレオンに征服されたプロイセンにおいては、まさにこのナポレオンのモデルに抵抗するためにベルリン大学が構想されたのです。つまりフランスのように中世からの大学を廃絶してしまうのではなく、それを近代にふさわしく蘇らせるために、カントの「批判」の理念を生かした学の再編が行なわれました。そのころのドイツは、いくつかの国のゆるやかな連合にすぎませんでしたが、プロイセン以外でもベルリン大学にならった改革がなされ、それぞれの国の代表的な大学が競い合う環境が生まれました。そしてそこでなされる知の生産(研究)とそれに結びついた知の伝授(教育)が、ドイツ語による文化の涵養をうながし、ドイツの国家としての統合を可能にしたのです。

ナポレオンの失脚後、ドイツは近代国家としての体裁を整えていきます。一九世紀後半になると、その大学は世界に君臨し、国家としてもフランスを凌ぐほどの発展を遂げるようになります。じっさい普仏戦争でフランスはドイツに敗れてしまうのですが、しかしその栄光の絶頂にあったドイツにおいて、大学の凋落もまた始まったのでした。つまり、大学はドイツの国家としての統一を可能にしたにもかかわらず、国家がひとたび確立されると、その庇護というより監視のもとにおかれて、大学としての自律性を失ってしまうのです。具体的に言うなら、グランド・ゼコールがなかったドイツでは、一九世紀末から二〇世紀初頭にかけて、大学の「グランド・ゼコール化」が進みました。つまり技術者や官僚を多く必要とする時代の要請に応えて、研究や学問よりも、高度な技術をもつ専門家を養成するための「実学」が重視されるようになったのです。かつての「大学」が凋落するなか、ドイツの帝国主義的な一元化は進んでいきました。

逆に普仏戦争に敗れたフランスでは、その後に成立した第三共和政において、ドイツへの留学から戻った者などの意見を入れて、大学の復活が目指されるようになります。フランスはたしかにスエズ運河やエッフェル塔を可能にする科学技術は手に入れたけれども、「学問」や「研究」はおろそかにされている。ドイツの大学のよいところを採り入れるべきではないのか。学生は、たんに弁護士や医者になるだけではなく、一個の自由な精神として真理を求めるために学ぶべき者ではないのか。そのような意見が次第に強くなっていきました。こうして一八九六年にようやく、ほぼ一〇〇年ぶりに「大学」が復活するのです。しかしグランド・ゼコールはそのまま残りました。そのためフランスにおいては、大学とグランド・ゼコールがパラレルに存在することになりました。ベルリン大学を創った理想の火がフランスに点ったことは見逃せませんが、エリート養成のためのグランド・ゼコールがつねに優先されたため、必ずしも理想は実現されるに至りませんでした。

他方、イギリス（ことにイングランド）は、そのようなヨーロッパ大陸の騒擾をよそに古くからの大学を存続させたのです。オックスフォード大学とケンブリッジ大学が英国国教徒以外の学生を受け入れるようになるのは一八七〇年代に入ってからのことにすぎません。一九世紀末になるとドイツの大学は凋落し始め、フランスはと言えば一九世紀初頭のプロイセンにできた大学がようやく移殖されたばかりなのですから、その時点でイギリスの大学がもっとも充実していたということになります。イギリスには過去に根ざしながらも未来を先どりした「禁域の概念」があるとマラルメは言いましたけれども、それはそのことを指すのではないかと思います。

ところで、マラルメはオックスフォード大学とケンブリッジ大学での講演で、フランスが伝統的な韻律法に「手を付けた」ことを「事件」として知らせました。イギリスの聴衆がどのような反応を示したかは伝えられておりませんが、処女なる大地を大切に守り続けている彼らにとって、それはほとんど想像できない事態であったに違いありません。

フランス大革命はアンシアン・レジームを崩壊させましたが、そこで使われていた「かつての言語」がそれとともに一挙に崩壊したわけではありません。それは体制が変わったあとも存続し、ゆっくりと時間をかけて落日のように崩壊しました。マラルメによれば、それは一八八五年のユゴーの国葬のときまで続いたのです。その後も高踏派《パルナシアン》は頑なに伝統的な韻律法を守ろうとしますが、より若い世代の象徴派《サンボリスト》は「自由詩」と称してあえて韻律法に反した詩を書くようになりました。個人的な韻律が可能になる一方、「イマジネールな知」は危機に瀕してしまいます。そして詩人たちのこのような混乱に乗じて、小説というジャンルと、言葉を用いない音楽というポエジーが「詩句」よりも優勢となったのでした。

マラルメはイギリスでの講演から戻って、「イマジネールな知」の伝統をフランスから絶やしてはいけないと訴えるようになります。イギリスの大学のようなすばらしい環境は無理だとしても、せめて「文学の土地基金 Fonds littéraire」とでもいうような、著作権の切れた作品の印税で若い世代の詩人たちを育英する仕組みをフランスは作るべきであると、新聞で訴えたのです。そのアイデアをマラルメは、大学都市から帰る汽車の車窓から、沈む夕日を眺めているときに思いついたと書いています。しかしその訴えに国もアカデミー・フランセーズも耳を貸しませんでした。もとより第三共和政は、イギリスではなくドイツの方を向いてそこから「大学」を移入しようとしていたのです。詩人たちもテニソンよりはワーグナーに浮かれていました。

ヨーロッパ大陸における「処女なる大地」は、大革命とナポレオンによって踏み荒らされてしまったというべきです。「宗教的な知」を葬り去り、「死への怖れ」を忘れた両国のあいだに、次第に政治的な緊張が高まっていきます。そしてそれをおし留めるための「イマジネール な知」も機能しないまま、両国は第一次世界大戦の「泥沼」にはまり込んでゆくのです。

3　デリダによる大学論

それからさらに一世紀を経たいま、ＥＵ統合を目指すヨーロッパは、自らが作り出した「グローバリゼーション」という流れに抵抗しないとヨーロッパではありえないという矛盾に苦しんでいます。ヨーロッパというキャップ（岬＝首）をどのようにしてユーラシア大陸という「身体」から切り離すかが問われているのです。イギリスはアメリカとヨーロッパ大陸との間で、フランスはイギリスとドイツとの間で、ドイツはフランスと東欧（さらにトルコ）との間で引き裂かれています。そのような状況のなかで、ジャック・デリダはどのように大学について語るのでしょうか。『条件なき大学』は一九九八年にアメリカのスタンフォード大学で行なわれた講演をもとにしていますが、そのなかで彼は、自らの哲学者としての「科学的な知」のほかに、「宗教的な知」と「イマジネールな知」を動員しながら語ろうとしています。

> これからお話しすることは、あたかも一つの信仰告白のようなものとなるでしょう。一人の教授《プロフェッスール》による信仰告白《プロフェッシオン・ド・フォワ》です。日ごろの自分の習慣に逆らい、それを裏切ることになることへの許しを、あたかもみなさんに請うかのように振舞わねばなりません。(4)

始めから「信仰」が問題となるのは、デリダが中世からの連続性のなかで大学を考えようとしているからです。ジャン＝フランソワ・リオタールの『ポスト・モダンの条件』は、「ポスト・モダン」という条件のもとで大学について考えています。しかしデリダはそのようないっさいの「条件」のないところで、大学を問い直そうとするのです。そのときに「イマジネールな知」もまた必要となります。たとえばこの引用のなかで、デリダは「あたかも」を二回イタリック（翻訳では傍点）で使っていますが、講演の後半でこの「あたかも」という言葉を分析していることからも察すると、彼はマラルメの『賽の一振り』にある大文字の「あたかも…のように *Comme si*」を意識しているかのようです。つまり「あたかも」という言葉がフィクションを可能にすることから、現実にはありえない（イマジネールな）「条件なしの大学」に

(4) Derrida, *op. cit.*, p. 11.

ついて語ることも可能となるのです。もとよりデリダが、マラルメのように言葉によるイマジネーションを最大限に駆使しようとしていることは、humanité（「人類」）とhumanités（「人文学」）、professeur（「教授」）とprofession（「告白あるいは職業」）など、同類の語にひそむ両義性にたえず注目していることからも判ります。要するに、「宗教的な知」と「イマジネールな知」をともに動員することで、「科学的な知」のための場としての大学を脱構築しようとしているのです。さてデリダはこの「条件なき大学」について、次のように語っています。

もとよりこの大学は、学問の自由と言われるもののほかに、問うことと提案することにおける無条件の自由と、さらには、真理に関する研究、知、思考が必要とするすべての事柄について公的に述べる権利を、要求し、認められねばなりません。(5)（傍点はデリダ）

「大学改革」と言えば、いまある大学をある条件のもとで作り変えることが問題となります。しかし「条件なき大学」は、そのようにして作り変えられるような大学ではありません。なにしろそれは、「学問の自由」のほかに、「問うことと提案することにおける無条件の自由」、さらに「真理に関する研究、知、思考が必要とするすべての事柄について公的に述べる権利」を保証されているのですから。ここには、かつてベルリン大学を構想したドイツの哲学者たちの理想、つまり「権力批判」のできる場としての近代の大学のイメージが反映されていますが、さらにそれを発展させて、「批判を超える」、つまり「脱構築する」大学というものが想定されています。

じっさいこの条件なき大学は存在しません。そのことを私たちは知りすぎるほどよく知っています。しかしそれは原理的に、そしてその果たすべき役割に照らして、またその明らかなメリットのゆえに、ドグマティックかつ不当なあらゆる権力への最後の批判の――そして批判を超える――レジスタンスの場として、あり続けるべきなのです。(6)

この引用のなかにある「批判を超える」という言葉について、それは「脱構築する」という意味であるとデリダは断っています。つまり彼はかつての大学を脱構築するばかりでなく、脱構築する主体としての「未来の大学」をも提案しているのです。それは「ドグマティックかつ不当なあらゆる権力」を批判するにとどまらず、それをより公正な「権力」へと作り変えてゆく「レジスタンスの場」となります。権力によって「改革」されるどころか、「権力」をさえ脱構築してしまうような大学です。具体的に言うなら、「グローバリゼーション」の時代にふさわしく大学を「改革」するのではなく、「グローバリゼーション」そのものを問い直すことのできる、「無条件の大学」が想定されています。国境を越えた資本の移動が国家の枠組みをあやふやにするなかで、「人類 humanité」すべてに関わること（人間の本質、人間の権利、人道に反する罪など）について「無条件」に考え、問い、提案する場こそが大学であり、そのなかでもとりわけ「人文学 humanités」であるというわけです。

（5）*Ibid.*, p. 11-12.
（6）*Ibid.*, p. 14.

ところで、この「条件なき大学」を「処女なる大学」と言い換えることが許されるかもしれません。フランス語では「大学」は女性名詞で、代名詞では「彼女」となるため、まるで大学が一人の女性であるかのようなニュアンスがデリダの文章からも生まれています。しかもその女性はいま処女性の危機にあるのです。「いまや大学は捧げられ、もてあそばれ、屈服させられています。それは至るところで降伏せざるをえなくなっています。それは貧血し、放心し、ときに無条件降伏さえ強いられています」。「それは身売りもします。あるいはたんに占拠され、捕まえられ、買われ、複合企業や国際企業の支店となることを受け入れます[7]」。

われわれは論文を書くときに、引用の出所を明らかにすることになっています。それは剽窃をしてはいけないというより、自らのイデーの「処女性」が問われるからです。たしかに真にオリジナルなイデーは「処女懐胎」からしか生まれません。ニュートンはりんごが木から落ちるのを見て万有引力の法則を発見したという伝説がありますが、初源のイデーはまさにどこからか突然に告知されるものなのです。そのニュートンも在籍していたかつてのイギリスの大学においては、処女なる大地への「ディセミナシオン」（播種）によるイデーの「懐胎」が可能でした。またかつてのドイツの大学においても、それが培う「文化」や「教養」は、大地を「耕作」するように耕すべきものでした。しかし今日のヨーロッパ（そして日本）の大学には、そのための「汚されることのない伝統的な土地」がありません（サッチャーの「改革」はイギリスの大学からそれをむりやり奪いとってしまいました）。アメリカやカナダの大学なら、かつて国から譲り受けた広大な「土地」を住宅用に分譲しながら生き延びることもできますが、ヨーロッパ（そして日本）の大学には、そのための不動産さえありません。したがって「身売り」をしたり「スポンサー」を持ったりすることが必要となるのです。

かつて教会の庇護のもとから離れ、いま国家からも離れようとしている大学は、「資本」との関係においてこれからどのようにしてその処女性（自律性）を保つのでしょうか。あるいはそれとどのような「婚姻」を結ぶのでしょうか。資本（キャピタル）に従属するのではなく、それを拒むのでもなく、その断頭（デキャピタシオン）を自ら命じ、首（キャップ）と結婚することで新たな知を懐胎する、まるでエロディアードのような大学を想ってみるべきでしょうか。

世界をさまよったあげくに、イラクで首を切られて死んだ日本の青年がいます。彼は「エロディアードの大学」のための「殉教者」であったのかもしれません。日本に入りたい大学がなかったがゆえに、世界をさまよっていたというのですから。

一九世紀末にマラルメは、韻律法の崩壊のなかでサンボリストたちがさまようのを見て、イギリスの「寛容」の精神がフランスの「自由、平等、博愛」とは相容れないとしても、そこにある「処女なる土地」は、「文学の土地基金」というかたちでフランスに移入すべきであると考えました。鏡のなかにガラスを壊すことなく入ろうとするエロディアード、あるいは「自己という書物を読みながら」歩くハムレットのような、〈彼〉あるいは〈彼女〉がこの「世界」で生きるためには、イマジネールな「土地」がどうして

（7）*Ibid.*, p. 19.

も必要だからです。二〇世紀末に「条件なき大学」について語ったデリダも、グローバリゼーションのなかでさまよう〈彼〉や〈彼女〉のための「大学」を構想しました。いまだかつてあったためしはなく、これからもありえないかもしれないその「大学」を、私はマラルメやデリダとともに信じたいと思います。

リクルートスーツのハムレットたちへ

いまリクルートスーツに身をつつみ、就職の面接に向かおうとする日本の学生は、鏡を見ながらどのような対話をエロディアードと交わすのだろうか。人事担当者たちの無遠慮な視線にさらされる彼や彼女を、鏡のなかのエロディアードはどのように見守るのだろうか。孤立無援のなかで自分を見失わないでいるためには、知識よりも信仰のようなものが必要だ。「自己責任」とは、「条件なき大学」をもたない社会の無慈悲さの別名にほかならない。彼や彼女のこわばった顔を、エロディアードの微笑みでほぐすにはどうすればよいのか。

デリダの講演は、「ゆっくり考えてください。でも急いでそうしてください。これから何がみなさんを待ち受けているのか、みなさんには判らないのですから(1)」という言葉で終わっている。これはデリダのヒューモア、冗談、挑発であるとともに、彼の悲鳴であったのかもしれない。というのも、彼によれば「不可能なことのみが到来する」からである。誰が望んだわけでもないのに二つの世界大戦は起きた。つい先ごろも、地震と津波に続いてフクシマの原発事故が起きた。中世や古代ギリシャにまで遡って、大学やリベラルアーツの歴史などを調べている「暇」はあるだろうか。

何事もないことを「祈る」だけではどうにもならない。何事もなかったことにするわけにもいかない。エロディアードが「あの聖者の首を金の皿に載せてもっておいで」といい、ハムレットが「鼠だ！」といって緞帳のうしろのポローニアスを刺し殺したのが正義と真理のためであったとすると、そういうエロディアードやハムレットが生きられるところは、もはや文学か「条件なき大学」のなかにしかない。ところが日本の大学はいま息絶えようとしている。「日本においてフランスの大学、ヨーロッパ型の大学は二〇〇四年の国立大学法人化によって死んでしまった(2)」とクリスチャン・ガランは言う。この言葉は冗談ではないだろう。それにしても、「不可能なことのみが到来する」のなら、不可能なものとしての「条件なき大学」は到来しうるということではないのか。

1　「条件なき大学」とは何か

デリダのいう「条件なき大学」はもとより「近代の大学」である(3)。しかしそれは近代になって新たに創られた大学というより、批判を通して蘇った「中世の大学」である。そのことを知るには中世から近代にかけての大学の変容を追いかけてみなければならない。

一三世紀初めのボローニャやパリやオックスフォードに集まった学生や教師は、それぞれの出身地ごとに「ナチオ」(ネーション=同郷団体)を構成し、自分たちの学ぶ権利、教える権利を護ろうとした。「ウニヴェルシタス」とは、そういう「ナチオ」が複数集まることによって形成された「同業組合」のことであり、ローマ法王庁から「規約」を得ることで当地の権力者からの相対的な自由を保障された。

それは神学部、法学部、医学部をもつようになることからも判るように、本質的に「プロフェッシオネル」（職業専門的）なものである。リベラルアーツ学部はそれらの専門学部のもとにあって、そこでの学習に必要な「一般的」な科目としての「リベラルアーツ」を教えたが、それとても、司祭や役人や医者になるのでなければ、「リベラルアーツ」の諸科目の教師となる者を養成した。また「ウニヴェルシタス」に入るときには「プロフェッシオン」（修道請願）をなさねばならなかった。「プロフェッセ professer」という動詞には「自らの信仰を告白する」という意味があったが、そこから「宣誓する、公言する、教える」というような意味も派生した。だから「プロフェッスール」（教授、教師）として大学で教えること、あるいはそれぞれの地方に戻って教師になるということは、「自らの信じるところを公言する」ことを旨とする「職業」に就くことだった。彼らのもとで学び、社会で働くようになった者たちも、その志を引き継ぐことになるだろう。こうして「中世の大学」において、自らは清貧に甘んじながらも人々を苦しみから救うために働くという、「プロフェッシオン」（職業、専門職）の概念が成立した。

それは生活の糧を得るための「労働」や、親方のやることを見よう見まねで覚える「職人仕事」（メチエ）とは異なり、「スコレー」（学校）のなかで育まれるものだった。「スコレー scholè」とは「学ぶための余暇」を意味するギリシャ語である。余暇において自由に学ぶことによって「プロフェッシオン」は可能になる。ギリシャ・ローマの時代には「自由人」のみが「スコレー」を享受していたことを考えると、

（1）ジャック・デリダ『条件なき大学』西山雄二訳、月曜社、二〇〇八年、七三頁。

（2）クリスチャン・ガラン「日本の大学の自由化について」岡山茂訳、『日仏教育学会年報』第一三号、二〇〇七年、一一一頁。

（3）「近代の大学は条件なきものでなければならないでしょう」。デリダ、前掲書、九頁。

誰にも開かれている「ウニヴェルシタス」の成立は一つの革命にほかならなかった。

古代ギリシャのソフィストは、地方からアテナイにやってきて教えることで生計を立てようとした人たちだった。彼らは不安定な身分であったとはいえ、ローマ時代にリベラルアーツとして体系化されることになる知を教えようとしていたのだから、「自由人」であったのかもしれない。あるいは教育者（ペダゴーグ）とは古代において自由人の子息の通学に付き添った奴隷であったというから、「奴隷」であったのかもしれない。いずれにしても彼らは、アテナイに来て「教える」ことで身を立てようとしたのである。

彼らがばらばらであり連帯できなかったのに対して、一二世紀後半にパリにやってきたリベラルアーツの教師や、同じころにボローニャにやってきて法学を学ぶようになった学生は、「ウニヴェルシタス」を創ることにより、そしてローマ法王から規約を得ることにより、それぞれの都市において自分たちの教える権利と学ぶ権利を護ろうとした。それがヨーロッパにおける「大学」の始まりである(4)。

しかし黎明のころの厳しい規律（ディシプリン）に貫かれた大学の在りようは、時がたつにつれて崩れてゆくだろう。「プロフェッシオン・リベラル」（医師や弁護士などの自由業）も世襲によって再生産されるにつれ、民衆の救済よりは自分の儲けを優先するようになる。中世末期になると、人文主義、ルネッサンス、プロテスタントの運動のなかで、ローマ法王庁は追い詰められ、ガリレオの弾劾にみられるように、科学＝学問に対して不寛容なものになってゆく。その庇護のもとにあった大学も、今度はその抑圧から逃れられなくなってしまう。そしてそのようにして自由を失い、凋落してしまった大学を、フランス大革命は迷うことなく廃止したのである。

こうして歴史は振り出しに戻る。一九世紀前半に地方からパリにやってきた多くの労働者のなかには、眠ることを犠牲にして夜に学び始める者たちもいた。彼らに決定的に欠けていたのは「スコレー」である。「条件なき大学」は彼らにとって、「蜂起」としてしか実現しえない夢のようなものとなるだろう。[5]

ところですでに一七世紀には、デカルトやパスカルが不自由なものとなってしまった大学の外にいて、人文主義やルネッサンスの成果を吸収しながら、一人の人間として考えようとしていた。彼らはスコラ哲学に支配されている大学とは対立したけれども、キリスト教の神は信じていた。彼らにとっては、正義と真理は一つのものであらねばならず、そのためには神が存在しなければならなかった。他方一八世紀のディドロやダランベールは、デカルトやパスカルと同じく大学の外にいたとはいえ、すべてを人間の理性にしたがって合理的に考えようとした点が異なっていた。真理はもはや宗教的なものではなく、合理的なものであらねばならなかった。『百科全書』（「アンシクロペディー」）とは「サイクル（円環）をなすパイデイア（教育、教養）」という意味だが、この円環の中心には人間の理性あるいは悟性が据えられていた。そして古代からの「リベラルアーツ」よりも、それまで手による仕事として貶められていた「メカニカルアーツ」が注目されるようになる。それが「テクノロジー」への道を拓くのである。

当時のフランスは、テクノロジーにおいてイギリスより進んでいたわけではない（血液循環、万有引力、電気、蒸気機関などはイギリスで発見あるいは発明されている）。しかしそこに「革命」の可能性を見出

（4）クリストフ・シャルル、ジャック・ヴェルジェ『大学の歴史』岡山茂・谷口清彦訳、文庫クセジュ、白水社、二〇〇九年、一七一―二〇頁参照。

（5）一九世紀前半のパリでの労働者たちの「学び」については、Jacques Rancière, *La nuit des prolétaires, Archives du rêve ouvrier*, Fayard, 1981（ジャック・ランシエール『プロレタリアの夜』邦訳近刊）を参照。

し、「産業革命」が語られるようになるのはフランスにおいてである。[6] フランスでは「啓蒙思想」を通して、闇を払う光への信仰、科学主義のイデオロギーが広まってゆく。それが「人類の解放」の物語となって民衆を動かし、大革命が起こるのである。その後のフランスにおける高等教育は、民主的な国家の建設のために必要なエリートを養成するグランド・ゼコールと、大学がばらばらになったあとに復活するいくつかの「ファキュルテ」（学部）によって担われるようになる（▼本書一〇五－一〇七頁参照）。

このようなフランスにおける変化を、遠くプロイセンのケーニヒスベルク大学から眺めていたのがカントだった。ドイツではルターも大学の教員であったが、一八世紀前半からすでにハレ大学やゲッティンゲン大学では改革が始まっている。そしてそれが一八一〇年のベルリン大学の創設へとつながる。

近代ドイツの大学は、フランスで大学が廃止されたあと、ナポレオンがフランス・モデルをヨーロッパ全域に拡大しようとする戦争のさなかに、それへのレジスタンスのなかから生まれた。それは中世以来の大学を潰してしまうのではなく、それを近代にふさわしく蘇らせるという選択だった。新たに創られたベルリン大学においては、かつてのしがらみにとらわれない試みがなされ、そのモデル（研究と結びついた教育の実践）がアメリカや日本にも移植されるようになる。しかしそれさえも、一八世紀におけるハレ大学やゲッティンゲン大学の改革、そしてカントを参照したものである。

こうしてプロイセンに成立した「近代の大学」では、リベラルアーツ学部の代わりに「哲学部」が「下級課程」を形成するようになる。また「プロフェッスール」は、「自らの信じるところを公言する者」であるほかに、それぞれの「ディシプリン」（学問領域）において研究を行なう専門家（プロフェッシオネル）となった。「プロフェッシオン」という言葉は、「職業」のほかに「専門」という意味をはらんで重層化する。さらに、大学は教会から離れて国家の庇護のもとに入ったため、「スコレー」のなかで自由にものを考えるにしても、かつての「ナチオ」のようにヨーロッパの地方ごとにまとまるのではなく、「ナショナルな」機運を育むものへと変容した。じっさいそれぞれの領邦のなかに生まれたドイツの大学は、ドイツという国家の統一を可能にする媒体へと変貌する。「解放の運動はその最盛期である一八四八－四九年には学生全体の六〇パーセントを動員し、学生はこうして諸邦の国境を越えて存在するドイツの初めての社会政治的グループとなった[7]」。

ところでデリダは、このような「近代の大学」を踏襲しながらも、「哲学」の代わりに「新たな〈人文学〉」がその基礎をなすような「条件なき大学」を構想している。この「新たな〈人文学〉」は、従来の人文学とは違って、法学、社会学、教育学、政治学のような「社会科学」にも開かれている。それはグローバルなものとなった世界における「人類」（ユマニテ）の問題について、「リベラルアーツ」が七つの「自由技芸」で構成されていたように、七つの論点において考察する新たな「人文＝人類」学（ユマニテ）となる（▼本書九六頁参照）。その七つ目の「論点」においては、デリダ自身が「二〇世紀における大きな出来事」とみなす、イギリスのJ・L・オースティンによる「コンスタティヴ」（事実確認）と「ペルフォルマティフ」（行為遂行）の区別を乗り越えるための試みもなされる。こうして一九世紀のドイツばかりでなく、オースティンを育んだ二〇世紀のイギリスの人文学の伝統をも参照しながら、「近代の大学」はデリダによって「脱構築」されるのである。真理と正義のつながりを回復し、想定外の「出来事」にも開か

（6）Cf., Christophe Charle, *Discordance des temps, une brève histoire de la modernité*, Armand Colin, 2011, p. 22.

（7）シャルル、ヴェルジェ、前掲書、二八頁。

れてあるような、自律した知の空間としての「条件なき大学」は、そのようにして誕生する。

2　「法人」としてのハムレット

しかしデリダも言うように、いま世界にあるのは、さまざまな条件によって縛られた大学にすぎない。日本においては、大学に入るのにも入試や学費というハードルがあるし、大学自体も「認可基準」や「大学評価」によってがんじがらめに縛られている。二〇一二年一一月、田中真紀子文部科学大臣が三つの大学の設立認可申請を独断でしりぞけ、マスコミで話題になったのは記憶に新しい。もとはと言えば、大学設置基準の「大綱化」や、国立大学の「法人化」によっていまの体制を創ったのは、国と文科省である。そして国や文科省に圧力をかけ、そのような改革を強いてきたのは財界であり、それになんの批判もできなかったのがマスコミである。大学は四面楚歌のなか、抵抗することもできずにそれを受け入れてしまった。「条件なき大学」は無防備であるがゆえに「無条件降伏」することにもなる、とデリダは言っていたが、クリスチャン・ガランはそういう事態を、「日本におけるフランスの大学、ヨーロッパ型の大学の死」と呼んだのである。

「近代の大学」は、一九世紀初めのプロイセンに誕生したころは君主によって庇護されていた。もちろん君主には服従しなければならなかったが、カントのいう理性の「公的使用」は認められていた。つまり「啓蒙された君主」は「学問の自由」を保証したのである。しかし君主はつねに「啓蒙されている」とは限らない。近代国家となってビスマルクのような宰相が現れると、大学もナショナリズムにふりまわされ、その自律性とモラルを見失ってしまうことになる。ベルリン大学の創設から二世紀を経たいま、「近代の大学」はネオリベラリズムによる改革にさらされ、国家の庇護のもとから放り出されるようになってしまった。大学は「法人」として自立的な経営を目指すものとされ、その経営が国の認証する機関によって「評価」されるようになっている。しかしそもそも「法人」とは何なのか。国の直接の管理のもとにあるわけでもなく、私的な利益を追求するものでもない公的団体を「法人」というなら、たとえばハムレットのような「人格」を想い描くことも許されるのではないか。じっさいいまの日本の大学は、父王を失い、母にも裏切られたハムレットそっくりなのである。

シェークスピアの『ハムレット』では、主要な登場人物はみんな死んでしまう。しかしハムレットの祖国デンマークは、真理と正義がともに守られた国としてノルウェーの王子に委ねられる。デンマークの民衆は、ハムレットの父を暗殺して王位についたクローディアスのような王の支配を免れたという意味で、ハムレットによって救われたのである。いま日本の大学に問われているのは、ハムレットのように自らは死しても、民衆を守ることのできるような真の意味での「法人」となることではないのか。

ハムレットはシェークスピアの作品（一六〇七年）において学生である。ヴィッテンベルク大学に留学しており、父王が死んだという知らせでデンマークに戻ってきている。また重臣ボローニアスの息子でハムレットに剣の試合を挑むレアティーズも、パリ大学に留学している学生である（第二幕の冒頭で、ボローニアスはパリにいる息子の行状を従者にひそかに探らせようとしている。子を想う親の心配はいつの世も変わらない）。ところが二人はいずれも留学中に父を失い（ハムレットはさらに母親を奪われ、レアティーズも妹オフィーリアを失う）、その死をめぐる真理（真実）と正義を絶望的に求めねばならなくなる。そしてクローディアスの陰謀にはめられ、彼らは剣の試合で闘うことになる。それはまるでプロテスタントのヴィッテンベルク大学（ルターが教鞭をとっていたことで知られる）とカトリックのパリ大学を、彼らが代表して闘うかのようだ。ハムレットの遺言執行人となるホレイショーもまたヴィッテンベルク大学の学生であることを思えば、『ハムレット』とは、その背景に大学の死と再生というテーマをもつ大学をめぐるドラマでもあるのだ。

ハムレットは王子であるから「就職」の心配はない。父王のあとを継いで王となり、デンマークの民衆を守ることがその「プロフェッシオン」である。また彼は「スコレー」を思う存分に享受できる。父王の亡霊から聴かされたことが真実であるかどうかを確かめることが、彼においてはそのまま正義をなすことにつながる。ハムレットにとっては、たとえ新王クローディアスのもとでデンマークの平和が維持されるにしても、それだけでは済まされない正当＝正統性の問題が残るのである。

オースティンの「スピーチ・アクト」の説によれば、「地球は太陽の周りを回っている」というのはコンスタティフ（「事実確認的」）なスピーチ・アクトであり、「ガリレオを断罪せよ」はペルフォルマティフ（「行為遂行的」）なそれであるということになる。真理について語ることと正義をなすことのあいだには、そういう意味では何のつながりもない。地動説をとなえるガリレオを断罪することは、ローマ法王庁がそれら二つのスピーチ・アクトを同時に捉える「展望」を示しうる限りにおいて「正当」である。しかし科学的な知がそのことに異議を唱えざるをえなくなったとき、その正当性は失われ、宗教的な知と科学的な知は分裂せざるをえなくなる。そういう状況のなかで、デカルトとパスカルが、信仰を保ちながら一人の人間として考え、行動したということには重要な意味があった。なぜなら、宗教戦争の後とはいえ、ほとんどの民衆はいまだにキリストの教えを信じており、その教えによれば、真理と正義は一つであらねばならなかったからである。デカルトは、「我考える、ゆえに我あり」と言いつつも、神の存在と霊魂の不滅を信じた。パスカルも「人間は考える葦である」と言いながら、キリスト教護教論を構想している。ところでハムレットは、シェークスピアが作ったフィクションのなかの人物であるけれども、デカルトやパスカルと同じように一人でものを考え、行動し、結果として民衆を不正な支配から救う英雄となる。民衆は彼を愛していたとシェークスピアも書いている。もとより王子とは王位継承者であるばかりではなく、王によって大切に育まれるべき民衆も象徴している。誰でも生まれたとき、あるいは幼いころには、王子や王女のように大切にされねばならないし、そうした記憶をもつはずである。ハムレットとは「すべての人間の若き亡霊」であるというマラルメの言葉も、それ以外のことは語っていない。

ところで、ドレフュス派によってドレフュスの冤罪が晴らされ、政教分離法が成立するようになる二〇世紀初頭のフランスにおいても、事情は同じだろうか。そしてドレフュス事件から一世紀を経たこの日本においても、同じことが言えるのだろうか。この問いは、いまのフランスや日本において、学生は「王子」あるいは「王女」でありうるのかという問いとして投げ返すことができる。学費無償化や奨学金の問題は、そこから問い直さねばならない問題である。

現代の学生はハムレットと違って「就職」しなければならない。その悩みは、どのような職に就くべきかということでなければ、職に就くことができるかどうかというものであり、正義と真理（真実）の関係を見出すことではない。しかしそこにも「在るべきか在らざるべきか」というハムレットの問いが遠く響いていることは確かである。彼らは「生きるためには働かねばならない」ということを「条件」として引き受けている。親の庇護から離れ、自立して生きるためには、大学卒の修了証もまた必要なのである。いまでは大学もそういう彼らのために組織し直されている。「プロフェッスール」も大学からの給料で生活しているサラリーマンのようなものだ。文科省から天下りしたクローディアスのような学長に、あるいは企業の社長のようにふるまう学長に諾々と従っている。デカルトやパスカルであれば、このような大学に留まることはないだろう。しかし「近代の大学」は、中世の大学の外にいたデカルトやパスカル、そしてルターやカントから始まったものである。われわれはそこから逃れようがない。

　近代のドイツの大学は、その絶頂にあった一九世紀後半からすでに凋落を始めている。ニーチェはそういうドイツの大学を軽蔑したが、二〇世紀になるとハイデガーのような哲学者も現れる。ハイデルベルク大学の総長となり、ヒトラーをも指導しうると思ったハイデガーは、「啓蒙された君主のもとで」というカントの「条件」を忘れてしまったと言うべきだろう。また彼はオースティンを知らなかったがゆえに、「ユダヤ人は国家をもたない」と「ユダヤ人を排斥せよ」という異なるスピーチアクトを混同してしまった。正義と真理のパラレリスムの侵犯がカントのような「批判」を通さずになされるようになってしまったところに、「近代の大学」の限界もあった。

　しかしそれでも「正当性」は問われねばならない。われわれもハムレットのように、家庭における大婦や親子の対話において、正義と真理の関係について問われることはある。またハムレットのように、学生であるときに親の死に目に会うことはよくあることである。そのときに学生は親の「無念」に想いを馳せないだろうか。そして「言論の自由」が保証されているとはいっても、社会のなかで働きながら自らの信念を公言するには、やはりハムレットのような勇気がいるのである。ハーグにある国際司法裁判所や、「正義とは何か」を講義するサンデル教授の教室のような特権的なところではなく、もっと身近なところに、真理と正義を一つの「展望」のもとに収めうるような大学があらねばならない。

ここで思い起こしておきたいのは、古代ギリシャのソフィストたちである。彼らは「奴隷」ではなかったにせよ、「自由人」としては生きていけない人たちであった。そしてソクラテスもまた、そうしたソフィストの一人であった。彼は施しなら受けたかもしれないが、謝礼を要求することのない変わったソフィストだった。そういうソクラテスは政治家たちから疎まれ、しまいには毒杯をあおいで死なねばならなくなる。しかもそのような運命をあえて受け入れる。プラトンは、このソクラテスとの対話を書き記すことで「哲学」を創始した。真理と正義について語り、詭弁家としてのソフィストを弾劾しうるような哲学者としてのソクラテスの像は、プラトンによって確立される。しかしプラトンはそればかりでなく、街なかでソクラテスのように真理と正義の関係について語ると、毒杯を自らあおいで死なねばならなくなるということも示したのである。それゆえに哲学は、アテナイから離れた「アカデメイア」というところで、「スコレー」の囲いのなかで教えられ、語られるようになった。

しかしもし「アカデメイア」のなかでしか真理は正義でないのだとしたら、街なかにあっては力が正義であってもよいということになる。ハムレットの叔父のクローディアスも、デンマークの平和を維持しうるのであれば「よき王」なのである。それゆえプラトンは、哲学を学んだ者が政治家や君主にならねばならないとした。カントもまた、「啓蒙された君主」のもとでの理性の使用について語った。しかしそういうプラトン以来の伝統のもとで、ハイデガーは哲学者が「総統」をも指導できると考えた。みごとな倒錯であるといわねばならない。そしてみごとに裏切られた。われわれはいま、「スコレー」のなかで学んだ者が必ずしも正義を実現できるわけではないことを知っている。イェール大学を出ているアメリカの元大統領は、証拠もなしにイラクは大量破壊兵器を隠しているといい、それを口実に戦争を仕掛けることを「正義」とした。たとえ真理を捻じ曲げようとも、平和が維持されるのであれば、あるいは「テロリズム」を根絶できるのであれば、力も正義であるというわけだ。

たしかにデカルトやパスカルも、政治の領域においては力が正義であってもしかたがないと考えていた。宗教戦争のときの内乱の悲惨を知る彼らにとって、平和こそは「最高善」であり、それを維持するためには、力と権威が必要なのである。ただし科学と信仰の領域においては、真理こそが正義であらねばならないというのが彼らの信念だった。そして彼らはその信念を生きた。デカルトはローマ法王庁によるガリレイの弾劾に絶望し、『宇宙論』の発表をあきらめて『方法序説』を書くだろう[8]。パスカルもまた政治の力には抗わないが（「人は正しいものを強くできなかったので、強いものを正しいとした[9]」）、ジャンセニストとして、王権とむすんで教育を独占しようとするイエズス会と闘った。このようなパスカルの態度を、塩川徹也は「政教分離」の立場に通じるものとしている[10]。

フランスではドレフュス事件以後に、科学的・学問的真理こそが正義であるという考えが定着する。この事件のあいだに大学もまたフランスに復活し（一八九六年）、ドレフュス派が実権を握ったことで「政教分離法」も成立する（一九〇五年）。しかしグランド・ゼコールはあいかわらず国家のエリートを養成していたし、再生した大学も「ファキュルテ」の寄せ集めのようなものでしかなかった。そういうなかで政教分離は、逆説的なことながら、国家と教会の結びつきを再び強めてしまうことにしかならなかった。イギリスの国教会やドイツのプロテスタント教会は、もとより国家に従属しており、フランスのカトリック教会のように国家から自立してふるまうことはなかった。しかし政教分離法によって政治的な権力を失ったフランスのカトリック教会は、結局はドイツやイギリスの教会と同じ性格を帯びてしまうことになる。つまりナショナリズムを支え、第一次世界大戦へと向けて民衆を動員するのに貢献してしまうのである。(11)

ミシェル・フーコーは、かつてイラン革命が起きたときにこの革命への支援を表明して、フランスの大方のメディアから批判された。批判した人たちは、フーコーがイランでの神権政治の復活を支持しているとみなした。政教分離が国是となったフランスでは、そのような批判は当然であったろうし、いまのイランの状況をみれば、このときの革命は必ずしも民衆を解放するものではなかったと言えるかもしれない。しかしフーコーは、「ライシテ（非宗教性）」とは言ってもイスラム教がキリスト教と同等に扱われるわけではないフランスを見ながら、イランの若者たちの反乱に「条件なき大学」への訴えを聴いたのである。じっさい「条件なき大学」がなければ、国家と教会は結びつき、「政教分離」も絵に描いた餅となってしまうということを、六八年五月の革命とパリ大学ヴァンセンヌ校の試みの挫折のあとで、フーコーはよく知っていたはずなのである。(12)

「条件なき大学」とは、真理と正義、国家と宗教、政治と信仰のあいだにあって、それらを切り離すと同時に結んでいる「イメーヌ」（婚姻＝処女膜）のようなものである。それが壊れてしまえば「政教分離」

（8）田中仁彦『デカルトの旅／デカルトの夢　『方法序説』を読む』岩波書店、一九八九年参照。
（9）ブレーズ・パスカル『パンセ』前田陽一他訳、中公文庫、一九七三年、二〇〇頁、ブランシュビック版番号二九八。
（10）塩川徹也『パスカル『パンセ』を読む』岩波書店、二〇〇一年、一七六頁参照。
（11）Cf., Christophe Charle, *La Crise des sociétés impériales, Allemagne, France, Grande-Bretagne 1900-1940*, Essai d'histoire sociale comparé, Seuil, 2001, p. 27.

もありえないが、壊れないとしてもそれは「鏡」のようなものとなって、われわれを惑わすだろう。そしてこの「惑い」は、ハムレットの「迷い」のように本質的に正しいのである。オースティンによる「事実確認」と「行為遂行」の区別を乗り越えようとすれば、われわれもまたエロディアードやハムレット、あるいはマラルメやデリダのように、処女なる舞台（あるいは白い紙）のうえで惑わねばならない。(13)

3　エロディアードと監視カメラ

いま「政教分離」を標榜している国家に生きる人々は、無宗教の教会ともいうべきエロディアードの「鏡」を信じている。教会という誰もが入ることのできる象徴的な鏡は砕け散り、その一つ一つの破片が具体的な「鏡」となってわれわれの家のなかにある。男たちはその前でネクタイを締めひげを剃り、女たちはまるでエロディアードへの供物のように化粧品を並べている。しかし鏡のなかからわれわれを見つめるエロディアードの瞳を、われわれは見ることができない。反射する光に遮られて、闇のなかに光るその眼を見ることができない。

それはいまのところ監視カメラのようなものだ。かつてパリにはノートルダムとエッフェル塔という二人の「聖母」がいて、そこに暮らす人々の生活を見守っていたが、この都市もいまでは、彼女たちだけではすべての人を庇護することができないほどに大きくなってしまっている。観光客、留学生、「不法滞在労働者」もたくさんいる。だから監視カメラの眼が至るところで光っている。「条件なき大学」がないところでは、エロディアードはいまだに怖い貌をしたサロメであり、われわれにやさしく微笑む「聖母」ではない。

かつてランボーは、そういう「都市」から抜け出して「自然」のなかに「女性」を見出そうとした。少年は暑い夏の日の夕暮れに、郊外の小道をどこまでも歩いてゆく。麦の穂に脚をさされ、柔らかな草を踏み、ほてった頭を風にさらして歩くうちに、「無限の愛」が身体のなかを立ち昇るのを感じる。この「一人のボヘミアン」にとって、大地はあたかも「一人の女性」であるかのようだ。彼は森のなかの光のあたる泉のほとりに、若い一人の兵士が横たわっているのを見る。この兵士もまた「自然」という「女性」に抱かれて眠っているかのようだ。しかしそのわき腹には二つの赤い穴が開いていた。

彼がシャルルヴィルからパリにやってきたのは、なにもグランド・ゼコールやファキュルテに入るためではなかった。詩人のヴェルレーヌに誘われてのことである。パリには地方から多くの若者がやってきており、二人も入り浸った「カルチエ・ラタン」のカフェにはそういう学生がたくさんいた。しかし彼らはパリを離れてロンドンにゆく。その後にブリュッセルで、ヴェルレーヌがランボーを拳銃で撃つという事件があってからは、ランボーはヨーロッパからも抜け出て、一人でアラビアの地で武器商人として生きる

(12) アラン・ド・リベラ『理性と信仰　法王庁のもうひとつの抜け穴』(新評論、二〇一三年)の「訳者あとがき」(四四七頁)で、阿部一智は次のような興味深い記述をしている。「[…] 現代のイスラム教はキリスト教にくらべて聖典の自由な解釈をより制限する傾向があり、そのため前近代的な社会構造を温存しやすく、また、政教分離に対する障害となりやすいことがよく指摘される。しかしアラン・ド・リベラによればそれはキリスト教やイスラム教という宗教の本質とはほとんどかかわりがない。むしろ中世西欧において「大学」という制度が確立し、しかもパリ大学に典型を見るように「神学部」のしたに「人文学部」(こんにちの「教養学部」)が置かれたことに関係がある。イスラム世界はついにこうした工夫を実現できなかった」。

(13) デリダはこの「惑い」をつぎのように表現している。「ここでお話したことが理解しうるものかどうか、それが意味をもつのかどうか、私にはわかりません。なぜなら、問われているのは意味の意味だからです。これまで皆さんに宛てた発言の位置づけ、ジャンル、正当性がどのようなものなのか、についてはとくにわかりません。[…] それは哲学でしょうか、文学でしょうか。それとも、演劇でしょうか。作品や講義なのでしょうか、それとも一種のセミネールでしょうか」。デリダ、前掲書、七三頁。

ようになる。そして脚にガンを患い、マルセイユの病院で妹に見守られながら一八九一年に死ぬのである。

デカルトによれば、すべてを疑う「私」の存在を疑うことはできない。さもないと「疑い」の無間地獄に堕ちてしまい、何が真実で何が正義であるかも判らなくなってしまうからである。しかしランボーは「地獄の季節」を生きることを自ら選び、あらゆる感覚を錯乱させることで「未知」へと至ろうとした。彼はパスカルのいう「一本の葦」であったかもしれないが、ヨーロッパの外という処女なる大地を自らの足で移動する「葦」だった。そういう意味においてランボーは、マラルメのいうハムレットに似ている（「英雄がいる——後はすべて端役だ。彼は歩きまわる。ただそれだけだ。自分自身という書物を読みながら」）。

ランボーよりも一二歳年上のマラルメは、英語教師としてフランスのいくつかの地方のリセ（日本の高校に相当する後期中等教育機関）に勤めたあと、パリのリセに職を得た。そして郊外のヴァルヴァンという村に夏のための小さな住処を手に入れ、パリとこの地を往復するだけでよいと思い定める（そこにはフォンテヌブローの森とセーヌ河という「自然」があった）。しかしドレフュス事件がもっとも白熱したさなかに、咽頭の痙攣で突然のように死んでしまう。彼は若いころに書いた「エロディアード、舞台」を『エロディアードの婚礼』として完成させようとしていた。死の四年前の一八九四年にはオックスフォード大学とケンブリッジ大学で「音楽と文芸」という講演をし、帰りの汽車の窓から夕日を見ているときに閃いた「文学の土地基金」というアイデアを『フィガロ』紙に発表していた。それはイギリスにある「中世の大学」を、第三共和政のフランスにイマジネールな形で移植しようという提案だった。マラルメのエロディアードは、聖者の首との「婚礼」によってキリストを産むのでなければ、オフィーリアが身ごもっていたはずのハムレットの子を、一九世紀末のフランスに産んだかもしれない。そしてそれは「ハムレットの大学」であったかもしれない。

4　大学の死を超えて

奇妙なことに、いま日本とフランスの大学でほぼ同時に、「研究と教育」から「就職のための教育」へのシフトが起きている。そしてそれは「プロフェッシオナリザシオン」(職業専門化)と呼ばれている。もともと「プロフェッシオネル」なものであった大学が、どうしていま「職業専門化」されないといけないのか。

フレデリック・ネイラによれば、この「プロフェッシオナリザシオン」という言葉は、フランスでは一九四六年に初めて英語からの借用として使われている。[14] しかしそれが大学に改革を求めるさいのキーワードとなるのは、「大衆化」の第一次の波が押し寄せた六〇年代のことである。じっさい一九五八年から六八年の一〇年間に、フランスでは学生の人口は二・八倍に増え、大学を出ても就職できない若者が現れるようになった。

そのころ道は二つしかないとみなされていた。一つは「使える財源に合わせて学生数を制限すること」であり、もう一つは大学の「職業専門化」である。しかし「六八年五月」以降は、後者の道しかないということになってしまった。その理由も二つある。まず第一に、学生の反発が怖くて、入試による選抜の導

(14) フレデリック・ネイラ「大学の職業専門化という幻想」岡山茂訳、『日仏教育学会年報』第一八号(通巻四〇号)、二〇一二年、一一一—一二〇頁。

入も学費の値上げもできなかったということ。バカロレア（中等教育修了資格＝大学入学資格）を取得しさえすれば誰でも無償で高等教育を受ける権利があるとされるこの国では、その権利に手がつけられるようなことがあれば必ず学生の大規模なデモが起き、政権そのものが揺らいでしまう。それゆえ政策担当者たちは、学生やその親たちの気がかりである「就職」をいわば人質にとって、大学を職業専門教育へと向かわせようとしたのである。第二に、「職業専門化」への幻想を人々が共有していた。「教育を市場の需要に合わせる」という考えは古くからあるが、経済学や社会学の多くの研究は、「雇用と教育」の関係はそれほど単純なものではないことを示している（企業は近い将来に市場の需要がどうなるかを正確に予測することはできない。そうであるなら大学の教育をその需要に適合させることはできない）。しかしそのころにはそのような幻想が共有されていた。ネイラによれば、一九六六年に出版されたブルデューとパスロンの『遺産相続者たち』[15]もそのような幻想を育むのに貢献している。

すでに一九六六年にはＩＵＴ（技術短期大学部）のような職業専門コースが大学のなかに創られている。問題はこれらのコースのみに入学時の選抜が認められたことである。これらのコースは企業からの受けもよく（ということは就職状況もよく）、次第に学生の人気を博するようになる。大衆化の第二の波がやってくる一九八〇年代半ばになると、これらのコースはその特権を利用してより意識的に「優秀」な学生を集めるようになる。するとそこに入れなかった学生は誰でも入れる「一般教育コース」に流れざるをえない。とりわけ人文・社会科学系に学生が溢れ、今度はそこが「失業者予備軍の吹き溜まり」とみなされるようになる。かつて庶民的な学生に開かれていると考えられていた「職業専門コース」は、いまでは「一般教育コース」よりもブルジョワ的なものとなっているとネイラはいう。

一九九〇年代末以降になると、もはや大学のなかに新たな「職業専門コース」が創られるのではなく、「一般教育コース」そのものの「職業専門化」が推し進められるようになる。教員のなかにも、それこそが大学をふたたび魅力的なものにする切り札だと考える者が現れるようになる。日本でも一九九一年の「大綱化」以降にさまざまな名称を付記した「学士」が創られるようになったが、フランスでは一九九九年以降に、「一般教育」の「リサンス」（学士）のなかに多種多様な「職業専門リサンス」が創られるようになる。学生には「スタージュ」（企業での「研修」）が、そして教員にはそのスタッフの一部に大学外からの「実務家」（プロフェッシオネル）を招くことが義務づけられるようになる（こうなると従来の「教授」「プロフェッスール」はもはや「プロフェッシオネル」ではないかのようだ）。二〇〇七年にサルコジ大統領のもとで成立した「大学の自由と責任法」（ＬＲＵ）は、こうした改革の集大成だった。この法律によれば、大学は学生を就職させることを第一の使命とし、そのための「職業専門化」に努めねばならないとされている。ところでこの「一般教育の職業専門化」が、いまのフランスの大学に「ディシプリン」の危機をもたらしているとネイラは言う。

しかしさらに重大なことは、一般教育の職業専門化が、ディシプリン（専門分野）そのもの、とりわけ人文系のディシプリンを告発しているということである。カリキュラムを職業専門的なコンピテンシーの語彙で書きかえることは、それが何をもたらすかがまだきちんと点検されているわけではな

（15）邦訳、ピエール・ブルデュー、ジャン＝クロード・パスロン『遺産相続者たち――学生と文化』石井洋二郎監訳、藤原書店、一九九七年。

いし、厳密に評価されているわけでもない。ところが、知を道具とみなすような知の再定義の原理そのものにはすでに異論がある。職業専門的な「有用性」から独立した価値をもつ知識はたくさんある。しかしコンピテンシーのふるいにかけられればそれらは排除され、いくつかの専門分野はたちどころに貧しいものになる。たとえば外国語教育は、コンピテンシーの論理によれば文化や文学まで学ばなくともよいものとされる。それがコミュニケーションにとって何の役に立つのかというわけだ。しかし言語は、むしろ文化や文学を基礎にして成り立っている。ある言語を真に使いこなす、あるいは真に「職業専門的」に書き、翻訳し、話すためには、その言語についての文学的・文化的な次元の知識は不可欠である。そしてこの外国語教育（わかりやすいので例に挙げたけれども）にとっての真実は、人文学の全体にとって、そして「一般教育」のすべてのディシプリンにとって真実である。(16)

「ディシプリン」には、中世の大学が自律した空間として成立するさいに必要とした「規律」という意味と、近代の大学が「教育と研究」の場として再生するさいに必要とした「専門領域」という意味がある。それがいま「職業専門化」の流れのなかで、いずれも危機にある。「コンピテンシー」や「学士力」という言葉で「ディシプリン」を定義できるわけではない。問われねばならないのは、なんらかの「ディシプリン」への「帰依」なしに身につくような「プロフェッシオン」（職業）とはいったい何なのかということである。

デリダは『条件なき大学』のなかで、あたかも自らの信仰を告白するかのように、大学そして「新たな〈人文学〉」への「帰依」について語った。信仰は人に強制できるものではない。それを共有しようとしない者たちにとって、デリダの「告白」は馬の耳に念仏のようなものであったかもしれない。しかしピエール・ブルデューは、『パスカル的省察』のなかで、「賭け」について語ったパスカルにならって、社会学というディシプリンへの「信仰」の合理性について語っている。その込み入った文章は、忙しかったりうかつであったりする読者を辟易とさせるのに十分だが、そこには「信仰」を共有しない者をも論駁しうるロジックがある。ところで「条件なき大学」においては、そのようなデリダとブルデューがディシプリンの壁を超えて対話することもできる。もちろんそのことによって、それぞれのディシプリンが消滅することもない。(17) じっさい「新たな〈人文学〉」が扱うべき七つの論点のなかには、「職業＝信仰告白」(プロフェッシオン)、「教授職」(プロフェッソラ)、「職業専門化」(プロフェッシオナリザシオン) の歴史も含まれている。

とりあえずの結論として次の四点を確認しておきたい。第一に、大学の「一般教育」が就職に背を向けているという指摘は正しくない。狭い職種にしか通用しない、すぐに時代遅れとなるかもしれないような知識や技術を身につけるよりは、むしろ「一般教育」のなかの何らかの「ディシプリン」を通して「考える」ための一つの作法を身につける方が「就職」にも適している。現在のように非正規雇用が増え、「転

(16) ネイラ、前掲論文、一一七頁。
(17) 「来たるべき〈人文学〉は、専門科目〔ディシプリン〕の境界線を乗り越えるでしょうが、ただし、しばしば混乱した仕方で学際性〔インター・ディシプリナリー〕と呼ばれるもの、さらには、何にでも使用できる便利な概念「カルチュラル・スタディーズ」によって不明瞭となったものによって、各専門科目の特殊性は解消されることはないでしょう」。デリダ、前掲書、六〇頁。

職のできる知性」が求められる時代においてはなおさらである。第二に、「一般教育」と「教養教育」は異なる。フランスでは、「一般教育」は「ディシプリン」ごとに教えられている。[18] 他方日本では、戦後に「新制大学」が発足するにあたって四年制の大学教育そのものが「専門教育」と「一般教育」とに分けられた。そして「専門教育」はその学問の専門家を養成するというより、「職業教育」につながるもの（たしかに「プロフェッシオネル」であることに変わりはない）とみなされ、ゼミの卒業生の就職状況が問われるようになった。そして「一般教育」は、「ディシプリン」ごとに教えられるわけでもないのに、よりアカデミックであるかのようにみなされた。「大綱化」以降のカリキュラムの見直しや「学際的ディシプリン」の誕生は、そういう曖昧さを解消するどころか、さらに混乱させてしまっている。[19] 第三に、日本においてもフランスにおいても、憲法に「政教分離」が掲げられているかぎりにおいて、大学は真理と正義のかかわりについて自由に考え、公言できる場であらねばならない。そしてそういう場としての大学を、国家はその責任において保証しなければならない。第四に、そのこととも関わるが、いまヨーロッパ（ギリシャ、スペイン、イタリア、ポルトガル、イギリス、フィンランドでの若者のデモ）、アラブ世界（チュニジア、エジプト、リビア、シリア…での「アラブの春」）、アメリカ（ウォールストリートの「占拠」）、カナダ・ケベック（「学費値上げ反対デモ」）などで起きていることが、「条件なき大学」を求める声であるということを認めねばならない。「グローバルな視野をもつエリートを育てる」というのなら、世界の至るところから響いてくるこれらの声に耳を傾け、彼らの「反乱」について「条件なしに」語りうるような（ということは静かに討論のできるような）大学が、至るところにあらねばならない。

マラルメは、「ライシテ」（非宗教性、世俗性）という言葉に意味はないと言った。デカルトやパスカルが信じた神は死んでも、社会や国家を街路の舗石のように支えている民衆の一人ひとりに「神性」divinitéが宿るからである。[20] デモクラシーとは、政治家に「清き一票」を投じることではなく、われわれのなかに眠るこの「神性」を目覚めさせることだ。ハムレットは「すべての人間の若き亡霊」であるとともに、われわれのなかに眠るこの「神性」である。それを目覚めさせることは、マラルメによれば国家の義務である。「国家は、個人に対して要求されている、説明のつかない、したがって信仰にもとづく犠牲――われわれの無意味さと言ってもよい――に報いるために、なんらかの華やかな機会を提供しなければならない」[21]。ここでマラルメがいう「なんらかの華やかな機会」un apparat は、二一世紀の現在にあっては、われわれが日々通いうる「大学」であってもよい。街路や広場を埋める群衆は、まさにそのことを叫んでいるように思われる。

---

(18) いわゆる「専門」を学ぶために必要な「教養」は、フランスでは中等教育で培われるものとされてきた。じっさいその締めくくりとされる「哲学級」は高校の最終学年に置かれている。

(19) いまのように大衆化した大学においては、文学部のフランス文学科で学んだからといって、学生は文学者やフランス語の教師になるとは限らない。しかし就職した後も、彼や彼女は大学で学んだことを自らのディシプリンとして保持し続けることはできる。そしてどのような職場であっても、フランス文学のおもしろさやフランスの新聞で読んだ事柄を、周囲の人々に伝えることを使命とするような者がいてもよい。もとよりそれぞれのディシプリンから意見を述べる者たちが、自由に議論をすることによって会社や官庁も活性化されるのである。

(20) ステファヌ・マラルメ「カトリシスム」、『マラルメ全集 II』筑摩書房、一九八九年、二九〇頁。

(21) マラルメ「同題」、前掲書、二九八頁。訳はここでの文脈に沿って手を加えている。

ハムレットの大学

夕陽を見つめてぼんやりしているときに、われわれは生きることの神秘について考えているのかもしれない。そういうときにわれわれは、表象空間の廃墟に佇んでいるのかもしれない。プラトンの「洞窟」やキリスト教の教会にもつながるこの空間は、宇宙とは何か、存在とは何かと問いかけることをわれわれに許した。そのなかに入ることによって、日没の地平線という舞台に、人類の生誕の神秘を読むことができるようになった。画期的なことは、そのようにして神秘的なものへの信仰や、真理を探究するための科学的な思考が生まれたことである。しかしこの空間は、言葉をもつことによって不在の幻惑にさらされるようになった人類が、その幻惑から遁れるために創りあげたものにすぎない。われわれは「考える葦」かもしれないが、自然のなかでもっとも弱い一本の葦である。

われわれはいまジャーナリズム空間のなかにいる。そこにおいては、宇宙における真理よりも社会における正義が問われる。たしかにそれは政治的空間だが、代議制デモクラシーのように政治家に一票を投じればすむというわけではない。われわれは日々の職場や家庭において、どのように行動すべきか、どのように話すべきか、そして正義とは何かを問われている。そしてそれらの問いに自らの責任で答えねばならない。しかもコンセンサスは地平線のように到達しがたい。途方に暮れて夕陽を眺めているときに、何らかのアイデアがひらめくことはあっても、この空間のなかにおいては、プレスやメディアを通して情報を共有しながら、その情報が正しいか誤っているかを見極めるしかない。

それでは、表象空間とジャーナリズム空間の関係はいったいどうなっているのか。前者のなかの真理は、後者のなかの正義とどのような関係にあるのか。それらは切断されているのか、それともつながっているのか。あるいはそれらのいずれでもない、フランスの詩人マラルメがいう「書物」のような空間を想ってみるべきなのか。たしかにわれわれは、何らかの情報を得るためというより、余計なことを考えないために本を開いて、そこにある文を追い、遠くの日没を眺めながら眠りに就くのである。

1　表象からジャーナリズムへ

フランスではジャーナリズム空間の起源は一六世紀くらいにまでさかのぼる。そのころ宗教改革に続く内乱のせいで、人々の教会への信頼が薄れ、それにともなって、司祭が教会において演じていた役割（地平線の日没のメッセージを会衆に語り聞かせること）も、哲学者、画家、音楽家、詩人、学者らによって担われるようになる。やがて啓蒙思想が生まれ、封建社会を変えてゆくような知が、ビラや新聞を通して伝播されるようになる。しかし日常の生活空間としての表象空間の崩壊は、大革命によっても終わらず、一八八五年のヴィクトル・ユゴーの国葬のころまで続くのである。マラルメは、ユゴーの死によって始まった伝統的な韻律の崩壊を「詩句の危機」と言っている。

一九世紀の半ばを過ぎると、知は情報として流通し、戯曲の上演よりも見世物《スペクタクル》が人を惹きつけるようになった。マラルメの『ディヴァガシオン』の冒頭におかれた散文詩、「未来の現象」（一八六四）はこの変化を描いている。それはすでに、ボードレールが見出した「モデルニテ」の後に来る「ポスト・モデルニテ」のような光景である。

地平線に日が沈み、夕闇につつまれた街路を人々がさまよっている。するとどこからか見世物師の口上が聞こえてくる。人々はその口上に誘われてテント小屋に入り、沈んだばかりの太陽のよみがえりのような「かつての〈女性〉」をそこに見る。だまされたと思う者や、感動のあまり涙を流す者もいるなか、「美に先立たれた時代」の詩人たちは、忘れかけていた律動につき動かされて自分の机のランプのもとに急ぐのだった。かつて表象空間に人々が住んでいたころ、劇場は詩人の宮殿であった。詩人とは、日没の神秘を自分の視線によって解釈し、そしてそのようにして書かれた戯曲を劇場の舞台に乗せる者のことだった（シェークスピアやラシーヌを考えてみればよい）。しかしいまや、詩人も群衆にまぎれて夕闇の街路をさまよい、見世物師の口上に誘われてテント小屋に入り込み、そこでようやく霊感を得て自分の部屋に戻るようになっている。表象空間においては、（日没の）地平線、（劇場の）舞台、（机の上の）白い紙という三つの処女なるトポスが、詩人のイマジネーションによってつながっていたが、ジャーナリズム空間においては、それらは詩人の「移動」によって結ばれる。マラルメの散文集が「ディヴァガシオン」（あちこちをさまよい歩くこと）と名づけられているのはそのためである。

2　ミスティックとポリティック

フランスの第三共和政は、エッフェル塔を建ちあげてそれをジャーナリズム空間の中心とするとともに、ノートルダム大聖堂を修復して、廃れつつある表象空間を文化の空間として維持しようとした。いまではエッフェル塔もシンボルとなってしまったけれども、一二〇年前に突然それがパリに現れたころは、この奇怪な鉄塔に反対する人たちの署名運動が巻き起こったほどだった。

一八八五年のユゴーの国葬は、日常生活の空間としての表象空間の終わりとともに、文化（あるいは制度）の空間としての表象空間の始まりを告げた。それ以後、伝統的な韻律を守る高踏派《パルナシアン》の詩人たちがアカデミー・フランセーズ入りを果たし、かつて教会が演じていた役割も学校が担うようになる。ドイツのモデルに倣って一八九六年に再生する大学は、グランド・ゼコールのようなエリート養成機関ではなく、真理を探究するための文化の空間としての大学であったが、この大学の復活によってグランド・ゼコールが廃止されたわけではない。こうしてパリには、ジャーナリズム空間と表象空間がパラレルに存在するようになる。ブーランジェ将軍のクーデター未遂（一八八九）やドレフュス事件（一八九四）によって、このパラレリスムは揺らぐけれども、二つの空間を往復できる「知識人」の誕生によって、それはとりあえずの安定をとりもどすだろう。

一八世紀の啓蒙思想家たちは大学を軽蔑しており、そのため中世以来の大学は大革命によって廃絶させられてしまった。しかし一九世紀末の「知識人」たちは、法学士や理学士を名乗って、ドレフュス救済のための署名運動を立ち上げようとする。モーリス・バレスをはじめとする保守的な文学者たちは、少しばかりの学識はあるけれどもいまだ無名の教員や学生、そしてサンボリストやアナーキストたちが、エミール・ゾラやアナトール・フランスを担いでドレフュス派を形成していることをいかがわしいと感じた。もとより「知識人」――アンテレクチュエル――という言葉は、ドレフュス派を旗揚げしようとした彼らへの反ドレフュス派の側からの蔑称だった。ところがこのドレフュス派の勝利によって、ドレフュスは冤罪から救出されたのである。

ドレフュス事件によって確認されたことは少なくとも三つある。第一に、真実こそが正義であらねばならないということ、第二に、真実が正義であるためにはジャーナリズムがきちんと機能しないといけないということ、第三に、アナーキズムはアナルコ・サンディカリスムとして生きのびうるということ。

まず、真実こそが正義であるということは、すでに表象空間のなかにおいて確認されていたことである。西洋においてはギリシャの昔から、正義も真理も「表象」という思考のシステムのなかで探求されてきたのだった。ジャン＝フランソワ・リオタールは『ポスト・モダンの条件』のなかで次のように書いている。

プラトン以来一貫して、科学の正当化の問題は、施政者の正当化の問題と切り離されることなく密接しているのである。そうした展望のもとでは、それぞれの権限に従う諸言表が互いにその性質をまったく異にしているにしても、何が真であるかを決定する権利は、何が正しいかを決定する権利からけっして独立していない。すなわち、科学と呼ばれる言語のジャンルと、倫理ないしは政治と呼ばれるもうひとつの言語のジャンルのあいだには関連があって、どちらも同じ展望、あるいは同じ《選択》から生じたものなのである。そして、この選択こそが《西欧》と呼ばれるものなのである。(1)

「何が真であるか」（真理）と「何が正しいか」（正義）は、同じひとつの「展望」のもとに語られねばならない。それが「《西欧》の選択」なのだとリオタールは言う。たとえばシェークスピアの『ハムレット』において、ハムレットが父の死の真実を明らかにすることは、そのまま彼が正義をなすことにほかならない。叔父が罰せられねばならないのは、王とは正義をなす者でなければならないからだ。しかしシェークスピアは、すべての登場人物を死なせてしまう幕切れによって、表象空間のなかに閉じ込められている人間を、観客まで含めて解放しようとしたかのようだ。ブルジョワジーたる観客は、『ハムレット』を見終わったあと満足して外に出る。自分たちの言葉が舞台の上でたっぷりと繰り広げられるのを味わい、王族たちがすべて死に、デンマークは正義と真理がともに守られた国としてノルウェーの王子に譲られた。そして民衆は護られた。上気した頬を夜風に曝しながら家路に就く彼らにとって、夜の闇はもはや剣呑なものではない。たしかに舞台は、地平線に通じているのである。

あるいは、これはたまたまある新聞で読んだ話だが、レンブラントの「ペテロの否認」には新しい自由が描かれているという[2]。ペテロとは、カトリック教会にとってきわめて重要な人物である。「キリスト十二使徒の筆頭。キリストの昇天後、伝道につくし、晩年ローマに上り、ネロ帝の迫害を受けて殉教した。カトリック教会ではペテロを最初の司教とみなし、各教皇がキリストからペテロに授けられた天国の鍵を受け継いでいるという」（『広辞苑』）。ところで「ペテロの否認」とは、ユダの裏切りによってキリストが

（1）ジャン＝フランソワ・リオタール『ポスト・モダンの条件』小林康夫訳、水声社、一九八九年、二五頁。
（2）『日本経済新聞』二〇〇九年二月二日、尾崎彰宏「自由へのまなざし（美の十選）7」。

逮捕され、女中から「キリストの仲間だ」と告発されたペテロが、それを即座に否認する場面である。筆者である美術史家は書いている。「この主題は画家たちによってくりかえしとりあげられた。ペテロはきまって自己保身に汲々とする姑息な人物として描かれた。だがレンブラントは違っている。〔中略〕そこには『裏切り者』であっても、おのれの正当性を弁護することをよしとする信念が感じられる。レンブラントは宗教的には『裏切り者』として断罪されるべき行為に、人間による『自由』への挑戦という、新しい価値観を見出したのである」と。

たしかに、もしペテロが、（キリストが体現している）真理を「裏切る」ことによって正義を貫こうとしたならば、そこにはリオタールのいう「《西欧》の選択」とは異なる「自由」があることになる。「事実確認的」と「行為遂行的」を区別したJ・L・オースティンのように、真理と正義はそれぞれ異なるシステムのなかで追求されるべき別箇の価値であるとみなされることになる。しかしわれわれにはレンブラントがそのように考えていたとは思われない。レンブラントは、フーコーが『言葉と物』の序文で描いた「侍女たち」のベラスケスのようにこの絵のなかに入り込んで、それを見ているわれわれを見ているだけではないのか。ペテロのまなざしはレンブラントのそれではないのか。表象空間のなかにおいては、真理と矛盾するような正義を貫こうとすればファナティックな狂信とみなされ、（ハムレットに殺される叔父のクローディアスのように）罰せられるほかはない。ソクラテスが自ら毒杯をあおぐこと、ヘロデ王の娘がヨハネの首としか結婚できないこと、あるいはオフェーリアが川に身を投げることは、そのような狂信のゆえの悲劇ではない。ミスティック（真理＝正義）はポリティック（真理≠正義）に打ち勝つために、つねに何らかの「犠牲」を必要としたということなのである。そしてそのようにして表象空間は維持され、そのなかにいる「民衆」は自然から護られてきたということなのである。

ドレフュス事件の場合、真実（あるいは真理）とは、ドレフュスがドイツのスパイではなかったということだ。それを知っているのはドレフュスとスパイ本人、そしてドイツ大使館の関係者だけである。それ以外の者は、ドレフュスの言うことを信じるか、あるいは状況証拠を探してその有罪か無罪かを証明しなければならない。ベルナール・ラザールやシャルル・ペギーやゾラは、軍法会議や参謀本部がその手続きをないがしろにしてドレフュスを有罪としたことの不正義を訴えたのだった。つまり裁判における正義も、科学における真理と同じ手続きを経て明らかにされねばならないと主張したのであり、そのことにおいて彼らは「プラトン以来の《西欧》の選択」に忠実であった。

しかしドレフュス事件が画期的なのは、ミスティックがポリティックに打ち勝つために犠牲を必要としなかったということである。それどころか、ポリティックの犠牲者を救出したということである。反ドレフュス派はドレフュスが有罪であると信じていた。つまり、「フランスが存続するためには、フランス陸軍に正義があらねばならないのだから、ドレフュスはたとえ無罪であっても犠牲になるのは当然だ。一軍人であるドレフュスがそれを受け入れないのは、彼がユダヤ人であるからに違いない」というわけだ。もちろんドレフュスは彼らの犠牲となることを受け入れなかった。そしてミスティックな「知識人」たちは、その忍耐強い努力によって少しずつ反ドレフュス派を突き崩していった。たしかに、ドレフュス主義はのちにポリティックへと傾いてしまうけれども、その勝利はミスティックがポリティックを凌駕することによってもたらされたものなのである。つまり真理こそが正義であることが確認されたのだった。

次に、ドレフュス事件は、デモクラシーの時代において正義が追求されるためには、ジャーナリズムがきちんと機能しないといけないということを証明した。じっさいジャーナリズムは、ドレフュス事件のときに初めてその真の力を発揮したのである。外国のプレス、とりわけイギリスのそれがドレフュス派を支えたことの意義は大きい。またラジオやテレビや大新聞のようなマス・メディアがいまだ存在せず、少部数の新聞が数多く発行されていたということも幸いした。[3] つまりジャーナリストたちは、大衆ではなく自分の読者に向かって、自由に自分の意見を伝えることができたのである。人々は職場や家庭やカフェにおいて、ドレフュス事件について議論するようになった。そのようにして人々はジャーナリズム空間のなかに暮らし始めたのであって、ドレフュス派と反ドレフュス派の論争が市街戦のような激しさを帯びたのもそのためだった。

最後に、ドレフュス事件は、アナーキズムがアナルコ・サンディカリスムとして生きのびうるということを示した。一八九四年にドレフュス事件が起こるまえには、フランスではアナーキストたちの爆弾テロが相次ぎ、大統領も暗殺されていた。しかしアナーキストたちも、セバスチャン・フォールやフェリックス・フェネオンらの導きによって少しずつドレフュス派となってゆく。そして「直接行動」に長けている彼らは、ドレフュス派のデモ隊の組織化と保護に大いに活躍した。とりわけ、その暴力の激しさで有名な一八九九年六月一一日と八月二〇日のデモにおける彼らの活躍はめざましかったという。また、その年の秋にフォールが労働組合の招きで反ユダヤ主義者たちの拠点アルジェリアを訪れたときには、アナーキストたちはその出発を前にして、もしフォールがアルジェリアで髪一本触れられるようなことがあれば、反ユダヤ主義の指導者エドゥアール・ドリュモンの命はないと警告するのを忘れなかったという。そしてそのようにして「テロリスト」の汚名を返上したアナーキストたちは、ドレフュス事件の後もアナルコ・サンディカリスムを支えるようになった。(「ドレフュス事件は極端なテロによって見捨てられていたアナーキストの政治的権利を、共和主義者たちのグループや、とりわけ労働者に対して確認させるのに役立った。アナルコ・サンディカリスムの急成長がそれを示している。このような新たな認知と戦略は、ジャン・グラーヴをはじめとする多くのアナーキストを不快にさせるものだった。しかしもう流れは止められない。ラヴァショルに代表される個人行動の時代は終わり、ペルティエと統一プロレタリアの時代がやってきていた。すべての政治活動と同様、アナーキストの運動においても、ドレフュス事件はひとつの触媒となり、大きな転機をもたらしたのである」[4]。)

たしかにドレフュス主義そのものは、先ほど述べたように一九〇六年にドレフュスの無罪が確定した後に変質してしまう。たとえば、ゾラの「私は弾劾する」を掲載した『オロール』紙の編集長クレマンソーは、首相になると炭鉱労働者のデモに向かって警官隊に発砲させるようになる。しかしアナルコ・サンディカリスムは、ミスティックなドレフュス主義(たとえばマルセル・プルーストは小説の世界でミスティックであり続けた「知識人」である)とともに、政党から離れたところで受け継がれてゆく。ピエール・ブルデューの「左の左」、ジョゼ・ボベの「直接行動」、アラン・バディウの「マオイスム(毛沢東主義)」などはその流れを汲んでいる。

---

(3) クリストフ・シャルル「ドレフュス事件以降のフランス知識人」荻野文隆訳、『思想』一九九七年二月号、三四－五四頁参照。

(4) ジャン・ガリーグ「アナーキストたち」、ミシェル・ドルーアン編『ドレフュス事件辞典ＡｔｏＺ』(«Les Anarchistes», *L'Affaire Dreyfus de A à Z*, sous la direction de Michel Drouin, Flammarion, 1994. 邦訳未刊)。

3　パラレリスムの崩壊

しかし二〇世紀になると、ドレフュス事件のときには機能したパラレリスムも機能しなくなってしまうのである。フランスはドイツとの間で二度の大戦を経験するが、それにはジャーナリズムがナショナルなものとなってしまったことも関係している。イギリス、フランス、ドイツはそれぞれの帝国主義的な言説に閉じこもり、そのプレスもインターナショナルな正義（たとえばドレフュスの人権）を追求することができなくなる。第一次世界大戦があれほどまでに長期化し、夥しい数の死者を出す未曾有の戦争になることを予想できた者はいなかった。二つの大戦間においても、戦勝国のフランスの人々は「ベル・エポック」の余韻のなかで悲劇を忘れようとしていたが、敗戦国のドイツの人々は「暗黒時代」のなかで苦しんでいた。その闇のなかには、フランスの印象派やサンボリストの芸術に憧れながらも、塹壕戦のトラウマから逃れられず、そこで自分が見た地獄しか描けなくなってしまったドイツ表現主義の画家たちがいた。彼らはその後、ナチスによって退廃芸術家の烙印を押され、文字どおり沈黙させられてしまうのだけれども、フランスのサンボリストたちのなかに彼らの存在に気づいた者はいない（それどころかテオドール・ド・ヴィゼワのように、ドイツ音楽については熱く語りながら、ドイツ人には悪態しかつかないようなサンボリストもいた）。まるで両国のあいだにはガラス板のような国境があって、鏡となったそのガラスに自らの影しか映らないかのようである。

そのころヨーロッパの大学も機能不全に陥っていた。フランスでは、ドイツから移入されて蘇った大学も、グランド・ゼコールが重視されたために、民衆に開かれるための十分な発展を遂げられなかった。ドイツでは、帝国主義的な再編のために大学の職業専門化が進み、かつてのドイツの大学にあった自由な批判の精神が失われてしまっていた。そしてイギリスでは、マラルメが「禁域」で描いたようなオックスフォード大学とケンブリッジ大学が機能していたけれども、そこで自由な研究生活を送る大学人たちは、海峡の向こうでのできごとに無関心だった。ユニヴァーサルな知について国境を越えて競い合うべきアカデミスムの貧困のなかで、フランスとドイツは戦争の泥沼にはまり込んでいったのである。

第二次世界大戦におけるフランスの死者数が比較的少なかったのは（それでも五六万三千人、そのうち市民は三五万人である）、先の大戦への反省からドイツ軍を無抵抗で受け入れたためである。しかしヴィシー政府がユダヤ系市民を強制収容所に送るのに協力してしまったことは、大革命と共和政の理想を否定することにほかならなかった。ペタンのもとでほとんどの国民が沈黙したのに対して、レジスタンスの地下活動を組織した人たちは、その勇気によって大革命とドレフュス派の「革命」につながっている。しかしフランスを救って英雄となったド・ゴールは、フランスの大地へのバレス的なこだわりを生きた政治家であった。(5) 一方、東西ドイツの統一を受け入れ、ＥＵ統合を実現させることで新たな時代を切り拓いたミッテランも、九〇年代の中ごろになると、新自由主義への迎合によって左の理想をなし崩しにしてしまったことが明らかになる。その後に大統領となるシラクは、ドレフュス事件一〇〇年祭を祝ったけれど

(5)「それ〔ドレフュス派と反ドレフュス派の対立〕はまた、ある理想にもとづいた政治体制としてのフランスと、永遠の実体としてのフランスというふたつのフランスの対立でもあるのです。後者はド・ゴールの考え方です。つまり、フランスは永遠に存続し、決して死にたえることはない、仮にフランス革命の理想に常に忠実でなくとも問題はない、というものです」。クリストフ・シャルル、前掲論文、四〇頁。

も、ド・ゴール主義を批判できないその立場はつねに曖昧だった。そのころの社会党はどうかというと、二〇〇二年の大統領選でリオネル・ジョスパンが国民戦線のル・ペンに敗れて第三位になると、決選投票においてシラクを応援する道を選ぶが、そのことによって左のアイデンティティーを喪失してしまう。そして二〇〇六年、シラク政権のもとでドヴィルパン首相がＣＰＥ（初期雇用契約）[6]制定を強行、これに反対する三〇〇万人デモやストが起きて辞任に追い込まれると、内相だったサルコジが、翌〇七年にはル・ペンの票まで奪って大統領となった。労働許可証や滞在許可証を持たない外国人（サンパピエ）を強制的に本国に帰還させるその極右的政策は、大革命以来のフランスの理念を裏切るものだった。しかし保守化したフランス人の不安につけこむサルコジは、社会党の無力にも助けられてポピュリスト的な人気を博し、二〇〇七年八月には「大学の自由と責任法」を成立させた。これは学長に絶対的な権限を与えて、大学を企業のように運営させようとするネオリベラルな大学改革であったが、そのためにいま、フランスの大学は危機に直面している。[7]

4　リオタール、デリダ、ブルデューの「大学」

ノートルダムからもエッフェル塔からも見放されたような「郊外」では、若者たちの叛乱が起こっている。パリの街なかで暮らす人たちも、二人の「聖女」に見守られるどころか、どこにいても監視カメラで見張られるようになっている。しかしこのような状況だからこそ、リオタールの『ポスト・モダンの条件』、デリダの『条件なき大学』、ブルデューの『パスカル的省察』のような本を読むことが救いとなる。たしかに書物はインターネットのように多くの人を即時に連帯させることはできないかもしれない。しかしそれは、それぞれの人間のイマジネーションを始動させることができる。われわれの「イマジネールな知」は、書物のページのように翼を拡げ、自由に羽ばたくようになる。(8) われわれも、マラルメの語るハムレットのように、そしてリオタール、デリダ、ブルデューたちがまさしくそうしたように、「高く立つ、生きた表徴《シーニュ》(9)」となって「書物」の空間を歩きまわることができる。

これらの三人の哲学者や社会学者は、マラルメが「未来の現象」で描いた見世物師のように、「西欧」の黄昏のなかでさまよう人々に、大西洋の向こうに沈んだ太陽の幻を見せようとしているわけではない。もちろん、見世物師のテント小屋で「かつての女性」に幻惑されて、ようやく自分の机のランプに火を灯す詩人たちでもない。彼らはむしろ、世界を一冊の書物に封じ込めることを夢みる、マラルメのような「著者」なのである。

まずリオタールは、表象もジャーナリズムもモダンな物語にすぎないと言い、それらとは異なる脱正当化の物語（ニーチェのニヒリズム、ヴィットゲンシュタインの言語ゲーム）を評価した。そして情報が商品として流通し、不安定雇用（プレカリテ）が幅を利かせるポスト・モダンの社会となっても、真理と正

(6) 二六歳以下の若者については、二年間の試用期間中は理由なしに解雇してもかまわないとする法案。フランスの雇用はそれまで無期限雇用契約（CDI）であった。しかしドヴィルパンは近年の若者の失業率悪化に対応するという名目で、雇用者側に配慮したCPEを含む「機会均等法」を二〇〇六年四月二日に強行公布、これに対する大規模な反対運動が巻き起こった。法案は結局、公布から八日後の四月一〇日に撤回された。

(7) 本書一一三頁以下「学長たちの惑星的思考」および、岩崎稔・白石嘉治・岡山茂の鼎談「大学の困難」（『現代思想』二〇〇八年九月号）を参照。

(8) 「イマジネールな知」については、「エロディアードの大学」（本書一一頁以下）を参照のこと。

(9) ステファヌ・マラルメ「書誌」、『ディヴァガシオン』（『マラルメ全集Ⅱ』筑摩書房、一九八九年）、三五六頁。

義をともに成り立たせるような政治のための条件を考えることは可能であると言った。コンセンサスがわれわれにとってけっして到達しえない地平線ならば、同意しないままに共存する「パラロジー」を模索すればよいと彼はいう。パラロジーとは、正義と真理のパラレリスムであるとともに、その共存可能性だろう。

他方、デリダはむしろプレ・モダンの中世に戻って、そこから未来の大学を考えようとする。そして「事実確認的」と「行為遂行的」というオースティンの二分法を引き受けながら、それを無効にするようなフィクションとしての「条件なき大学」を構想する。つまり真理について語るばかりではなく、それを正義として実践しうるような大学である。そこにおいては、自らが真理であると信じることを公的に発言する権利が無条件に認められねばならないし、教員とりわけ人文系の教員は、作品を成就しようとする意志を自らに禁じる必要はない。この点において、デリダはリオタールとつながっている。なぜならリオタールのいうパラロジーも、何らかの特定の知を特権化しないことを意味するからである。大学のなかには、科学的な知ばかりでなく、宗教的な知や、イマジネールな知があってもよい。もしそれが許されないのであれば、「ゲームの規則」を変えさえすればよいのである。また同じ点において、デリダはブルデューとも結びつくだろう。なぜならブルデューも、自らが真理であると信じることを公的に発言する自由については、デリダに劣らずこだわっているからである。

象牙の塔に閉じこもるという心地よい美徳を選び、大学外での政治介入を、名高い「価値中立性」――学問の客観性と誤って同一視された――を損なう危険な行為と考える研究者たちを憤慨させる危険を私は冒している……しかし、どんな犠牲を払っても科学や学問の達成を公的論争にもちこまなければならないと確信する。公的論争には悲しいほどそれらが欠けているのだから。[10]

このように語るブルデューは、表象とジャーナリズムを貫く統一理論が可能であると考えた。そしてそのような社会学を打ちたてようと試みた。『パスカル的省察』には、そういうブルデューの社会学への「信仰」が告白されている。パスカルがキリスト教護教論を展開しようとしたように、ブルデューもまた社会学を「パリサイ人たちの非難」から護ろうとした。そしてこのようなミスティックへの傾斜は、「教授という職」への「信仰」を告白しているデリダにも見られるものである。もちろんキリスト教への帰依ではなく、それぞれが実践した哲学と社会学という学問への「信仰」であり、これからもそれを保ち続けるという「誓約」なのである。

ところでブルデューによれば、世界を表象やスペクタクルとみなすことは、われわれが世界のなかに存在しているという内在性への無知か、その忘却にほかならない。また「実践感覚」とは、世界のなかにいながら世界を変えてゆく知性であって、象牙の塔のような表象空間にこもることでも、ジャーナリズム空間のなかで果てしない議論にふけることでもない。それゆえ彼は、パスカルの『パンセ』という書物を手にしながら、そこへの転位（トランスポジシオン）を試みるのである。パスカルは、人間とは一本の葦のように自然のなかでもっとも弱い存在だが、それは考える葦であると言った。そして自らが「考える葦」

（10）ピエール・ブルデュー『対抗火 2』（二〇〇一年）のなかの言葉。P・ブルデュー、L・ヴァアカン他著『国家の神秘　ブルデューと民主主義の政治』水島和則訳、藤原書店、二〇〇九年、九八頁に引用されている。

であったことを証明するかのように、のちに『パンセ』にまとめられる草稿を残して死んだ。それは自らの信仰の正義を守る闘いであったと同時に、数学や科学における真理を追究したミスティックの一生であった。ブルデューは自らの社会学の方法を、マルクスやコントやデュルケムよりもこの一七世紀の天才から学んだという。

彼ら三人がともに思い描いている大学は、すでにわれわれの地平線にも見えている。たとえば「条件なき大学」と「ベーシックインカム」がともに実現する未来を想ってみるとよい。そこにおいては、われわれはもはや金銭を目的として働くのではない。だから大学も「就職」のためにあるのではない。そしてそこには、シェークスピア、パスカル、マラルメのような教師がいて、ハムレットやエロディアードのような学生がいる（ハムレットはじっさい大学生であったし、エロディアードもマラルメが「若い女性の知識人 jeune intellectuelle」と呼んでいることを思えば「女学生」だろう）。重要なことは、ハムレットが王子であり、エロディアードが王女であるということだ。つまり彼らは働かなくともよいし、就職も考えなくてよい。彼らの唯一の関心事は、正義であるような真理と、真理であるような正義を、この世界において成就しうる人間となることである。そしてそのための知を習得することである。

この未来の大学はすべての人間に開かれている。それは一冊の本のように、どこにでも持ち運ぶことのできる「劇場」である。たとえばそれが『ハムレット』であれば、「私」はハムレットとなって舞台の上を歩きまわることができる（「英雄がいる――後はすべて端役だ。彼は歩きまわる。ただそれだけだ。自分自身という書物を読みながら」）[11]。あるいは、それが『エロディアードの婚礼』であれば、「私」はエロディアードとなって「ヨハネの首を金の皿に載せてもっておいで」とこともなげに言うだろう。いま表象とジャーナリズムという二つの空間を往復している学生たちは、すでにこのような「書物」への待機状態にある。なんらかのきっかけさえあれば（たとえば本物の「作品」に触れさえすれば）、彼らもたやすく「転位」するだろう。「来るべき民主主義」は、封建社会のゾンビのような二世・三世議員によってではなく、ハムレットやエロディアードのような彼ら彼女らによって担われねばならない。この地上に、「条件なき大学」と「ベーシックインカム」が実現するために。

（11）マラルメ「書誌」、前掲書。

大学蜂起論　リオタールとデリダによる

「不可視委員会」という匿名のグループによって書かれた『来たるべき蜂起』（二〇〇七年、パリ）の翻訳が、昨年（二〇一〇年）の春に日本で出版された。文明の終わりを引き延ばそうとするあらゆる試みに無効を宣告する過激な本である。しかしそこに書かれてあることは、リオタールが語る「脱正当化」や、デリダが語る「到来すべき出来事」、あるいはマラルメが語るサンボリストたちの「自由詩」の試みと無関係ではない。そしてそれらすべてのことは、現在における大学の問題とつながる。一九九〇年代以降の改革でやられっぱなしの大学に「蜂起」などありえないという人は、「不可能なものだけが到来する」というデリダの声を聴くべきである。

たとえばわれわれは、「学費の無償化」と「貸与奨学金の給付化」を掲げて立ち上がることができる。大学への税金の投入は国によるコントロールを強化するのでいやだという考えは、ここではさほど大きな障害とはならない。教員評価でさえも、そのシステムを少し変えればすべての教員に受け入れられるものとなる。評価委員は全国のそれぞれの専門領域の教員・研究者のなかから投票あるいはランダムに選び、任期中はサバティカルのようにあらゆる仕事から解放すればよい。文科省のお役人や学会の理事のなかには反対する者もいるかもしれないが、多数派は「われわれ」なのである。学費無償化の要求を、学生とその父母そして教員と職員がこぞって掲げることが「大学蜂起」なら、貸与の奨学金を返済できない学生も、賃金引き下げ・首切りに抵抗する教職員も、ともにデモやストに立ち上がればよい。

そのときにはベーシックインカムの要求も掲げるべきだろう。ベーシックインカムとは、働くことの無償性を回復することである。それは「働かなくともよい」ということではなく、「働いてもよい」ということを意味する。暇を持て余すなら研究やボランティアもよいし、贅沢に暮らしたいなら金を稼いでもよい。もちろん働く者は尊重され、大学は若者から老人にまで開かれたものとなる。そのために必要な紙幣は印刷すればよい。軍事費や投機のためではなく、市民の生存のためにそれが使われるのであれば、戦前のドイツや日本のようなことにはならないと言われている。[1] あるいはさらに、そのようなことはグローバル化した経済のもとでは不可能だというなら、デリダのように、「あたかも労働の終焉が世界の起源であるかのように」と呟いてみるとよい。[2]「世界」には働くことの無償性という観念が含まれている。「働かざる者食うべからず」や「労働は人間を自由にする」という言葉は、たんに非人間的なものであったことが

(1) 白石嘉治『不純なる教養』(青土社、二〇一〇年)によれば、ベーシックインカムはむしろ資本の暴走を抑えるものである。「資本が蓄積する貨幣は、われわれが日々交換のためにもちいる貨幣とは異なる性質をもつ。そしてベーシックインカムは後者を保証することで、その交換の営為が資本へと転化することをさまたげる」(第一〇章「ベーシックインカムの戦争機械」一七九頁)。「国による紙幣の発行」すなわち政府通貨については、関曠野「ベーシック・インカムをめぐる本当に困難なこと」、『現代思想』二〇一〇年六月号(二〇一一年『フクシマ以後』に収載)参照。

(2) ジャック・デリダ『条件なき大学』西山雄二訳、月曜社、二〇〇八年、三四頁。

すでに歴史によって証明されている。(3)

1　リオタール、あるいは「正当化」のリミット

「西欧」とは、「何が真であるか」と「何が正しいか」という問いをともに視野に収めうるような一つの「展望」であり、またそうした「選択」であるとリオタールは言った。そこにおいては、知や権力を持つ者は自らを「正当化」しなければならない。その知はつねに説明可能であり、その権力はつねに正当なもの（場合によっては正統なもの）であらねばならない。この「正当化の要請」は、たしかに「西欧」にデモクラシーや人権の理念を生み、科学およびテクノロジーの発展をもたらした。しかし「西欧」はそのようにして自らを「正当化」しながら、啓蒙と称して世界の他の地域を侵略し、植民地を拡げていったのである。リオタールはそのことを、「物語的知」と「科学的知」の「不平等な関係」から説明している。

われわれはすでに、物語的知はその正当化という問題に価値を認めないということ、すなわち、それは、論証にも証拠の提出にも訴えることなく、伝達という言語行為によってみずからを信任する、ということを指摘した。実は、それが故に、物語的知は科学的言説の諸問題を理解しえないのだが、さらにそれに加えて、科学的言説に対するはっきりとした寛容を示すのである。つまり物語的知は、まず、科学的言説を物語文化の族における一種の変種とみなす。この逆は真ではない。科学的なるものは、物語的言表の有効性を問い、そしてそれが論証にも証拠にもけっして従わないということを確認する。そして、科学的知は、物語的言表を別の精神——すなわち野蛮な、原始的な、未開発の、文

明が遅れた、非合理な、憶見・慣習・権威・偏見・無知・イデオロギーでできあがった精神――のもとへと分類してしまう。物語とは寓話であり、神話、伝説であり、女や子供たちのためのものだというわけだ。そして、その最良の場合には、この暗黒状態に光を投げかけ、文明化し、教化し、開発しようと努力することになるのである。

このような不平等な関係はそれぞれのゲームに固有の規則の内在的結果である。そしてそれがどのような形で現れてくるかはすでに周知のことであろう。すなわち、西欧がはじまって以来の、その文化帝国主義の全歴史がそれである。ここで重要なのは、この文化帝国主義を他のすべてから区別しているその内実をはっきりと認識することである。すなわち、それが正当化の要請によって支配されている、ということである。(4)

科学は物語を、たんなる寓話にすぎない、フィクションであるといって軽蔑するけれども、自らを「正当化」するにあたって、「哲学」という物語（あるいは「メタ物語」）の助けを借りねばならない。物語の方はどうかというと、その「寛容さ」のゆえに、科学をも自らの一変種とみなして許容する。すると科学は、許容されたことをよいことに、物語しかもたない地球上の寛容な地帯に進出し、そこを「啓蒙」しよ

(3)「働かざる者食うべからず」は、(遊んでいる)貴族たちを追い落としたフランス大革命のときの平民の精神を代弁している。しかしそれは、誰もが主人であるというよりは誰もが奴隷であるような(一票の権利にもとづく「近代」デモクラシーの末路としての)いまの表象＝代議制をもたらした。そうしたなかで「労働は人間を自由にする」というナチスの絶滅収容所の門に掲げられた言葉も生まれ、いまだにわれわれを縛っている。

(4) ジャン＝フランソワ・リオタール『ポスト・モダンの条件』小林康夫訳、水声社、一九八九年、七一－七二頁。

うとする。科学と物語のあいだにあるこのような非対称的な関係は、科学的な知をして「事実確認的」（コンスタティフ）なものから「行為遂行的」（ペルフォルマティフ）なものへと変貌させることになる。

どうしてこういうことになるかといえば、「西欧」には「正当化」の伝統があるからだ。そしてその伝統は、プラトンが科学を創始するときに始まった。「重要なのは、科学を創始するプラトンの言説そのものは科学的ではないということ、そしてそうなるのは、プラトンがまさに科学を正当化しようとしているからこそであるということだ。科学的知は、もう一つの知、つまり科学的知にとっては非知にほかならない物語的知に依拠しない限りは、自らが真なる知であることを知ることも知らせることもできない(5)」。

周知のように、プラトンはソクラテスにソフィストたちを批判させることによってその哲学を確立している。ソフィストとは、当時のアテナイで、のちに「リベラルアーツ」（文法、修辞学、弁証法、算術、幾何、天文学、音楽）として体系化されるようになる知識を教えることで生計を立てようとした者たちだ。ソクラテスもアテナイの人々からはその一人とみなされていた。しかし彼の特異なところは、「アーツ」ではないような「徳」や「愛」を説き、しかもそのことに報酬を求めなかったことである。他のソフィストのなかにも、「単なる有用な規則性」ばかりでなく「真なるもの」についても語ろうとする者はいたかもしれない。しかしそういう者たちはみなソクラテスによって論駁されてしまう。そしてその論議を書きとめるプラトンによって「哲学」は成立し、「科学」もまた基礎づけられることになったのである。

しかし、ソクラテスはソフィストを「金銭をとって教育に従事する者」として卑しめているが、それはあたかも、人間は金銭なしでも生きていけるかのようである。哲学は「スコレー」（余暇＝学校）をその存立の条件としたが、そのこと自体については反省することがなかったとピエール・ブルデューは述べている。[6]また哲学は「テクネー」（技術）を起源としているが、そのこと自体を隠蔽したとベルナール・スティグレールは述べている。[7]いわばこの二重の隠蔽によって、哲学は科学を「正当化」するとともに、「リベラルアーツ」というまさに「スコレー」と「テクネー」からなる知を支配下においたのである。

アテナイのソフィストたちがプラトンに抵抗できなかったのは、彼らがばらばらであったからにほかならない。一二世紀のパリのセーヌ左岸に集まるようになったリベラルアーツの教師たちも、最初のころはそうだった。彼らは「自分の評判だけをたよりに学生をつのり、授業料を支払った者を相手に授業を行っていた」。[8]ところが彼らは、「ウニヴェルシタス」を形成することによって、「プロフェッスールという職業」、それどころか「職業」（プロフェッシオン）そのものを確立することになるのである。

「ウニヴェルシタス」に入るにあたっては、その規約を守るという「誓約」（プロフェッシオン）を行なわねばならない。その「公言＝誓約」という「行為遂行的」なスピーチ・アクトは、教師（プロフェッスール、プロフェッサー）たちに、「何が真であるか」ばかりでなく「何が正しいか」という問いにも答えるように強いた。こうして彼らは、「働くこと」の「使命」に目覚めた者（プロフェッシオネル）となる。この使命は教師ばかりでなく、司祭、医師、法律家、官僚などによっても共有されるようになる。神学部、医学部、法学部の学生も、清貧に甘んじながら一個の自由な精神として考え、苦しむ人々を助ける

（5）同前、七七頁。
（6）ピエール・ブルデュー『パスカル的省察』加藤晴久訳、藤原書店、二〇〇九年、「I　スコラ的理性批判」参照。
（7）ベルナール・スティグレール『偶有（アクシデント）からの哲学』浅井幸夫訳、二〇〇九年、三三－三四頁参照。
（8）クリストフ・シャルル、ジャック・ヴェルジェ『大学の歴史』岡山茂・谷口清彦訳、文庫クセジュ、白水社、二〇〇九年、一四頁。

ために働く者となるのである。

　こうした大学の誕生は、プラトン以来の古代ギリシャ的な秩序、あるいは「ギリシャのコスモス概念のパウロによる転換[9]」を経て生まれた中世的な秩序への、「蜂起」のようなものであったと言うことができる。デリダは、「脱構築は、失地回復運動にも似た抵抗の場として、さらに類比的に言うと、ある種の市民的不服従の原理、さらには、高次の法や思考の正義の名における反逆の原理として、大学のなかに、〈人文学〉のなかにその特権的な場を有する」と述べている[10]。大学、そしてそのなかでも人文学は、そういう「脱構築」、「抵抗」、「市民的不服従」、「正義の名における反逆」の場なのである。じっさいこのようなウニヴェルシタスの運動に対して、それまで教育をとりしきってきたパリ司教区は、教師たちに「リケンティア・ドケンディ」(教育許可証)の取得を義務づけることによって対抗しようとした(この「リケンティア」が現在の「リサンス＝学士号」となる)。激しい対立は「何度か争乱にまで発展」したという[11]。

　したがって「プロフェッシオナリザシオン(プロフェッショナリゼーション)」とは、いまの時代のように「職」あるいは「仕事」(メチエ)に合わせて高等教育を「職業専門化」することではなく、教師と学生の「ウニヴェルシタス」の形成にともなう「プロフェッシオン」(職業)の成立をいうのである。もちろん教師にとっても教えることは「仕事」(メチエ)であったし、学生にとっても「就職」は当時からすでに重要な問題であったろう。しかし「職業」(プロフェッシオン)とは、そういう「仕事＝職」の概念を含んだうえでの「業」――「ミッシオン」(招命＝指令)あるいは「パッシオン」(情熱＝受苦)――をいうのであって、たんなる「仕事」や「労働」ではない。いずれにしても、コレージュ(学寮)に入れば、食と住は保障される(「ソルボンヌ」はもともと貧しい学生を受け入れるための学寮だった)。そこにおいては、「あたかも労働の終焉が世界の起源であるかのように」、人は労働から解放されることになった。大学で教師として働くにしても、あるいはそこから出て医師や法曹として働くにしても、彼らがその使命に従って働くかぎりそのような境遇（自由に考えるための最低限の生活）は保障されることだろう。こうして中世のパリ大学は、「リベラルアーツ」を教える人文学部を基礎とした「プロフェッシオン（・リベラル）」の共和国となったのである。

しかし忘れてはならないのは、パリでウニヴェルシタスが成立したのは、それまで勝手に学生を募って教えていた教師たちが、「多少なりともアナーキーな事態」に陥ってしまった教育を自ら規制しようとしたがゆえである、ということだろう。カリキュラムや学位は、混乱した教育に秩序をもたらすために彼ら自身によって導入されたとジャック・ヴェルジェは書いている。

すなわち、大学が組織されたのは、現行の学校で発生していたいくつかの機能不全を解決するためであり、またそうした機能不全に対してなされた批判に対処するためだったのである。〔…〕じっさい学生たちの集団は、社会秩序にとっての脅威と見なされるようになっていた。さらに、ますますその数を増やしていった教師たちのあいだには露骨なまでの競争が存在していた。原典にざっと目を通すだけでめいめいが好き勝手な授業を行い、悪しき混沌ともいえるほど科目を混ぜ合わせてしまう（たとえば神学と哲学、民法と教会法）。つまり、教師たちが組合として結集するようになった第一の

（9）デリダ、前掲書、四九頁。
（10）同前、一八頁。
（11）シャルル、ヴェルジェ、前掲書、一九頁。

理由として考えられるのは、そうした多少なりともアナーキーな事態に対処するためだったということである。組合を結成することで、学校の乱立をふせぎ、研究に取り組むさいに各人がしたがうべき規定を明確にする。科目間のヒエラルキーにもとづき、読まなければならない典拠を系統的に確立し、危険な書物を焚書にする。こうしたもろもろの措置が取られた結果、試験と免状という、一貫した体系ができあがっていく(12)。

こうして大学も制度となってゆく。というより、制度となることによってようやく大学も成立したと言うべきかもしれない。しかしそういう大学の内部で「蜂起」はくりかえされてゆくだろう。大学がデリダのいう「脱構築」、つまり「思考の正義の名における反逆の原理」の場であるかぎり、また思考が、「諸々の法を超えた法にしたがって、ときおりそうした抵抗や反逆の正義を命じるもの」であるかぎり、そういう事態は続くのである。オックスフォード大学からケンブリッジ大学が生まれ、ボローニャ大学からパドーヴァ大学が生まれるのは、まさにそれぞれの大学のなかで「分派」（ディシダン）が形成されたからである。そしてそのことは、一九世紀の初めにハレ大学から移動してきた人たちによってベルリン大学が創られたときにも、さらには「五月革命」の後に新設されたパリ大学ヴァンセンヌ校が、パリ北郊のサン・ドニに移転させられるときにも言えることである。リオタールの『ポスト・モダンの条件』は、まさにこの最後の例の「分派形成」のおりに書かれたものである（「われわれはこの報告をそのまま、パリ第八大学（ヴァンセンヌ）の哲学総合研究科（Institut polytechnique de philosophie）へと捧げよう。われわれはそこで、この大学が消え失せようとし、またこの研究科が生まれようとする極めてポスト・モダンな時を迎えているのである」[13]）。

リオタール自身は中世の大学の伝統のもとにありながら、『ポスト・モダンの条件』においてはそのことにまったく触れていない。そうであるがゆえに、中世の大学の記憶をもたないアメリカ、カナダ、日本において好んで取り上げられ、人を幻惑することになったのかもしれない[14]。「近代」がもともと歪められて伝わった日本――この国はすでに「脱正当化」が始まっていた一九世紀末のヨーロッパから「正当化」の論理を学んだ――では、リオタールの本は組合や左翼セクトの硬直した「物語」からわれわれを解放するものと受け止められ、むしろ九〇年代の「上からの改革」のための地ならしとなった感がある。じっさいリオタールは「プロフェッスール」の時代は終わったとみなしている（「脱正当化と遂行性の優位とは《教授》の時代への弔鐘を打ち鳴らしている」[15]）。しかし彼は、哲学がもはや科学を正当化する言説として機能しえない時代に、あえて哲学者として語ることの限界について述べようとしただけである。「最後に、報告者は哲学者であり、専門家ではないということを述べておこう。専門家は自分が何を知り、何を知らないかを知っているが、哲学者はそうではない。専門家は結論し、哲学者は問いかける。それは二つの異なる言語ゲームである。この報告においては、それらの二つの言語ゲームは混ぜ合わされ、その結果、ど

（12）同前、二二一―二三頁。
（13）リオタール、前掲書、一二頁。
（14）「近代の諸理念に対するリオタールの徹底的な懐疑は多くの場合、短絡的に解釈された。例えば一切の根拠づけを放棄した単なる相対主義、知や理性の抑圧的なあり方を非難するだけの非合理主義、技術や情報の優位を肯定することで新しい資本主義に加担する新保守主義といった解釈である」。藤本一勇「ジャン＝フランソワ・リオタール――ポスト・モダンの「正当性」」、仲正昌樹他編『現代思想入門』ＰＨＰ研究所、二〇〇七年、一二八―一三三頁。
（15）リオタール、前掲書、一三二頁。

ちらも十分にその目的を達していない」[16]。その最終的な「目的」とは、「正義への欲望と未知のものへの欲望とがともに尊重されるようなひとつの政治のデッサン」を描くことだった。

いわばリオタールは、マラルメが散文詩「未来の現象」で描いた「見世物師」のような役割を、二〇世紀末の世界において、あえて演じようとしたのかもしれない。マラルメの散文詩においては、日没で赤く染まった地平線が描かれ、夕闇につつまれる郊外の街路を群衆がさまよっている。彼らは男も女も先祖たちのかつての（革命の）流血のせいで青ざめている。すると、「太陽の最後の光が、彼らの不安な沈黙のなか絶望の叫びとともにすべての瞳から消えようとするとき」、どこからか「過去の事物の見世物師」の口上が聞こえてくる。「いまやどこの劇場のポスターも皆さん方を内なるスペクタクルで満足させることはありません。その悲しい影を描くことのできる画家がもういなくなったからです。私はここに、生きたままの（そして至高の科学によって時を超えて保存された）ひとりの昔の〈女性〉をお目にかけます」。釣られてテント小屋に入った人びとが舞台の上に観たものは、金髪と赤い唇にかろうじて夕陽の名残をとどめた「かつての〈女性〉」だった。感動のあまり涙を流す者や、だまされたと思う者もいるなか、詩人たちは「美に先立たれた一時代に生きているということも忘れて」、それぞれ机のランプのもとに帰ってゆく。

このテント小屋の「スペクタクル」は、「ひとりの昔の〈女性〉」の「現前」を見せたという意味で、従来の表象の「演劇」とは異なっている。つまり「見世物師」は、かつての詩人（あるいは「哲学者」）のように、日没という聖なる劇を自ら解釈して舞台に乗せようとしたのではなく、地平線の向こうに沈んだ太陽をいわばそのまま舞台に乗せたのである。たしかにそれは一人の「かつての〈女性〉」であったかもしれない。しかしそうであったからこそ観客は、「太陽」を自分の目でじかに見つめることができた。プラトンの〈洞窟〉が崩壊し、外へと放り出された群衆には、目を焼く真昼の太陽よりも、薄暮の地平線の太陽のほうがふさわしいに違いない。

『ポスト・モダンの条件』においても、リオタールの口上に乗って中世の「処女なる大学」がそのポスト・モダンの地平に現れたと言える。それを見て何も感じない者もいれば、感動して涙を流す者もいるなか、現代の「詩人たち」も自分の机のランプのもとへと急いだ。しかしそれは、詩人たちが勝手に「自由詩」を書き始めたようなものである。中世以来の韻律法を尊重しなくなったサンボリストたちと同じように、ポスト・モダンの論客たちもまた、それぞれの「韻律」を発明するのに忙しかった。地平線の日没を眺めてそれを読み解き、言葉に翻訳して舞台に乗せることのできるシェークスピア、ラシーヌ、あるいはユゴーのような詩人（あるいは哲学者）は、もはやどこにもいなくなった。

2　デリダ、あるいは労働と「新たな〈人文学〉」

デリダは『条件なき大学』において、中世における大学の誕生が「労働」の概念を一変させたことを示している。労働は古代ギリシャにおいては「奴隷」がするものであったし、キリスト教世界が成立した後には、楽園から追放されたすべての男と女が「贖罪」として行なったものだった。大学の誕生とともに「職業」（プロフェッシオン）が成立し、それにともなって「職業」と「仕事」（メチエ）の区別が生じ、

(16) 同前、一一二頁。

そのいずれにも関わらない者（女性と子供も含む）は「労働」の現場にとり残された。しかし「職業」と「仕事」にたずさわる者も「労働者」と同じように「働いた」ことにおいて変わりはない。大学の教員も「教える」という労働をするし、学生でさえも「勉強」という労働をする。デリダは、ジェレミー・リフキンがその著書『労働の終焉――グローバルな労働力の衰退とポスト・マーケット時代の日の出』（一九九五年）[17]において、あまりに安易に「労働の終焉」について語っていることを批判している。

前述した「労働の終焉」の問題は、マルクスやレーニンのいくつかのテクストにおいてまったく不在だったわけではありません。レーニンは労働日数の漸進的な減少を国家の完全な消滅に至る過程に結びつけています。リフキンはというと、彼は現在進行中の第三次技術革命のなかに絶対的な変化をみています。先の二つの革命は労働の歴史に根本的な影響を与えませんでした。まずはじめに（一九世紀の）蒸気、石炭、鉄、繊維の革命があり、次いで（二〇世紀の）電気、石油、自動車の革命がありました。いずれの革命も機械化が浸透しなかった部門をその都度、解放しました。機械化されえず、機械が補完することのできない、人間の労働がなおも残っていたのです。

これら二つの技術革命の後にやってくるのが、要するに、私たちの時代の第三次革命で、それはサイバースペース、マイクロコンピュータ、ロボットによる革命です。この段階になると、失業者を職に就かせるための第四の領域は存在しないようにみえます。飽和状態に達した機械化は労働者の存在の終焉を、それゆえ、労働のある種の終焉を告知しているのでしょう。それは、かつてユンガーが指摘したような、労働者の終焉、労働者の時代の終焉です。ところで、『労働の終焉』は教員に対して、より一般的に言えば、リフキンが「知識部門」と呼ぶものに対して、現在の変化のなかでも特別な位置を与えています。以前なら、新しい技術がしかじかの部門において労働者の代わりを果たすようになったとき、新たな空間が登場して、仕事を失った労働者たちを吸収したものでした。しかし、こんにちでは、農業、産業、サーヴィス業において技術の発展のために数百万もの人々が失業へと追いやられているのに対して、こうした被害を免れている唯一の部門は「知」の部門、つまり、「企業家や科学者、技術者、コンピュータ・プログラマー、専門労働者、教員、コンサルタントといった少数の小エリート」でしょう。しかし、この部門は依然として狭い空間なので、大量の失業者を吸収することはできません。これが私たちの時代が直面する危機の特異性なのでしょう。リフキンは失業中の教員や教職志望者について、とりわけ〈人文学〉の状況については語りません。大学のなかで周縁化される低賃金の数多くのパートタイム被雇用者たちが、柔軟性や競争性と呼ばれるものの名においてますます疎外される状況に対して、彼はいかなる注意も払っていないのです[18]。

リフキンによれば、「サイバースペース、マイクロコンピュータ、ロボットによる革命」(「第三次革命」)によって「労働の終焉」がもたらされる。そしてそのなかで「知の部門」だけは、技術の発展によって失業へと追いやられることのない唯一の部門として残るという。しかしデリダは、「知の部門」に

(17) Jeremy Rifkin, *The End of Work: The Decline of the Global Labor Force and the Dawn of the Post-Market Era*, Putnam Publishing Group, 1995. 抄訳『大失業時代』松浦雅之訳、阪急コミュニケーションズ、一九九六年。

(18) デリダ、前掲書、五三－五四頁。

おいても「失業中の教員や教職志望者」はいるし、とりわけ人文学においてそれが顕著であることを指摘し、リフキンがそのことに「いかなる注意も払っていない」ことを批判する。じっさい「労働の終焉」や「世界化」（グローバリゼーション）といわれる動きから排除され、「その犠牲になっている世界の諸地域、住民、民族、集団、階級、諸個人[19]」は無視できないのである。仕事を求めているのに仕事がない人々の、あるいは逆にこなしきれないほどの仕事を抱えて休めない人々の、労働をめぐる「苦しみ」がこれほどまでに深刻になったことは「人類の歴史」においてかつてなかったとデリダは述べる[20]。「労働の終焉」が語られる一方で、労働への隷属はかつてなくひどくなっている。

このような事態が中世における大学の成立によって始まったものであることも、デリダは指摘している（「こうした歴史はずいぶん前から始まっています。それは「仕事《メチエ》」と「職業《プロフェッシオン》」の現実と意味の歴史と絡み合っています[21]」）。そしてそのことは、中世の大学が「制度」となり、そのなかで「スコラ的理性」がはびこるようになったことと無関係ではない。「世界」のなかで自由にものを考えるための余暇をもつようになった人間は、「世界」を眺めるための「客観化」の方法（「科学」）を洗練するけれども、その「客観化の方法そのものを客観化する」ことはできない、とブルデューは言うだろう[22]。自分が世界のなかにとりこまれていることを客観化しうるような方法は、パスカルが大学の外にいながら、「哲学を嗤う」哲学を実践するようになって初めて見出すものである。自らの「仕事」に安住してしまう教師たちの様子を、デリダはつぎのように描いている。「一二─一三世紀において、学問に従事する生活が仕事《メチエ》（学業）とみなされるようになりました。こうして、新しい学生と学者の勉強や研究に報いを与えるものを規定するために、金銭と名誉が語られるようになります。給与と栄光が経済的な機能と職業意識とを関連づけるのです[23]」。

大学がだれにとっても居心地のよいところとなれば、かつての蜂起の記憶も失われるだろう。じっさいこうしてフランスの大学は長いあいだに凋落し、啓蒙思想家たちによって軽蔑されたあげく、大革命のときに潰されてしまうのである。しかし一九世紀前半にはすでに、労働者の運動のなかに「大学」は再生している。『プロレタリアの夜』の序文で、ジャック・ランシエールは、パリの労働者が「蜂起」を準備する「夜」について語っている。「そうした夜は、ものごとの通常の流れにとってはとるに足らない無害な中断にすぎないかもしれない。しかしそこではある不可能事が準備され、夢想され、すでに生きられているのだ。すなわち、身体を酷使する労働へと定められた者を、思惟する特権をゆずりうけた者に従属させる、そうした先祖伝来のヒエラルキーを中断するという不可能事である。学びの夜、陶酔の夜だ[24]」。労働者たちは「スコレー」のなかで学ぶ権利を要求している。来たるべき〈人文学〉の務めの一つは、人文学

(19) 同前、五五頁。
(20) 「これらの犠牲者が苦しんでいるのは、自分に必要な仕事を持っていないからです。あるいは、ひどく不平等な性質をもつ世界規模の市場を介した交換によって給与を受け取るため、彼らが過度に働きすぎているからです。こうした資本主義の状況（そこでは、資本が現在的なものとヴァーチャル的なもののあいだの本質的な役割を果たしています）は、その圧倒的な数字からして、人類の歴史においてかつてないほど悲劇的です。「職がない状態」については、度々指摘されますが、「職あり」と「職なし」が同質になる状態、この同質化が世界規模で進展し、世界化された状態から先に人類の歴史が進んだことはおそらく、かつてありませんでした。大部分の人々は「職なし」の状態にあり、彼らは何らかの仕事を求めていますが、仕事がありません。その他の人々は過剰な量の仕事を抱えていて、仕事の量を減らしたい、さらには、労働市場に鑑みてあまりに割に合わない仕事とは手を切りたいと願っています」。デリダ、前掲書、五五－五六頁。
(21) 同前、五六頁。
(22) ブルデュー『パスカル的省察』二五頁参照。
(23) デリダ、前掲書、五九頁。
(24) ジャック・ランシエール『プロレタリアの夜』(Jacques Rancière, *La Nuit des prolétaires, Archives du rêve ouvrier*, Fayard, 1981)「序文」、谷口清彦訳（邦訳近刊）。

の固有の歴史を認識し、それを思考することであるとデリダは言う。そうであるならこの「歴史」は、ランシエールが語る「労働と休息というノーマルなくりかえしのなかからもぎとられてきた数々の夜の歴史」ともつながっているはずである。

3　デリダによる「新たな〈人文学〉」

中世への回帰は、デリダを「労働」ばかりでなくアングロ・サクソンの「人文学」(「ヒューマニティーズ」)の伝統にも近づけることになった。イギリスにはマラルメも一九世紀末に訪れて驚いたオックスフォードとケンブリッジという「中世の大学」があり、ビル・レディングスが『廃墟のなかの大学』で分析したようなシェークスピアに代表される「文学」の伝統がある。[25] リオタールの言葉でいえば、イギリスにおいては、「物語的知」にそなわっている「寛容」の度合いが独特なのである(マラルメはそれを「別種の社会的寛容」と呼んだ[26])。

そこでは、文学が哲学の代わりに「正当化」のための「メタ物語」として機能している。この国がフランスよりもドイツよりも強大な世界帝国となったのは、「国民文学」が国民を支え、オックスフォードやケンブリッジでの古典や数学を中心にしたリベラルアーツが「ジェントルマン」を育んでいたからかもしれない。大学を廃止してグランド・ゼコールを発展させたフランスや、大学を哲学を介して近代にふさわしく作り変えたドイツとは違って、そこでは学生を「プロフェッシオン」へと目覚めさせる中世以来の教育が続いていた(もちろんこれらのことは検証されなければならない。ここでは大陸と比較した場合の「イギリス・モデル」が問題である)。そういう伝統があったがゆえに、イギリスの大学はヴィットゲンシュタインの「言語ゲーム」を受け入れ、オースティンの「スピーチ・アクト」のような「脱正当化」のための新たな「セオリー」を育んだのである。

しかしデリダは、そのようなイギリスの人文学への信とともに、その概念を「練り直し、拡大する」ことで「新たな〈人文学〉」を創りだすことの必要を述べている。そしてそのためには、「今世紀における重大な出来事」であるオースティンによる「事実確認的」と「行為遂行的」という区別を尊重しながら、「それが破綻する」ところまでもっていく必要があるという。オースティンの区別は、リオタールもヴィットゲンシュタインの「言語ゲーム」を引きながら、「表示的言表」と「規制的言表」として述べていたものである。[27] リオタールはそれを前提（あるいは「条件」）としながら、一八世紀のヨーロッパ大陸に生まれた「正当化」の二大ヴァージョン――フランスの啓蒙思想とドイツの観念論――が一九世紀末になると崩壊し、それとともに「脱正当化」という「ポスト・モダン」の先駆けになる試みがウィーンなどで始まったことを跡づけたのだった。しかしデリダは、その前提（あるいは「条件」）が崩壊する地点をさし示し、その崩壊をもたらすような「出来事」、あるいはその崩壊のゆえに到来するような「出来事」について語ろうとする。その「出来事」とは、「あたかも労働の終焉が世界の起源であるかのように」という条件節が、「事実確認的」と「行為遂行的」のあいだで宙づりにしている何ごとかである。ここでふたたびデリダに語らせてみよう。

(25) ビル・レディングス『廃墟のなかの大学』青木健・斎藤信平訳、法政大学出版局、二〇〇〇年（原著は一九九六年）、第六章参照。

(26) ステファヌ・マラルメ「禁域」、『マラルメ全集 II』筑摩書房、一九八九年。

(27) リオタール、前掲書、第三章「注（2）」、一七〇頁参照。

結局、事実確認と行為遂行の区別という見事な発明は、大学の外部に対する主権的な制御という点で、大学固有の権力、大学に備わる権力という点で、大学の内部で、大学を確固たるものにしようとしてきたのでしょう。だとすれば、私たちは〔大学の〕内部と外部のあいだで限界そのものに触れており、とりわけ、大学それ自体の境界線に、大学における〈人文学〉の境界線に触れていることになります。私たちは〈人文学〉の内部でその単純化しえない外部と未来のことを考えます。〈人文学〉の内部のなかに閉じこもっていることはできないし、そうするべきではないと、私たちは〈人文学〉の内部で考えます。しかし、こうした思想は、強力で首尾一貫したものとなるために〈人文学〉を必要とします。こうしたことを考えることはアカデミックな作業ではないし、思弁的で理論的な作業でもありません。また、中立的なユートピアを描き出すことでもありません。たんに口先だけでそう言っているわけではありません。つねに分割可能なこの限界においてこそ、この限界に対してこそ、到来するものが到来するのです。まさにこの限界は到来するものの影響を被って変化します。分割可能であるがゆえに、この限界は歴史をもちます。こうした不可能なもの、「おそらく」、「もしも」の限界こそが、分割可能な大学を、現実へと、外の力（それは文化的、イデオロギー的、政治的、経済的、等々の力でしょう）へと、曝す地点なのです。この地点においてこそ、大学は自らが思考しようとする世界のなかに存在します。したがって、この境界線に即して、大学は自らの抵抗を駆け引きし、組織しなければなりません。そして、自らの責任を負わねばなりません。主権というあの抽象的な幻像《ファンタスム》を再構成して自閉するためではありません。そんなことに手を染めたところで、大学は神学的あるいは人間主義的な遺産をおそらく、脱構築し始めることでしょう。そうではなくて、アカデミズムの外の力と調和しながら現実に抵抗するため、また、（政治的、法的、経済的な）再我有化のあらゆる試みに抗して、主権のあらゆる別の形象に抗して、自らの営み〔＝作品〕によって創造的な攻撃布陣を張るためにです。

さらに別の位相に訴える別の仕方を提示しましょう――条件なき大学は、こんにち、大学と呼ばれているものの囲いのなかに必ず位置づけられるわけでも、もっぱらそこに位置づけられるわけでもありません。それは教授という形象のうちに必然的に、独占的に、範例的に表象されるわけではありません。条件なき大学は、当の無条件性が告げられうるいたるところで生じ＝場をもち、自らの場を求めるのです。この無条件性が、おそらく、（自らを）思考をうながすところならどこにでも。ときには、おそらく、「条件」という論理や語彙を超えたところにさえ。[28]

こうしてデリダは「新たな〈人文学〉」が扱うべき七つの「論点」を示すことになる。それはまず第一に、「人間の歴史、人間の観念、人間の本性」を扱う。そこにおいては、「人類に対する罪」が問われるばかりでなく、動物との伝統的な対立においても「人間」が論じられることになる。マラルメが散文詩「見世物中断」で描いた、サーカス小屋での熊と調教師の「対決」のような「事件」も、そこでは分析の対象となるだろう。第二の論点としては、「民主主義の歴史、主権の理念」、そして大学（とりわけ人文学）が

（28）デリダ、前掲書、七一－七二頁。

存在するための条件あるいは「無条件性」のテーマを扱う。第三の論点としては、「公言すること〔professer〕、職業＝公言〔profession〕、教職〔professorat〕の歴史」を扱う。これらについては『条件なき大学』のなかですでにデリダによる素描がなされている。そして第四の論点としては、「文学の歴史」が扱われる。「文学と名づけられる近代的な制度」、「国語の概念」、「文学と〈すべてを言う権利〉（あるいは〈すべてを言わない権利〉）との結びつきの歴史」がそこにおけるトピックとなる。さらに第五の論点として、「職業〔profession〕、信仰告白〔profession de foi〕、専門職業化〔professionalisation〕、教授職〔professorat〕の歴史」が扱われる。デリダはここにおいて、「私はある意味で教授職の必要性を信じている」と、リオタールとは異なる見解を記している。さらに第六の論点は、「『かのように』の歴史、とりわけ、事実確認的な行為と行為遂行的な行為との明確な区別の歴史」を扱うとされる。

これら六つの論点を掲げた後に、デリダはさらに語っている。「第七の論点――第七日目ではありません――に、私は今、ようやくたどり着きました。むしろこう言った方がよいでしょう。私は今、最後に、到来しつつ、生じつつ＝場をもちつつ、場を占めつつ、大学における、〈人文学〉における権威そのものを激変させ、一変させ、狼狽させる当のものを、おそらく、到来するがままにまかせるのです[29]」。

一週間の労働のあとの休息日ではないと断りつつ、「新たな〈人文学〉」が扱うべき最後の論点として、大学そして〈人文学〉の「権威」をひっくり返すような、何ごとかの「到来」が語られている。そしてそれを「到来するがままにまかせる」とデリダは言っている。どうしてそのようなことが「新たな〈人文学〉の論点」となりうるのだろうか。そしてそれは、一九世紀の前半にパリの労働者たちが、日曜日に市門の外の居酒屋で飲んだくれながら語る「何ごとか」と、どのように関わるのだろうか。

デリダは「大学の、そして〈人文学〉の権威」に関わるものとして三つのものを挙げている。それらの内容を見ると、この「権威」を「ひっくり返す」のはかなり難しいということが分かる。まずそれは、「知（少なくとも事実確認的な言語という知のモデル）」に関わるものである。われわれは、到来するものが「何であるか」を知ることはできないし、そのように問うこともできない。なぜなら「知ること」や「問うこと」が、すでにその「権威」を構成しているからである。次にそれは、「公言＝職業や信仰告白（少なくとも行為遂行的な言語というモデル）」に関わる。したがって、われわれはなんらかの信念や意志によって何ごとかを到来させることはできない。なぜならそのような信念や意志そのものが、「権威」にほかならないからである。そして最後に、「『かのように』の実施＝作品化、少なくとも『かのように』の行為遂行的な実施＝作品化」が挙げられる。従来の人文学においては、作品について論じることはあっても、作品そのものを創造することは許されなかった。それゆえ作品を創作することは有効かもしれない。しかし「到来するもの」をあたかも「作品」のようにみなして、それについて論じることは何ものをも到来させない。なぜならそれこそが、いまの人文学のやっていることだからである。こうして「大学における〈人文学〉における権威そのものを激変させ、一変させ、狼狽させる当のもの」に関しては、それを「到来するがままにまかせる」しかない。

しかしデリダはさらに続けている。まるでマラルメが友ヴィリエ・ド・リラダンを追悼したときのように、リオタールをその場に呼びよせて語らせようとしているかのようだ（「ここでお話ししたことが理解し

（29）同前、六六頁。

うるものかどうか、〔…〕私にはわかりません。〔…〕それは哲学でしょうか、文学でしょうか。それとも、演劇でしょうか」[30]。そしてついには、そこにいる聴衆に賽を預けてしまう。「こうした主題に関して、私はいくつかの仮説を用意していますが、最終的に決断を下すのは、今やみなさん方であり、また、別の誰かでしょう。署名する者はその署名を受け取る者でもあります。みなさん方も私も、私たちは署名する者のことを知りません。私は不可能なものについてお話ししましたが、この不可能なものがおそらくいつか到来するとしても、その帰結を想像することをみなさん方に委ねるしかないからです」[31]。

アメリカのハーヴァード大学あるいはスタンフォード大学のような、世界の大学ランキングでトップクラスにある大学の学士課程（アンダーグラデュエイト）や「リベラルアーツ・カレッジ」においては、伝統的に「リベラルアーツ」の教育が行なわれている（そこでは学生は学部の囲いのないところで四年間自由に学びながら、自らのディシプリンとすべき「専攻」を選び、ロー・スクール、メディカル・スクール、グラデュエイト・スクールなどへと進学する）。しかしそれらはいずれも年間三五〇万円を超える授業料を課している私立大学である。ところでアメリカの「国民」にそれらの存在を許容するだけの「寛容」の精神はもはや残っていない。アメリカにあるのは「寛容」ではなく、富裕層による有無をいわせぬ「支配」であり、そのもとでの貧しい階層の絶望と沈黙である[32]。デリダは最後にそのようなスタンフォード大学の学生や教員（講演の聴衆）に向かって呼びかけるだろう。「時間をかけてください、しかし、急いでそうしてください。何があなた方を待ち受けているのか、あなた方は知らないのですから」[33]。

これはもはや「行為遂行的」でも「事実確認的」でもない、蜂起のような何ごとかへ向けてのヒューモア、冗談、挑発のようなものである。プラトンが二つの異なる「スピーチ・アクト」を区別しえなかったとしたら、デリダはその区別が破綻するところまでいくことによって、ソクラテスの昔に戻ってしまったかのようだ。しかしそうすることによって、「大学」というヨーロッパ中世の発明をいまのグローバルな（ポスト・モダンの）時代において「正当化」することに、彼は成功したのではないか。リオタールは哲学者として「問う」ことを自らの役割としたけれども、デリダは「問うこと」そのものを問うことで、「問い」によって成り立つソクラテス（プラトン）以来の哲学（正当化の伝統）を「脱構築」し、そしてそこから「新たな〈人文学〉」への展望を拓こうとした。このデリダの呼びかけにどう応えるかが、そこにいる聴衆、そして『条件なき大学』を読むわれわれに問われている。[34]

（30）同前、七三頁。
（31）同前。
（32）マイケル・ハート「アメリカの教育と危機」、邦訳、ブログ「大学生詩を撒く」二〇一〇年一二月一三日。原文：Michael Hardt, «US education and the crisis», December 2, 2010.（http://www.edu-factory.org/wp/us-education-and-the-crisis/）また、本書一六一–一六八頁も参照。
（33）デリダ、前掲書、七三頁。
（34）「知識基盤社会」における大学の在り方を答申する日本の「中央教育審議会」の人々が、デリダのような問題意識をまったく持ち合わせていないことを指摘しておかねばならない。彼らはむしろ、リフキンのいう「第三次革命」を前提にしている。そして彼らのいう「学士力」が、「リベラルアーツ」ではなく「ネオリベラル・アーツ」にすぎないことは、すでに上垣豊編著『市場化する大学と教養教育の危機』（洛北出版、二〇〇九年）で指摘されている（▼本書二一八頁）。

第二部　アレゼールによる大学論

アレゼールの目指すもの　フランスの大学改革におけるその立場

彼は世界の、ネオリベラルな世界の、グローバル化する一九九〇年以降の世界の、ありとあらゆる悲惨を描いた。そればかりでなく、途方にくれる若者と彼らを前にしてなすすべのない教師たちの、そして「危機にある大学」で迷ってしまった新入生たちの、ありとあらゆる悲惨を描いた。またこの最後の分野に関して、彼はいくどとなく研究会を組織し、提言を行ない、とりわけ一九九二年以降は「アレゼール」を創設し、それを主宰した。

クリストフ・シャルル＋ダニエル・ロッシュ「ピエール・ブルデューと歴史」（『ル・モンド』紙二〇〇二年二月六日付）

アレゼール（ARESER：Association de refléxion sur les enseignements supérieurs et la recherche 高等教育と研究の現在を考える会）とは、社会学者ピエール・ブルデューと歴史学者クリストフ・シャルルが一九九二年に創設した、おもに人文・社会科学系の大学教員からなる自主団体である。事務局はパリ・ユルム街の高等師範学校におかれ、事務局長はシャルルが務めている（現在シャルルは会長となり、社会学者でパリ第八大学教員のシャルル・スリエが事務局長を務めている）。会員は約一〇〇名で、左の「発言一覧」に示すような独自の提言を新聞などに行なっているほか、高等教育と研究に関するフォーラムをたびたび企画している。

アレゼールが活動を始めた九〇年代は、フランスの大学がようやくその再生の可能性を手に入れた時代と言われる。(1)一九八八年に「契約政策《コントラクチュアリザシオン》」と呼ばれる制度が導入され、大学は「四ケ年計画」を国民教育省に提出すれば、用途の定められた通常の予算のほかに、自由に使える補助的予算も獲得できるようになった。当初はさほど注目を引かなかったものの、この制度によって九〇年代にフランスの大学システム

アレゼールの発言一覧

1994年

a **「若者への欺瞞的アンケート」**，『ル・モンド』紙，7月8日，アレゼール（クリスチアン・ボドロー，ピエール・ブルデュー，カトリーヌ・レヴィ）

b **「回答者は5人に1人以下」**，『ル・モンド』紙，9月27日，アレゼール（クリスチアン・ボドロー，ピエール・ブルデュー，カトリーヌ・レヴィ）

c **「大学にとっての古くからの問題と緊急措置」**，『ル・モンド』紙，11月3日，アレゼール（ピエール・ブルデュー，クリストフ・シャルル）

1995年

a **「ロラン・レポート，あるいは仮面をかぶったリベラリズム」**，『リベラシオン』紙，2月16日，アレゼール（クリストフ・シャルル）

b **「高等教育，もう少し努力を」**，『ル・モンド』紙，4月20日，アレゼール（クリストフ・シャルル）

1996年

「大学教員の採用，真の公募制のために！」，『ル・モンド』紙，7月18日，アレゼール（ピエール・ブルデュー，クリスチアン・ボドロー，クリストフ・シャルル，ベルナール・ラクロワ，ダニエル・ロッシュ）

1997年

a **「バイルー提案は大学政策の不在を覆い隠している」**，『リベラシオン』紙，4月1日，アレゼール（クリスチアン・ボドロー，ピエール・ブルデュー，クリストフ・シャルル，ジャック・フィジャルコヴ，ベルナール・ラクロワ，ダニエル・ロッシュ）

b **「高等教育の未来を準備する」**，『ル・モンド』紙，5月29月，アレゼール（フランソワーズ・バリバール，クリスチアン・ボドロー，ピエール・ブルデュー，クリストフ・シャルル，カトリーヌ・レヴィ，ダニエル・ロッシュ）

c **「SOS」**，『ル・モンド・ド・レデュカシオン』誌，46-47頁，アレゼール（ピエール・ブルデュー，クリストフ・シャルル，フランソワーズ・バリバール［パリ第7大学］，ローラン・バットゥシュ［セルジー大学］，クリスチアン・ボドロー［高等師範学校ユルム校］，ミシェル・エスパーニュ［CNRS，パリ第8大学］，サンドリーヌ・ガルシア［シャンベリー大学］，ベルナール・ラクロワ［パリ第10大学ナンテール校］，フレデリック・ネイラ［ボルドー大学］，ダニエル・ロッシュ［パリ第1大学］，クラウディオ・スカッゾッキョ［パリ第11大学オルセー校］，アン・トムソン［カーン大学］）　＊教育機関名はすべて1997年当時の所属先

d **『危機にある大学への診断と緊急措置』**，11月，リベール・レゾン＝ダジール刊，アレゼール

1999年

「新たなオルトドクシー，官僚主義（テクノクラシー）に拘束される大学と研究」，『ル・モンド・ディプロマティック』誌，9月号，クリストフ・シャルル（アレゼール事務局長）

2000年

「一人の大臣が春をもたらすことはない」，『ル・モンド』紙，4月8日，アレゼール（ピエール・ブルデュー，クリストフ・シャルル，クリスチアン・ボドロー，ミシェル・エスパーニュ，サンドリーヌ・ガルシア，ベルナール・ラクロワ，フレデリック・ネイラ，ダニエル・ロッシュ，クラウディオ・スカッゾッキョ，アン・トムソン）

2002年

「高等教育，最小限のプログラム」，『ル・モンド』紙，7月10日，アレゼール（クリストフ・シャルル，ダニエル・ロッシュ，クロード・カザレ，ミシェル・エスパーニュ，ジャック・フィジャルコヴ，アニー・ジャコブ，ベルナール・ラクロワ，レミ・ルノワール，フレデリック・ネイラ，シャルル・スリエ，アン・トムソン）

は大きく揺さぶられることになったという。[2] アレゼールが創設されるのは、この制度の導入から四年を経て、ようやくその効果も現れるころである。

アレゼールの創設の翌年には、ピエール・ブルデューが監修した『世界の悲惨[3]』も刊行されている。これは二三名の社会学者による論文とさまざまな階層の市民へのインタヴューからなる大著であるが、大きな反響を呼んでネオリベラリズムへの批判に形を与えることになった。事実、九五年にはその執筆者グループを中心にして「レゾン・ダジール（行動する理由）」という大学人の組織が創られ、同年一二月の大規模なストライキを支えるようになる。さらにその翌年の九六年には、「リベール＝レゾン・ダジール」という出版社（現在は「レゾン・ダジール」と称する）が設立され、新書版のユニークな著作を次々に刊行して話題をさらった。まずブルデューの『テレビについて[4]』が一〇万部を超えるベストセラーとなり、ついで九七年にはセルジュ・アリミの『新たな番犬たち[5]』、そしてアレゼールの『危機にある大学への診断と緊急措置[6]』が出版されたのである。

ブルデューによれば、アレゼールもレゾン・ダジールも、「保守革命に対する新しい武器と新しい闘争形態を発明する」ための「集団的知識人」ということになる。[7] たとえばアレゼールの提言は、九〇年代に進行する「保守革命」としての大学改革を批判し、そのなかで息絶えようとしている大学を救うためのものだった。つまり政治家や官僚や企業などの圧力から大学を護るために、教員たちが自ら、いわば臨床的な視点から、いまの大学への「診断と緊急措置」を提言したのだった。しかしそれはまた、現在もまだフランスに生きている中世以来の大学の理念を、ヨーロッパ統合において生かしていくことでもあった。ヨーロッパが「たんなる自由貿易のための交易圏にとどまらない」ためには、そこに「大学、雑誌、新聞を通して新たな理念上の空間を創造する」ことが重要なのである。(8) ここではそのようなアレゼールの試みを検証するために、まずフランスにおける高等教育の歴史を概観し、それから九〇年代におけるフランスの「大学改革」の実態と、それへのアレゼールの発言を確認してみることにする。

1　グランド・ゼコールと大学

フランスにグランド・ゼコールという高等教育機関があることは知られている。しかしそれらはさまざまな官庁の管轄下にあるため、(9) 一つのカテゴリーとして法的に認められた存在ではない。行政的には非公式ないくつかの内部文書が「グランド・ゼコール」という言葉を定義しないまま用いて、そのリストを示しているのみである。(10) しかしそれにもかかわらず、それらはもっとも高いレベルの就職先を卒業生に保証

（1）Cf. Christine Musselin, *La longue marche des universités françaises*, PUF, 2001, p. 103-105.
（2）「契約政策」については、白鳥義彦・岡山茂・石村雅雄・大場淳「フランスにおける大学評価と契約政策」（日仏教育学会二〇〇五年度研究大会公開シンポジウム報告）、『日仏教育学会年報』第一二号、二〇〇六年、三一―三六頁を参照。
（3）*La Misère du monde*, sous la direction de Pierre Bourdieu, Seuil, 1993.（未邦訳、邦題は仮題）
（4）Pierre Bourdieu, *Sur la télévision*, Liber-Raisons d'agir, 1996. 邦訳『メディア批判』桜本陽一訳、藤原書店、二〇〇〇年。
（5）Serge Halimi, *Les Nouveaux Chiens de garde*, Liber-Raisons d'agir, 1997.（未邦訳）
（6）ARESER, *Quelques diagnostics et remèdes urgents pour une université en péril*, Liber-Raisons d'agir, 1997. 邦訳、アレゼール日本編『大学界改造要綱』藤原書店、二〇〇三年所収、二四五―三三五頁。
（7）ピエール・ブルデュー『市場独裁主義批判』加藤晴久訳、藤原書店、二〇〇〇年、四頁。
（8）クリストフ・シャルル「ドレフュス事件以降のフランス知識人」、荻野文隆訳、『思想』八七二号、一九九七年二月、三四～五九頁。
（9）たとえば理工科学校（エコール・ポリテクニーク）は国防省、国立行政学院（ＥＮＡ）は首相府、高等商科学院（ＨＥＣ）はパリ商工会議所の管轄下にある。
（10）Cf. *Dictionnaire encyclopédique de l'éducation et de la formation*, deuxième edition, Nathan, 1998, p. 324.

しており、それらが形成する「グランド・ゼコール会議」という組織は政府に対する圧力団体としても機能している。共通する特徴としては、①リセ（後期中等教育機関）に付属したグランド・ゼコール準備学級（大学の一・二年度に相当）の学生を対象にきびしい選抜試験を行なっている、②ごく少数の学生に、おもに全寮制による徹底したエリート教育を施している、③校友会のネットワーク、在学中からの職場体験、成績順の就職先決定などによって、産業界や官界に太いパイプを持っている、などのことが挙げられる。そしてこのグランド・ゼコールの存在ゆえに、大学はつねに抑圧されてきたというのがフランスの高等教育のもっとも大きな特徴なのである。歴史的に見ると、グランド・ゼコールには大革命以前に創られたものもあるが（土木橋梁および鉱山学校）、大学に対するその優位は、大革命とそれに続くナポレオンの時代に確立されている。

2　ナポレオンのシステム

一八世紀の啓蒙思想家たちは自由に思索するのを好み、中世以来のセクタリズムのなかにある大学を軽蔑していた。彼らの精神を受け継いだ大革命の執政政府が大学を廃止したのも（一七九三年）、そしてその遺言執行者ともいうべきナポレオンが、かつてとはまったく違った「大学」を創ろうとしたのも（一八〇六年）、それゆえ当然のことであった。

ナポレオンは**グランド・ゼコール**（当時はエコール・スペシアルと呼ばれた）を拡充するとともに、ヨーロッパでもまれな中央集権的高等教育システムを作り上げた。かつてそれぞれの大学のものであった**ファキュルテ**（学部）は、医学部が一七九四年にパリとストラスブールとモンペリエに、そして法学部が一八〇四年に全国一二か所に設置された以外は、すべてリセや中央行政に付属した機関とされ、その役割もバカロレア（大学入学資格）の発行や、中等教育の教員となるのに必要な修了証（リサンス）を与えることに限定された。そしてそれらをひっくるめた中央集権的かつ全国的なシステムそのものを、「**帝国大学**」（リュニヴェルシテ・アンペリアル）と呼んだのである。他のヨーロッパ諸国ではこのナポレオンのモデルは大学の否定とみなされ、とりわけ同じころのドイツでベルリン大学を構想したシュライエルマッハーやフンボルトの理念と対立した。ナポレオンに占領されたプロイセンにおいては、中世以来の大学を近代にふさわしく蘇らせることが問題となるのである。

3　第三共和政の改革

フランスでもすでに一八三〇年代から、このあまりに国家管理の強いシステムへの批判はなされている。しかし本格的にそれが見直されるのは、一八七一年に普仏戦争でフランスが敗北した後、学問や研究を重視するドイツのシステムのよいところを採り入れる機運が高まってからにすぎない。専門教育の厳しい枠が少しずつ緩められ、エコール・スペシアルにおいては新たな需要に応じて高等商業学校や工業技術学校などが新設されたばかりでなく、研究にも場が与えられるようになった（パスツールの研究室は高等師範学校内に設けられている）。またファキュルテにおいては、人文学や社会科学が注目され、学生は一個の自由な精神として真理を求めるために学ぶべきとする意識も広まった。第三共和政の改革者たちにとっては、文化の面でフランスがドイツへの遅れをとりもどし、さらに優位に立つというナショナルな威信の問題でもあったが、それが自治を求める大学人たちの運動とも呼応して、一八九六年にようやく「大学」が復活する。つまり全国に散らばっていたファキュルテが大学区ごとにまとめられ、それぞれに法人格が与えられて、「**大学**」（**ユニヴェルシテ**）と呼ばれるようになったのである。地方自治体も協力して新しい建物が造られ、ここに現在も見られるようなフランスの近代的な大学が誕生した。

しかしエコール・スペシアルはそのままであったし、中央集権的なシステムと、ファキュルテごとに縦割りになった教員組織は存続した。大学人と中央の官僚は互いの利権を侵すことなしに共存する道を選んだため、新しくできた大学は、さまざまな学問分野が交錯する自由な〈知〉の空間というよりは、学問分野ごとに孤立したファキュルテの名目上の集合体にすぎなかった。一九世紀末の改革は結果的に（あるいは意に反して）、ナポレオンのシステムを強固にするのに貢献したといわれる。つまりフランスに「大学」を再生させようとしたにもかかわらず、結局のところ「ファキュルテの共和国」（クリスチーヌ・ミュスラン）あるいは「大学人の共和国」（クリストフ・シャルル）を創出するに終わったのである。

その背景には、第三共和政の改革者たちがドイツにならって教育と研究を充実させようと試みていたところ、皮肉なことに時代は、むしろ高度な専門技能者を求めていたということがある。工業が発展し、植民地も拡大し、科学と技術、知と経済、文化と生活が融合するなか、専門知識を備えた有能な人材（企業の幹部、官僚、技術者、教員など）が求められていた。そのため改革者たちの思惑に反して、エコール・スペシアルがますます名声を高めて「グランド・ゼコール」と呼ばれるようになる一方、大学も職業専門教育を充実させることを優先し、法学部では保険業務や公証人のためのコースも設けられ、理学部には新しい工業技術を学ぶためのいくつかのエコールも併設された。つまりこの時代においても、大学はフンボルト的であるというよりはナポレオン的であり、利益にこだわらない研究と学問は、限られた数のディレッタントな学生しか集めていなかったのである。

4　五月革命

しかし一九六〇年代になると大学の大衆化が始まる。それまでは学生数も限られていたため、グランド・ゼコールばかりでなく大学もエリートの養成機関として機能していた。しかし六〇年代には、就職先の拡大があまり期待できない文学部や法学部に学生が溢れるようになる。社会は管理職、エンジニア、研究者、エコノミストなどを求めているのに、大学は文学士や法学士を大量に生産したため、①過剰な学生を受け入れたこれらのファキュルテの機能不全、②大学を出たのに就職先のない学生たちのフラストレーション、③労働市場におけるこれらの修了証書の価値下落という、三つのリスクが生じた。**一九六八年五月の学生運動**は、当時の政治状況への反発ばかりでなく、フランスに真の大学と呼べるものがないことへの不満が爆発したものでもあったと言われている。

その後、**エドガール・フォール法**[11]によって学生の運営への参加や自治が認められ、ファキュルテも解体されて**UFR**（教育研究単位部門）となり、文字通り「新しい大学」が誕生することになる。しかし七〇年代に危機はさらに深刻なものとなった。それはエドガール・フォール法の失敗というより、①六八年以前から全国に創られていた二年制の**IUT**（技術短期大学部）が入学選抜を行なったために、大学に溢れ

（11）一九六八年に国民教育相に就任したエドガール・フォールが立案した高等教育基本法。

る学生を吸収できなかったこと、②グランド・ゼコールが既得権を守るための防御的な反応に出たこと、③グランド・ゼコール出身者が多い政治家や高級官僚もそれを容認したこと、などが原因であるとシャルルは言う。(12) また、履修コースが多様化するなか、フランスの大学が均質性を失い、雑多な構成をもつようになったにもかかわらず、規格化された中央集権的な枠組みはそのままであったことが原因であるとミュスランは言う。(13) いずれにしても大学は、学生の反発が怖くて入学試験や進路誘導はできなかった。バカロレア取得がかなり厳しい理系はそれほどではないにしても、人文・社会科学系のＵＦＲは溢れかえる学生に対応できず、彼らのやる気を挫いて中退させるというシニカルな選別法しかとれなかったそうである。(14)

5　大学の誕生？

一九八八年九月に当時のリオネル・ジョスパン国民教育相によって「契約政策《コントラクチュアリザシオン》」が導入される。それによって大学は、ナポレオン以来の中央行政とファキュルテの共犯的な支配から解放され、地方分権の機運にも乗って、自ら変貌する可能性を手に入れたと言われる（ミュスラン）。

大学はすでに一九世紀末に法人格を与えられていたにもかかわらず、ファキュルテの自治が優先されたためにそれまでずっと名目的なものに留まっていた。一九六八年のエドガール・フォール法によってファキュルテが解体され、やっと大学が存立しうる可能性が生まれたときでも、「新しい大学」はファキュルテの組み替えによって作られた、より強固なギルド的組織にすぎなかった（たとえばパリ大学は学問分野の組み替えというより、それぞれの教員の親和性によって八つの大学に分裂した）。しかし「契約政策」の導入以降、専門分野（ディシプリン）ではなく機関（つまり大学）ごとの行政への変換が図られ、かつてはお飾りにすぎなかった学長に実質的な権限が付与されるようになる。学長のなかには、学科編成をしなやかに変えていくことの困難や、社会の変化に大学がすばやく適応することの困難を訴える者もおり、国民教育省も地方分権政策に沿ってそれに耳を傾けるようになったのである。

　しかしそれは必ずしもナポレオンの中央集権的なシステムが崩れたことを意味しない。グランド・ゼコールと大学の二分法はそのままだし、学長に大きな権限が与えられたとはいっても、暗黙の了解によって温存されてきたこれまでの中央官僚とファキュルテの共犯的な権力が、企業家のように変身した学長に奪い取られただけかもしれないからである。そのような大学において「トップダウン」の運営がなされるとすれば、「五月革命」は二〇年以上の時を経て実を結ぶどころか、それがやっと手に入れた学生と教員の「自治」さえ失ってしまうことになる。もとより八〇年代以降に新設された大学の多くは、大学というよりはアレゼールが呼ぶところの「ポチョムキン大学[15]」であったため、学問分野の組み替えも限定されたものでしかなかった。それゆえ、九〇年代におけるフランスの大学の変化には、大学の再生の可能性よりも、むしろ二〇世紀末の資本主義的世界に共通して起こったネオリベラリズムによる「大学の危機」を見るべきなのである。

（12）Cf., C. Charle, «De la révolution à la globalisation, le legs de Napoléon à travers les siècles», *Ouvertures*, no. 4, automne 1999, p. 55-59.

（13）Cf., C. Musselin, *op. cit.*, p. 18.

（14）一〇三頁「アレゼールの発言一覧」1997d第5章（『大学界改造要綱』二九五－三〇五頁）参照。

（15）帝政ロシアのポチョムキン元帥が、視察に来たエカテリーナ女帝の目をあざむくために造った見せかけだけの町並みのような、内実のない大学。「発言一覧」1997d第6章（『大学界改造要綱』三〇六頁）参照。

事実、フランスの大学システムはヨーロッパ統合への対応を迫られるなかで、大学関係者も知らないうちに、官僚たちの手で作り変えられようとしていた。あるいは、学長のイニシアティヴといいながら、いずれの大学でもなし崩しに、グランド・ゼコールに似せた「産学連携」が推し進められていた。アレゼールはそのような危機に対処するために、大学人自らが創ったアソシアシオン（自主団体）なのである。以下、**ロラン・レポート**（一九九五）、**フォルー・レポート**（一九九六）、**アタリ・レポート**（一九九八）の順に、政府の諮問によって提出された「大学改革」のための報告書の内容を見ながら、それらへのアレゼールの批判と提言を確認してみよう。

6　ロラン・レポート

一九九五年一月末、ダニエル・ロランによって「高等教育の将来に関する報告書」がまとめられ、当時のフランソワ・フィヨン国民教育相に提出された。このレポートは、高等教育の地方分権、企業との連携、学生への社会的援助や、それに応じた入学登録料の値上げなどを謳っていた。フィヨン教育相はすでに高等教育および研究についてさまざまな緊縮政策を発表しており[16]、地方のＩＵＴ（技術短期大学部）での学生ストをきっかけに、大学関係者たちの反対運動が起きていた。そして教職員や学生のあらゆる組合によるデモが二月七日に予定されるなか、ロラン・レポートは火に油を注ぐように発表されたのである。当日のデモはフランス全土で一〇万人規模のものとなったため、このレポートも結局はお蔵入りとなっている。

アレゼールは、一九九四年一一月三日と九五年二月一六日、そして四月二〇日に『ル・モンド』紙と『リベラシオン』紙に意見を発表している[17]。まずそこでは、教員一人あたりの学生数をできるだけ抑えようとするそれまでの努力が、フィヨン教育相によって放棄されたことが批判されている。グランド・ゼコールと大学の二元論をどうすることもできないのなら、せめて大学の教員を増やすなどの対策が講じられるべきである。学生をふるいにかけて落とすばかりで、実質的な教育が行なわれていない現状をなんとかしなければならない。そして非常勤教員ではなく専任教員を採用しなければならない、とアレゼールは主張する。

しかし非常勤教員の質が問題なのではない、とアレゼールは付け加えている。いくつかの分野においては、提供される非常勤のポストに対してオーバー・クオリティーの志願者がほとんどである。教員自身の将来が不安だというのに、どうして学生たちに将来に希望を持てと言えるだろう、というのである。また専任教員についても、研究ばかりが評価されるために教育に力をいれる教員が少ない現状が批判されている。さらにその研究に関しても、資金の優先順位を決める上層部が複雑にからまりあい、それぞれの領域の現実を知らずに財源が分配されていることが告発されている。実質的には同じ仕事をしている大学教員の間にも待遇の差による亀裂が生じている。これでは教員の間に、力を合わせて大学をよくしようという機運も生まれないと述べている。

最後にアレゼールは、問題をすべて先送りにしている政治家たちを批判する。政治家たちは大統領選をまえに無用な対立を惹き起こしたくないと思っているようだが、大統領選とはまさに大学改革のような重

（16）教育予算の凍結、教員増の抑制、教員の潤沢な大学から足りない大学への配転、ＣＮＲＳ（国立科学研究センター）への予算の四〇％カットなど。

（17）「発言一覧」1994c, 1995a, b.

要な課題を論ずるべきときではないのか。大学教員、学生、そして管理者の間にいやしがたい不信が募っているときこそ、民主的で幅広い議論が必要である。いったいどのような政策をとるのか、大統領候補となる者は明言するべきであると訴えている。これは対立点を明確に示そうとしない二人の候補（シラクとジョスパン）、とりわけ中道寄りの姿勢をとって「左」の理想を忘れたように見えるジョスパンへの忠告であった。

7　フォルー・レポート

次に、ジャック・シラクが大統領となった後、一九九六年六月二〇日にロジェ・フォルーが委員長となって作成された委員会報告をとりあげてみよう。フォルーは大企業サン・ゴバン（ガラス製品・建築資材など）の社長であり、アラン・ジュペ首相のもと、フランソワ・バイルー教育相の諮問に応えてこのレポートを作成した。

レポートは、「教育ほど投資効果が高いものはない」、「教育を将来への不安や過去の政策の失敗をつくろうためのスケープゴートにしてはならない」と述べ、「大学自治」の拡大を謳っている。そして国民教育省の硬直した管理態勢を厳しく批判している。委員会のメンバーでフランス・テレコム社長のミシェル・ボンも、中央官庁による教育システムの運営が企業家から見ると全くなっていないと嘆いているし、他のメンバーのなかにも、「教育の専門家ではなく、政治家と市民が決定しないと事態は進展しない」、「組合と大臣の対話で大学の将来が決まってしまってはいけない」と述べる者もいた。(18) さらにこの報告書をたたき台に、高等教育の将来をレフェランダム（国民投票）で決めるべきだとする意見もあった。バイルー教育相に提出される以前から、新聞などにレポートの内容は明らかにされ、組合の反応も出揃っていた。

このレポートは、大学の第一課程における「金のむだ使い、生産性の低さ、欺瞞的な教育」に焦点をあて、それをグランド・ゼコール準備学級、アメリカのコレージュ、そして昔の教養教育と比較しながら、最終的には肯定したうえで、入試制度の導入、地方分権、中等教育との一体化を提言している。しかしバイルー教育相が受け入れたのは、履修コースの統合と単純化、最初のゼメスター（学期）におけるオリエンテーションの実施、チューター制の導入、学生の継続的指導、履修コース変更制限の緩和、修了時における論文の義務化など、できる範囲の改革であった。[19] レフェランダムも葬られ、九五年九月に議会で採り上げられるはずだった大学改革のための「綱領作成法案」も九六年六月には放棄されてしまう。理由は明白で、ヨーロッパ統一基準を満たすための緊縮政策と、そのための財源不足だった。

それに対してアレゼールは、長期的展望に立った計画こそ必要であると述べ、その理由として三点を挙げている。①フォルー・レポートも認めているように、学生の受け入れ条件を改善し、図書館や施設を改良あるいは新築し、教員数を増やす必要がある。そのためには現行の大学予算に加えて、一三〇億フラン〔当時のレートで日本円にして約二七〇〇億円〕ほどの補正予算を数年に分けて支出しなければならない。②高等教育と研究はすでに国際的な競争にさらされており、これからますますその傾向が強まるにもかかわら

(18) Cf., *Le Monde*, le 27 juin 1996. しかしミシェル・ボンは二〇〇二年にフランス・テレコムを倒産の淵にまで追い込んで社長を辞任している。
(19) Cf., *Le Monde*, le 19 juin 1996.

ず、フランスはヨーロッパでその改善の努力がもっとも足りない国の一つである。③六〇年代後半以降大量に採用された教員が大挙して退職するという現実がある。そしてさらに、アレゼールはフランスでは失業から逃れるために大学に入る学生が多い事実を指摘し（一五歳から二五歳までの年齢層で就学している者の割合は、フランスでは六〇%、ドイツは四三%、イギリスは二八%）、この問題を解決するためにも、長期的な視野に立った綱領作成法（「大学のための長期計画策定法」）が必要であると主張している。[20] 若者は自分たちを冷遇する社会に対抗するために自ら大学で学ぼうとしている。そのような彼らを、現在のような劣悪な環境に放っておいてはいけないというのである。

8　アタリ・レポート

最後に、一九九八年五月のアタリ・レポートと、それへのアレゼールの反応を見てみよう。これは、八〇年代にミッテランの政策顧問を務めたジャック・アタリが、クロード・アレーグル教育相に提出したものである。

このレポートもまた、フランスの高等教育システムは「混乱していて、官僚主義的で、不平等なものである」としている。そしてそのシステムの全体、とりわけグランド・ゼコールと大学の関係を見直すべきだと提言している。しかしフランス的例外としてのグランド・ゼコールは否定せずに、フランスの高等教育の課程全体をヨーロッパ統合へと向けてより分かりやすいものにするよう求めている。大学に関しては、その自律性を尊重しながら、全国に八つの核となる「**大学センター**」を創り、そのそれぞれを発展させうるような財源措置、評価委員会、その評価に基づく財源の優先提供、企業や地方自治体からの融資の奨励、さらには学長に大きな人事的権限を付与することなどを謳っている。しかし眼目となるのは、バカロレア・プラス3（リサンス）、プラス5（マステール）、プラス8（ドクトラ）という三つの学位の区切りによって、フランスばかりでなく、ヨーロッパの大学システムをも横断的に統一しようとする提案である。そのためにフランスでは、現在二年制のＩＵＴを三年制にし、また同じように二年制であるＤＥＵＧ（第一課程）も制限なしに三年目のリサンスに入れるようにし、さらにグランド・ゼコール準備学級も、バカロレア・プラス3のレベルで統一するよう提言している。

これを受けてアレーグル教育相は、一九九八年五月にソルボンヌで行なわれたヨーロッパ教育相会議で、イギリス、ドイツ、イタリアの教育相の賛同をとりつけ（「ボローニャ・プロセス」はこうして始まる）、さっそくこのレポートに沿った改革に着手した。しかし度重なる不用意な発言（「大学の教員は週二日働いたあとは遊んでいる」、「ヨーロッパにいるのは大西洋を渡り損ねた臆病な人間ばかりだ」、「大学は学生のためにある」etc.）のために、大学関係者の反発を買い、道半ばにして立ち往生してしまうのである。なによりも、大学への意見の聴取がなされないまま、一方的にテクノクラートのプランを押しつけたことに批判が集中し、教員、研究者、職員、学生の一致したリコール要求が起きて、二〇〇〇年四月には退陣を余儀なくされてしまう。

ところでアレーグルは、リオネル・ジョスパンが八〇年代末に教育相を務めたときの顧問であり、「契

（20）「発言一覧」1997b.「大学のための長期計画策定法」については、1997d 序文を参照。

約政策」を導入した当事者でもある。ジョスパンが首相となり、ふたたび彼に請われて教育相になったアレーグルが失脚し、ジョスパン自身も二〇〇二年の大統領選挙で、第一回投票で国民戦線のル・ペンにも敗れて失脚するのだが、それらのことは、彼らの改革が破綻したということを必ずしも意味しない。つまり彼らが八八年から推し進めてきた改革は、フランスの高等教育をもはや後戻りできないほどに変えてしまっているからである。事実、アタリ・レポートは、アレーグルを継いだジャック・ラングによってより周到に練り直され、コアビタシオン（保革共存）が解消したあとも、リュック・フェリー新教育相のもとで出番を待つことになる。いわば右も左も、もはやヨーロッパ統合の流れには逆らえないし、重くのしかかる教育への公財政支出をできるだけ減らそうという点では一致しているのである。[21]

9　アレゼールの立場

さて、そのようななかでのアレゼールの主張はいったいどのように要約できるだろうか。まず彼らは次のように述べて、歴代の右および左の教育相を切り捨てている。「ジョスパン、ラング、フィヨン、バイルー、アレーグルらの政策は、選挙への思惑から学生数の増加を許容しながら、財政負担は回避するという無責任なものでしかなかった」[22]。しかしただ反発しているだけではなく、大学がおかれている現実から出発して、官僚らのほとんど空想的な発想を批判しているのである。

たとえば、「ヨーロッパの大学空間」を創造するには、まず留学準備教育と留学生受け入れのための体制が整わねばならない。しかしいまのところ、それができるのは有力大学のみである。だから財政的な支援がなされないまま留学をめぐる競争が起これば、大学間格差はとり返しがつかないほど大きくなる。また、初等・中等教育レベルから英語が重視され、バカロレアや大学の第一課程から英語以外の外国語が消滅しようとしている。もとよりヨーロッパの大学間交流は多言語主義の発展を目指すものであるのに、「これでは英語によるヨーロッパ統一のトロイの木馬となりかねない」[23]とアレゼールは言う。さらに「グローバル化」との関連では、次のようにも述べている。「すでにアングロ・サクソンのいくつかの大学は、世界の顧客に教育と修了証を授けるヴァーチャル・ユニヴァーシティを開設しており、フランスでもそれを真似る大学が現れている。しかしこれは富裕な大学の富裕な学部が、大学に恵まれない国の富裕な層をターゲットに行なう不平等な教育である。このグローバルな競争に参入できる大学は稀であるし、参入しようとする専攻分野を抱える大学では、そのために他の分野が犠牲にされ、内部対立が生じている」[24]。つまり彼らは、「ヨーロッパの大学」構想が「グローバル化」に巻き込まれないためには、まずは各国の大学システムを比較歴史学・社会学的に考察し、インターネット時代における著作権保護などについて、きちんと議論しておく必要があるというのである。ヨーロッパ統合へと向けたジャック・ラング教育相の施策に関しても、彼らは批判的であった。「教育あるいは知の普及をめざす〈ヨーロッパの大学〉は、もしかしたらかつてヨーロッパに大学を生んだあの厳しい普遍主義的な理想に私たちを近づけるかもしれない。しかしそのために、知の自律、視点の複数性、そして教育の機会均等という諸価値が犠牲にされることが

(21) フェリーの次に教育相となったフランソワ・フィヨン（任期二〇〇四〜〇五年）は、バカロレア改革などを内容とする「フィヨン法」を制定し、批判を浴びた。その後〇七年に大統領に就任したニコラ・サルコジと、彼のもとで首相を務めたフィヨンの「大学改革」については、次章「学長たちの惑星的思考」を参照。

(22)「発言一覧」2000.

(23)「発言一覧」2002.

(24) 同前。

あってはならない」と述べ、そのあまりにもシステマティックな単位の互換や学位の統一に警告を発している。

次に、アレゼールは、官僚による支配や財界などからの圧力に抵抗するために、大学に集うすべての者が意見を統一するための仕組みを構築しようと呼びかけている。つまり「**大学議会**」を創設して、「身勝手で互いに張り合っているだけの多くの教育に関するプランを、教育システムのための合理的で集団的なプランへと変換[25]」しようというのである。これまでにもいくつかの報告書がお蔵入りになっている背後に、教員、職員、学生を巻き込んだ大きな運動があった。その運動を、政治へのポジティヴな圧力に転換する民主的な議論の場が必要であるのは言うまでもない。それでなくとも大学は、無関心（たとえば、「エリートはグランド・ゼコールで養成されているのだし、大学の騒擾がグランド・ゼコールにまで及ぶことはないから、大学はどうなろうとかまわない」）と闘わねばならない立場にある。たかだか四％の学生を受け入れるにすぎないグランド・ゼコールに、高等教育予算の三〇％がつぎ込まれているという「不公平」を是正し、大学により多くの予算を振り向けさせるためにも、大学関係者（教員、職員、学生、保護者）がばらばらなままではいけないというのである。

最後に、**グランド・ゼコールと大学の二分法**という、このナポレオン以来の古くて新しい問題については、アレゼールはそれらを一元化するべきではないと考えている。むしろそのディコトミー（二分法）を肯定しながら、そのなかで大学を豊かなものにしてゆくべきだというのである。クリストフ・シャルルによれば、この二分法はたしかに、ナポレオン時代の軍隊そのままである。そこでは、若いうちに選抜したエリートを参謀本部の将校にまで育て上げる一方、戦場で生き残った下士官を少しずつ上級幹部に登用していた。そしていまでも、「ほんの少々の『一般教養』で味つけされた初歩的専門教育を大衆のために行なう大学」と、「上質で世界へと開かれた職業教育をエリートのために行なうグランド・ゼコール[26]」という、基本的な不平等が存在している。しかし、大学はグランド・ゼコールとの間で職業教育の充実を競うよりも、自由な学問の場としてのその独自性を花開かせるべきであり、そうすることでグランド・ゼコールと共存すればよいというのである。もちろんそのために政府は決して予算を惜しんではならないというのが、アレゼールの一貫した主張である。

　グランド・ゼコールがなかったドイツでは、一九世紀末から二〇世紀初頭にかけて、大学の「グランド・ゼコール化」が進んだ。つまり時代の要請に応えて、研究や学問よりも、高度な専門家を育成するための実学的な教育が大学においても重視されるようになったのである。しかし教員たちの貴族主義的なコルポラティスム（同業組合主義）の抵抗も強かったから、この改革は結局ドイツの大学の衰退を招いてしまったとシャルルは言う[27]。二〇世紀に入ると、アメリカの大学が躍進するなか、ドイツの大学は世界的名声を失い、本来持っていたはずの権力批判としての機能さえ奪われてしまう。一方、大学がなかったフランスでは、ドレフュス事件（一八九四〜一九〇六）のさなかに大学が復活するが、その周縁で生まれた「**知識人**」は、ドレフュスの冤罪を晴らすのに貢献し、そのお陰で、一八八〇年代末以来揺らいでいた共和主義の伝統も復活する。つまりフランスでは、むしろグランド・ゼコールがあったがゆえに大学も生き

（25）「発言一覧」1997d「序文」（『大学界改造要綱』二四七頁）。
（26）「発言一覧」2000.
（27）Cf. C. Charle, «Des modèles, pas de solutions», *Le Monde de l'éducation*, octobre 1997, p. 30-32.

残ったのである。

フランスには現在、エリート養成機関であるグランド・ゼコールと、基礎研究機関であるCNRS（国立科学研究センター）と、大学があり、大学はいわば教育においても研究においてもおかぶを奪われている。しかしこの多様性があるからこそ、それぞれの独自性が生きているとも言える。大学に関しては、開かれた自由な学問の場としてのアイデンティティーは揺らいでいない。いまのところその実態がみすぼらしいものではあっても、批判的市民精神と民主主義の伝統を護るためには、大学をけっして消滅させてはならないというのが、アレゼールの主張なのである。(28)

（28）「発言一覧」1997d「結論」（『大学界改造要綱』三二八－三三二頁参照。

フランスでは二〇〇八年以降、その前年（二〇〇七年）八月に成立した「大学の自由と責任法」（ＬＲＵ）のもとで、大学と国立科学研究センター（ＣＮＲＳ）などの研究機関が大きな改革の波にさらされることになった。サルコジ大統領やヴァレリー・ペクレス高等教育担当大臣（当時）は、これを「真の文化革命」と呼び、「改革」の正当化に躍起となった。

二〇〇三年末からその翌年にかけて、フランス政府が研究予算を大きく削減しようとしたとき、大学の教員や研究者は「研究を救おう！ Sauvons la recherche!」（ＳＬＲ）という運動を起こしてそれに抵抗した。その運動は三か月ほどのあいだに、「雇用の不安定化」（プレカリザシオン）に抗議する学生、労働組合、舞台芸術関係者、失業者などを巻き込んで全国規模に発展し、管理職の地位にあったほとんどの教員・研究者もそれに同調して集団で辞表を提出するというかつてない行為に及んだため、政府は研究予算の大幅増額を認めざるをえなくなった。しかしそのとき、研究予算の大幅増額と引き換えに、政府が教員と研究者たちに「改革」を受け入れるよう求めていたことも事実である。教員、研究者の側も、理系と文系で意見の違いはあったものの、予算が増えるのであればということで妥協し、政府との合意（「研究のための協定」）が成立した経過がある。[1] この合意の法的裏づけとなる「研究のための計画法」は、二〇〇六年四月一八日に公布されている。

そのちょうど一年後に、高等教育担当相（フランソワ・グラール）は「研究のための計画法」の実施状況について記者会見を行なったが、そのときには、教員・研究者の側が要求していた若手研究者とポスドク（博士号取得後に任期制の職に就いている研究者）への財政支援よりも、複雑に入り組んだ研究費配分と大学および研究機関の評価システムの見直し（ANR＝国立研究機構、AERES＝研究高等教育評価機構の創設）、そして競争による大型の研究資金（RTRA、PRESなど）の導入がもっぱら強調されていた。

フランスには、すべてのバカロレア（大学入学資格）保持者に開かれている高等教育機関としての大学、入試で選抜した学生を対象にエリート教育を行なうグランド・ゼコール、そして研究者が研究のみに専念する国立科学研究センター（CNRS）などの研究機関という、三つの組織が存在している。教員・研究者はそのいずれかに所属しているけれども、複数にまたがって活動しているケースもある。そしてこの複雑なシステムのなかで二〇世紀のフランスの高等教育と研究は成り立ってきた。しかし大学の世界ランキングやノーベル賞受賞者数などにおいて、フランスがアメリカとイギリスに水を開けられることを危惧する人たちは、このシステムがフランスの高等教育と研究の弱体化をもたらしていると考える。彼らはこれらの三つのグループを一元化することによって、グローバルな競争に立ち向かえる高等教育機関を国内に一〇ほど創りあげることをもくろんでいる。たしかにフランスには、ハーヴァード大学やオックスブリッジのような、研究、教育、エリート養成のすべてにわたって卓越した、大きな高等教育機関は一つもないのである。世界最古の大学の一つであるパリ大学にしても、一八世紀末に大革命によって廃絶されたあと一九世紀末に再生するが、一九六八年の「五月革命」によって、いまでは一三の大学に分解してしまっている。

1　フランスの「大学改革」をめぐる曲折

ところで、「研究のための計画法」に基づく政策がすでに二〇〇七年四月の時点である程度まで実現されていたということが、サルコジ新大統領の大学改革をやり易くしたのである。翌五月の決選投票で社会党のセゴレーヌ・ロワイヤルを破って大統領となったニコラ・サルコジは、選挙戦のブレインを務めたフランソワ・フィヨンを首相に据えるとすぐ、「大学自治法案」なるものを発表して、その成立を最優先事項にすると宣言する。選挙戦において大学改革は、ロワイヤルがサルコジとほとんど変わらない改革案しか持っていなかったこともあって争点とならなかったが、こうしてサルコジ＝フィヨン就任直後に急浮上することになった。「大学自治法」はその後にいくつかの修正を加えられ、「大学の自由と責任法」と名を変えて八月初旬に成立している。

（1）ＳＬＲ（「研究を救おう！」運動）については、隠岐さや香「「研究を救おう！」グループの勝利から全国三部会開催までの動き」（同「研究を救え運動――不安定雇用と反知性主義に抗して」（『アレゼール日本ニューズレター』2号、二〇〇四年、ウェブ版 http://www.h4.dion.ne.jp/~soki/soki0304.html）、西山雄二「「研究を救おう！」運動の背景とその後――フランス高等教育・研究政策における公立研究機関の位置」（同前）も参照。

ニューズレター』3号、二〇〇五年）に詳しい。隠岐さや香「「研究を救おう！」

首相となったフランソワ・フィヨンは、一九九三年から九五年まで高等教育研究担当相を務め、「研究を救おう！」運動のときにも国民教育大臣として「合意」の立役者となった人物である。サルコジとのコンビで、歴代の政府が失敗してきた大学改革を今度こそ実現するという強い意志を秘めていたと思われる。五月二三日には、大学自治法を通すことが「おそらくこの内閣のもっとも重要な仕事となる」と述べ、「七月中には成立させる」と約束している。また、この改革によって大学は「自由にその組織を変更できるようになるし、自由に教員を採用してもよいし、自由に教員のポストを創ってよいし、国の許可を求めることなく他の研究機関、グランド・ゼコール、企業などと提携してよいようになる」と語る一方、「大学入学試験の導入や学費の値上げは行なわない」と明言して、学生の組合を安心させることも忘れなかった。『ル・モンド』紙は、「すでにこの時点で教員、研究者、学生たちは闘いに敗れていた。なぜなら彼らは、この改革が『性急に』なされないこと、そして『この秋の新学期からの導入』を目指さないことを要求していたからだ」と書いている。もちろん秋になれば、学生や教員の反対運動が激しくなり、法案の成立も危うくなるということをサルコジとフィヨンは知っていたのである。

しかし法案が成立するまでに曲折がなかったわけではない。ペクレス高等教育担当大臣は、フィヨン首相がこの改革について語った五月二三日の午後から、連日のように大学学長会議（CPU）、学生組合、教員組合の代表と会っている。他方、大学の教員、職員、学生の側も、一六団体が連名で法案提出のとりやめを求めるアピールを行なっている。また高等教育研究全国審議会（CNESER 学生、職員、教員の代表からなる全国レベルの評議機関）も、あまりに性急すぎて議論もできないとして法案への反対を決めている。そのため政府も、法案の閣議提出を「一週間だけ」遅らせることにした。しかしそのあいだにもサルコジは、ＣＰＵの代表や、フランス最大の学生組合ＵＮＥＦの代表をエリゼ宮に招き、彼らの意見を容れるかたちで同意をとりつけるのに成功している。たとえば、①「自治《オトノミー》」はそれを希望する大学だけではなく、今後五年の間にすべての大学に与える、②Ｍ１（修士《マスター》一年）レベルでの入試の導入は見送る、③各大学の運営評議会の人数は二〇人ではなく三〇人とする、などの点において「妥協」したのである。大学学長会議はもとより改革を望んでいたし、ＵＮＥＦも大統領が対話する姿勢を見せたことで軟化したため、法案は七月四日に閣議に提出された。

その後「大学自治法」は「大学の自由と責任法」と名を変え、七月一二日には上院（セナ）を通過している。下院（国民議会）に審議が移ってからは、七月二三日に、教員、研究者、学生の二五におよぶ団体や組合が廃案を求めるアピールを出し、共同記者会見を行なっている。そこには高校生の組合も加わっていた。ただしＵＮＥＦは法案の修正を求めただけで共同声明には参加しなかった。このフランス最大の学生組合は、かつて二〇〇六年にドヴィルパン首相がＣＰＥ（初期雇用契約▼本書七〇頁参照）を含む機会均等法を成立させたとき、その廃案を求めて全国的なデモを起こし、首相を退陣に追いこむのにイニシアティヴをとった組合である。サルコジとフィヨンは彼らをまず説得することで、学生のあいだ、そして学生と教員のあいだに分断をもたらすことに成功した。

二〇〇七年の秋になってからも、すでに「大学の自由と責任法」は成立してしまっているにもかかわらず、その廃止を求める運動が再燃した。一一月になると国内の半分以上の大学のキャンパスが学生によって封鎖され、そのあまりの盛り上がりにＵＮＥＦも一時はそれに同調するに至った。「六八年五月」の象徴でもあるソルボンヌの建物は、学生による占拠を恐れた大学当局によって未然に封鎖されてしまった

(もちろん授業はすべて休講となった)。しかしUNEFの代表(パリ市長デラノエの支持のもとで社会党から政界デビューするといわれていた)がペクレスと会談してふたたび寝返ってしまうと、学生たちの連帯にも亀裂が生じた。それぞれのキャンパスには、封鎖に反対して正常の授業に戻ることを求める教師や学生たちも多かった。こうして法の廃止を求める運動も次第に弱まり、クリスマスのころにはほとんど終息してしまったのである。

この「大学の自由と責任法」について、アレゼールのクリストフ・シャルルは次のように語っている。

「大学の自由と責任法」に盛り込まれているのは、大学=企業という考えであり、それはかつての大学とまったく異なるものである。中央集権のボナパルティスムは、学長たちのボナパルティスムにとって代わられようとしている。学長たちは地方に根を張り、投資家あるいは顧客となった企業に支えられながら、プチ・ナポレオンのように君臨するだろう。

政党の責任者やほとんどの新聞記者たちは、このアングロ・サクソン・モデルの戯画的コピーのなかに危機からの出口があるものと信じている。しかし彼らは、すべての大学が同じ体力をもってこの新たな競争に臨むわけではないということを忘れている。いまある差別的な構造、地理的かつ社会的な条件、格差のある「資本」のもとで競争するのだから、それぞれの大学の「格付」の上昇と下落はいまからでも予測できるものである。

これから大学は、まるで証券取引所に上場した企業のように振舞わないといけなくなる。大学の価値はそれが利用し動かした資本やランキングの操作によって測られるようなものとなる。そしてあたかも一石二鳥であるかのように、既成の秩序を批判できる空間の一つが消滅し、広がりつつある社会的格差が正当化される。アメリカ合衆国においてさえ、連邦議会の最近の報告書では、資金獲得のための大学間競争が批判され、中流階級出身の学生が有名大学から排除されていることに、警告が発せられているというのに。(2)

ところで、このシャルルの文章のなかにある「アングロ・サクソン・モデルの戯画的コピー」という表現は、フランスの大学改革ばかりでなく、二〇〇四年に国立大学の法人化が断行された日本についても当てはまるものである。

2　日本の「大学改革」の顚末

日本には七〇〇以上の大学があるけれども、そのうち「有力大学」とみなされるものは二〇ほどしかない。そしてそれらの大学には、父親の職業が官僚、管理職、プロフェッシオン・リベラル（医師、弁護士などの自由業）のような、比較的裕福な階層出身の学生が多くなっている。その他の九五%の大学（ほとんどの私立大学と、戦後に創られた地方国立大学や公立大学）では、比較的貧しい階層出身の学生の割合が高くなっている。いまでは一八歳年齢の約半数の若者が大学に進学している。大学の学費がフランスの

（2）Christophe Charle, «Faut-il coter les facultés européennes?», *Le Monde diplomatique*, septembre 2007, p. 8.　なお、「大学の自治と責任法」の狙いについては、次章一三八－一四〇頁も参照。

ように原則的に無償でもなく、奨学金もアメリカのようには充実していない日本で、どうしてこれほど多くの若者が大学に入るのかと言えば、まずは大学を出ないと就職に不利だからである。しかしそれとともに、若者も自分の将来や「世界」についてゆっくり考える時間がほしいし、親も子どもに対して、社会に出る前にそのような余裕をもたせてあげたいと願うからである。彼らの大学への就学は、多くの場合、親が銀行から借りる教育ローン、そして学生自身による勉学に響くほどのアルバイトによって支えられている。給付奨学金は成績が優秀でないともらえないし、貸与奨学金はローンと同じで大学を出た者を長年にわたって借金の鎖で縛る。しかもそうして大学を出たところで、彼らが親の就くことができなかったような職業（高級官僚、管理職、プロフェッシオン・リベラルなど）に就ける保証はない。

日本政府は、そのような学生たちにより良い条件で、より良い高等教育を提供しようとする代わりに、有力大学にのみ公的資金を集中させている。大学予算の約半分は二〇あまりの大学に重点的に与えられている。これは、研究に基づいた本物の教育はエリート以外には必要ないというかのような、あからさまに差別的な政策である。「有力大学」以外のほとんどの大学は、国からの助成金や運営費が削られるなか、そしてますます厳しくなる少子化のなか、学生獲得のための闘いを強いられている。すでに高額な学費をこれ以上値上げすることはできないため、アジアからの留学生の獲得、地元企業との連携、他大学との合併、さらには非常勤や専任教職員のリストラが模索されている。

たしかに、これまでにも研究やエリートの養成はおもに旧帝大系の国立大学が担い、大衆のための高等教育は、地方の国公立大学や私立大学が担うという伝統はあった。しかし二〇〇二年から導入されたＣＯＥ（文科省科学研究費補助金特別推進研究）などの新たな研究費配分の仕組みは、そのような伝統を正当化し、そこから流動性を奪ってしまうものでしかなかった。ＣＯＥは国・公・私立のいずれの大学も応募できるようになっていたが、この一見平等に見える仕組みが日本の大学（そしてその教員と学生）を「勝ち組」と「負け組」に分けるのに貢献したのである。国公立大学に関しては、研究実績のある旧帝大系の大学が多くの分野でＣＯＥを獲得したけれども、それ以外の中小国公立大学は全く獲得できないか、せいぜい一つあるいは二つを分け与えられたにすぎなかった。また私立大学においては、戦前からの有力私大がいくつかの分野で獲得した以外は、ほとんどが採択されないままに終わった。もとより私立大学では専任教員や博士課程の学生が少ないこともあって、ＣＯＥに応募することさえできないケースがほとんどだった。そしてその後に文部科学省は、ＣＯＥを獲得できなかった大学に対して、研究以外の方向に「多様化」あるいは「個性化」することを求め、それが「学生たちの多様な期待に応える」ことだとしたのである。このようにして、戦後の高等教育における「民主化」の理想、少しでも良い高等教育をできるだけ多くの人にという理想は、文部科学省自らによって放棄された。いくつかの大学を「グローバルな競争」に立ち向かえるようにするという口実のもと、ほとんどの大学が犠牲にされ、「多様化」あるいは「個性化」と称して研究の権利と自由を奪われた。

多くの「凡庸な研究」がないところに「卓越した研究」の花のみが咲くとは思われないが、文部科学省のテクノクラートや諮問委員会のメンバーはそのことを信じているようである。ほとんどの大学が職業学校かカルチャー・スクールのようなものとなる一方、研究のできるごく少数の「卓越した大学」は、フランスのグランド・ゼコールのように、国際機関や国家やグローバル企業が必要とするエリートのための「学校」となってしまっている。「知の自律、視点の複数性、最大多数に開かれた高等教育」のための場としての大学は、いまや日本から失われようとしている。クリスチャン・ガランが言うように、「ヨーロッパの大学は二〇〇四年の四月に日本で死んだ」のかもしれない(3)。

3　大学の「妙なる危機」

ガランによれば、改革とは、システムのなかのよく機能しないところを改善することであって、システムそのものをとりかえることではない。しかし小泉首相のもとで行なわれた二〇〇〇年代以降の大学改革は、ＯＥＣＤ、ＷＴＯ、ＩＭＦ、世界銀行、そして経団連によって提示されたシステムを、日本の大学にむりやり当てはめようとしたものである。フランスのサルコジやペクレスが語る「文化革命」と同じような、これまでの大学の試行錯誤を無にするような「近代化」、「グローバル化」、「アメリカ化」が押しつけられたのである。

しかしガランは「日本の大学は死んでしまった」と言っているわけではない。日仏でともに「大学」が危機に瀕していることは確かだとしても、この危機は、マラルメが「詩句の危機」で語るような「妙なる危機」でもあるかもしれない。僧院の廃墟にたたずむ者のまわりに、かつてそこで焚かれていたドクトリンの遺香が立ち昇るように、「廃墟のなかの大学」にも、「条件なき大学」の香りが漂ってこないとは限らない。

地上の大学はもはや死んでしまい、そこから逃れた人たちは地下に自分たちのための「地下大学」を開こうとしている。じっさいいまの日本の大学に生きる人たちは、喪に服して息をひそめているかのようだ。あるいは、とりわけ人文系の博士課程の学生やポスドクたちのように、研究を続けるためにかつてとは比べ物にならないほど厳しい状況におかれている人々もいる。こうした人々が専任のポストを得ることはきわめて困難である（団塊の世代が労働市場から完全に撤退するころには状況は好転するかもしれないけれど、そこまで持ちこたえられるかどうか判らないし、持ちこたえたところで年齢制限に引っかかってしまう）。一つのポストの公募に一〇〇人もの志願者が集まることはざらである。知り合いが専任のポストを得て、それまで非常勤として務めていた枠を譲ってくれるのでなければ、非常勤の職さえない。このような時期にデリダの『条件なき大学』（邦訳二〇〇八年刊）が翻訳されて出版されたのは、良いタイミングであったと言うべきだろう。

この本は、ジャック・デリダが米スタンフォード大学の学長の招待を受けて行なった講演をまとめたものである。その最後の章には、これからの「新しい人文学」が扱うべき七つのテーマが提示されている。最初の六つは、これから彼の代わりにわれわれが取り組むことが期待されているテーマであり、最後の一つは、七日目の休日にふさわしいテーマとして、オースティンによる「事実確認的と行為遂行的」の二分法を乗り越える可能性が示唆されている。デリダはわれわれをその「不可能な出来事」の方へと誘うことで「条件なき大学」をこの地上に存在させようとしている。もちろんそれらのテーマは、グローバリゼーションによって一つになるとみなされているこの「世界」を根源的に問い、そこにおける「労働＝仕事＝勉強」を脱構築するための挑発的提言でもある。グローバリゼーションという条件のもとで可能になる大

（3）クリスチャン・ガラン「日本の大学の自由化」、岡山茂訳、『日仏教育学会年報』第一三号、二〇〇七年、一〇五‐一一二頁。

学ではなく、グローバリゼーションをも問うことができる「条件なき大学」が問題だからだ。

この本、あるいは「条件なき大学」は、大学の人文系やそれ以外の教員ばかりでなく、大学で学んでいる学生、社会ですでに働いている人間、大学に来られない年金生活者にも開かれている。なぜならデリダはそこにおいて、「就職」という強迫から学生を解放すると同時に、思索するためには余暇が必要だという学者たちの思い上がりをも崩そうとしているからである。「条件なき大学」とは、そこにいる者が語るにあたって無条件の自由を享受しうると同時に、いまだどこにも存在しない、またそうであるがゆえにいつでもどこにでも存在しうる、イマジネールな大学である。それは大都市にある有名大学ばかりでなく、地方の中小大学にも必要な大学のイデーである。またそれは、この『条件なき大学』のような一冊の「書物」でもあるのだ。それを開き、そこに書かれていることについて夢想することが、すでに「条件なき大学」のなかにいるということに通じる。現実の大学が「よそ者」を排除するきわめて閉鎖的な空間となってしまっているいま、そしてヴァーチャルな大学がじっさいに機能し始めてしまっているいま、一冊の書物を手にとり、「条件なき大学」について瞑想することは楽しい。

ところで、二〇〇八年七月、洞爺湖サミット（第三四回主要国首脳会議）に合わせて開催された「G8大学サミット」に集った学長たちは、大学そして人文学についてどのように語り合ったのだろうか。彼らにとって人文学、そして人文学を含む大学はすでに過去のものなのだろうか。もしそうだとするなら、われわれはデリダのようなイマジネールな知をもって、あなたがたは「人類」を滅亡させようとしていると言わねばならない。人文学あるいは人文系学部のことを、フランス語ではユマニテ、英語ではヒューマニティーズというけれども、それは人文学が「人類」そのものだからである。人文学そしてそれによって支えられる大学が、人間なるものを定義し、人間と呼ぶにふさわしいエリートや労働者を社会に送り出すのでなければ、人類に未来はないしこの世も終わりである。そしてその大学はすべての人に開かれているのでなければならない。これは大学への、そして人文学への信仰のようなものかもしれないけれども、このような信仰を生きることを、デリダは人文学の教員、そして「条件なき大学」に集うすべての教員と「学生」に求めたのである。

たしかに、科学が真理を求めるのは良いことだし、そこから生まれる技術が人類を滅亡から救うことはあるかもしれない。だが真理とは、デリダのいうような意味での「新しい人文学」を前提とした限りでの真理であるべきではないのか。学長たちも「グローバル・サスティナビリティー」について語るなら、大学そして人文学について「条件なし」に議論し、政治家や企業家や官僚たちに向かって「条件なき大学」を訴えるべきであった。人類が滅亡した後でも地球は輝いているかもしれないが、それがどのような光であるかは誰も知らないはずだからである。

ボローニャ・プロセスと『大学の歴史』　アレゼールからの批判と提言

日本のほとんどの大学では、一九九一年の「大綱化」によって戦後のリジッドな枠組みが取り払われると、教養課程が解体されるか縮小されるかした。しかしそれとともに新たな名を冠した学部や学科が増え、それまで二九種類あった称号（文学士、法学士など）が「学士」という一つの学位に統一される一方、それに付記される専攻分野の名称は五八〇にも上るようになった。(1) 中央教育審議会のレポート（「学士課程教育の構築に向けて」二〇〇八年一二月）には、そのようなインフレーションによって「学士」の信憑が揺らいでしまったことへの危惧が語られている。

またいつのころからか、「力」という語のつく言葉がやたらと目立つようになった。「仕事力」「責任力」「老人力」「断る力」「悩む力」…。大学に関しても、「大学力」「就職力」などが公然と使われるようになった。奇妙なのは、文部科学大臣への答申のような文書までもが、「学士力」「生きる力」のような当世風の表現を用いていることである。

「競争社会」に勝ち残るためには「力」が必要なのかもしれない。そして大学とは、その「力」を養成するための場所であるのかもしれない。しかしそのようにして、大学さえも「力」を正当化してしまってよいのだろうか。「大綱化」のさらに向こうには、規制緩和と自由化を謳って教育を市場の論理にゆだねようとした臨時教育審議会の答申[2]がある。中教審は、いまの学士課程への危惧を語るのなら、その臨教審のネオリベラリズムをこそ正面から批判すべきではなかったか。

一九九〇年代半ば以降の各大学の試みは、それまでの「教養」と「専門」のヒエラルキーが温存された教授会で決められたため、東京大学のように教養学部が独立しているまれな例を除けば、「専門」の教員のイニシアティヴによってなされた。そのため、教養科目や第二外国語を教えていた人文系の教員はとりわけ、それぞれのディシプリンへの「信」を問われることになった。しかし本来の「リベラルアーツ」が日本の大学に根づくためには、不同意の共同体としての大学への「信」を、大学人が共有することが必要だったのである。それはディシプリンのあいだでサバイバル・ゲームを行なうことではないし、大学が「世界ランキング」でしのぎを削ることでもなかった。たとえば大学院を卒業した者に、中等教育で教師をしながら博士論文を書けるような可能性を開き、第二外国語を高校から必修にし、奨学金を貸与ではなく給付にするというような、「世界標準」へと向けた改革がなされるべきだった。

アレゼールによれば、大学とはなんらかの「力」を身につけるための場ではない。それは「世代間の批

---

(1) システムデザイン、ビジネス創造、グローバルエンジニアリング、子ども、社会イノベーション、現代ライフ、情報フロンティア…。大都市の地下鉄や郊外電車に乗れば、それぞれの車両に大学の宣伝ポスターが貼られ、そこにこのような学部の名が記されているのを観察できる。

(2) 一九八四年、内閣総理大臣の諮問機関として臨教審が設置され、中曽根康弘首相（当時）のもとで教育行政全般にわたって議論を行ない、四つの答申をまとめた。

判的な対決が可能となる唯一の場であり、恋愛や、政治や、芸術における多様な経験を可能にするかけがえのない場であり、多くの若い男女学生にとって、知識人の生活を社会秩序のなかに入るまえに多少なりとも経験できる最後のチャンス(3)である。

「大学版ＥＵ」をめざす「ボローニャ・プロセス」が進むフランスの大学も、ＬＭＤ（学士を三年、修士を五年、博士を八年で修了できるようにするためのＥＵレベルでの学位システム）への対応を迫られ、そのなかで、Ｌ（リサンス＝学士）のみに特化せざるをえなくなるかもしれない大学の問題が持ち上がっている。フランスではそれぞれの大学に博士課程まであるのが原則だから、それは大学としてのアイデンティティーを問われる事態である。そこでの彼らの議論を知ること、そして彼らと意見を交換することは、日本の大学の「学士課程構築」のためにも役立つかもしれない。

1　クリストフ・シャルルによる「ボローニャ・プロセス」批判

二〇〇九年の二月から七月半ばにかけて、フランスではＬＲＵ（前章で詳説した「大学の自治と責任法」、二〇〇七年八月成立）の見直しや廃案を求める学生と教職員のストが続いた。アレゼール会長のクリストフ・シャルル（パリ第一大学、歴史学）によれば、サルコジ大統領がいま推進しようとしているフランスの大学改革には、次の三つの背景がある。

第一に、ＯＥＣＤも推奨している「人的資本」という論理。それによれば、高等教育は将来への投資であるから、そこから利益を得る者はそれなりの出資を覚悟しないといけない。この論理においては、学ぶことで可能になる未来の報酬を、学生にあらかじめ返済させることはできるということになる。そして、そのようにして教育支出を国家財政から「使用者」あるいは「顧客」の方へと振り向けることで、公的負担を少なくすることができるとする。この政策は、イギリス、イタリア、オランダ、東欧諸国など、私立大学が増えているヨーロッパの国々ですでに推し進められている。

第二に、知の経済という理論。それによれば、先進国では産業の空洞化によって、就職先が知的労働に限られるようになり、先進的なセクターあるいはハイレベルなサービス産業にしか働き口が残らなくなりつつある。したがって、そのような知的労働者を養成できるように高等教育を再編すること、そしてそのような展望にそって大学を変革することが求められている。社会からのそのような要請に背を向け、自らの知的自律にこだわる教員・研究者は、そのなかで大学執行部のお荷物となりかねない。だから学長に大きな権限を与えて、そのような教員・研究者は排除する。これがLRUの眼目である。

第三に、アメリカ・モデルという幻想。この幻想はアメリカの大学の現実にまったく対応していないということをまず言っておかねばならない。アメリカにある大学で国際的な名声をもつのは、数千あるうちの一五か二〇くらいにすぎない。ヨーロッパの改革者たちは、アメリカの高等教育のほんの一部でしかないそれらの大学から理想のモデルを作り上げ、それにヨーロッパを合わせることができると信じている。すでにこの幻想は一九〇〇年のころからフランスとドイツに存在していたけれども、いまでも指導者たちを幻惑している。それはそこに次のような魅力があるからである。①民間からの資本を卒業生からの寄付

(3)アレゼール『危機にある大学への診断と緊急措置』(一九九七年)、岡山茂・中村征樹訳、アレゼール日本編『大学界改造要綱』藤原書店、二〇〇三年所収、三三二頁。

や学生の納付金というかたちで吸い上げる力、②他国のエリートや発展途上国のブルジョワの子息をひきよせる国際的名声、③企業との連携や政府との契約によって技術的革新をすすめ、自らも特許というかたちで分け前にあずかるしたたかさ。

これらの要素は、EUが共通の政策として推し進めるようになった「ボローニャ・プロセス」によって正当化されている。「ヨーロッパ高等教育空間」においてフランスが優位に立つには、この「プロセス」において先んじることが不可欠であり、だからこそサルコジは二〇〇七年五月に政権に就くとすぐ、フィヨン首相とともに大学改革を最優先の課題にすると宣言したのだった。

「ボローニャ・プロセス」は、一九九八年にソルボンヌ大学で創立八〇〇年祭が行なわれたときに、参列したフランス、イギリス、ドイツ、イタリアの教育大臣が、高等教育システムをヨーロッパ・レベルで統一することに合意したことから始まった(4)。その一年後にボローニャで行なわれたヨーロッパ教育相会議は、ソルボンヌでのこの合意を受けて、二〇一〇年までに「ヨーロッパ高等教育空間」を作り上げるためのプログラム（ボローニャ・プロセス）を発表した（ボローニャ宣言）。二〇カ国の大臣がそのときに確認したのは次の四点である。①ヨーロッパの建設に知的、社会的そして技術的な広がりをもたせること、②ヨーロッパ全体で共有できる価値のまわりに二一世紀型の市民を育てること、③学生と教員の自由な往来を可能にすること、④ヨーロッパの高等教育のレベルをひきあげてグローバルな競争に立ち向かえるようにすること。そしてそれらのことを達成するための具体的な施策として、次の五点を掲げていた。①ECTS（ヨーロッパ単位クレジットシステム）によって、学生が異なる大学で取得した単位を合算できるようにすること、②「エラスムス」、「ソクラテス」などと名づけられた留学支援計画によって、学生と教師のヨーロッパ・レベルでの移動を促進すること、③「評価」によって各大学の研究と教育の質を保証すること、④各国の教育にヨーロッパ的な広がりをもたせること、⑤三年間の第一課程と、期限を明確にしない第二課程からなる学位のシステムを構築すること。

「ボローニャ・プロセス」は、二〇〇〇年に欧州理事会で「リスボン戦略」が採択されたときに、このようにしてEUの高等教育と研究の政策として正式に推進されることになる。しかしシャルルによれば、EUの政策に取りこまれる過程で、ボローニャ宣言のなかにはかろうじてあった「ヨーロッパ市民の育成」という理念も失われ、その代わりに、グローバリゼーションにヨーロッパの大学を適応させること、アメリカに対抗して世界から留学生を呼びよせられる大学を創ることが、優先されるようになったという。

ヨーロッパではEU憲法が挫折し、その代わりとなるリスボン条約もなかなか批准されない状況が続いている（本稿発表直後、二〇〇九年一二月一日に発効）。そこにあるヨーロッパ市民の「抵抗」をみないと、EUの現実はわからないし、そのようにして行きつ戻りつしながら少しずつ進んでゆくヨーロッパの人たちの知恵もわからない。それぞれの国の政府やメディアは、そのような抵抗はほんの一部の、極左の学生や教員の仕業だと喧伝するけれども、現実を見ればそれを鵜呑みにするわけにはいかないことが判る。フランスでは、学生や教職員のさまざまな組合、また組合の枠を超えた「研究を救おう！」（▼前章一二三頁参照）のような全国的な大学人の組織、そして高等教育や研究のありかたを大学人として研究している

（4）クリストフ・シャルル「フランスの大学とボローニャの挑戦」白鳥義彦訳、『社会学雑誌』二五号、二〇〇八年、三－二三頁参照。

アレゼールのような小さな団体（アソシアシオン）からも、「ボローニャ・プロセス」への批判の声は上がっている。

もとよりヨーロッパの大学システムを一元化しようとしても、それぞれの国やそれぞれの大学は同じスタートラインにいるわけではない。外の世界に向かって開かれている北西ヨーロッパ（イギリス、オランダ、スカンジナヴィア諸国）と、歴史的な負の遺産によって刻印され、七〇年代まで続いた独裁体制のもとで停滞した南ヨーロッパ（スペイン、ポルトガル、ギリシャ）のあいだには、いまだにかなりの隔たりがある。イタリア、ドイツ、フランスはその中間にあり、とりわけフランスは、そのなかにグランド・ゼコールのようなエリートのための学校と、すべての高卒者に開かれた大学をもつゆえに、まるでヨーロッパの現状をカレイドスコープのように映しだす不思議な国になってしまっている。アメリカ・モデルに幻惑されているエリートがいる一方で、国家がこれまで教育において担ってきた役割にこだわるエリートもいる。とりわけ後者は、国際的な競争に立ち向かうことのできる大学からの要求と、その競争において勝ち目のない大学の不安とのあいだで引き裂かれている。

いまのところ「ボローニャ・プロセス」は、「自由貿易のための交易圏」としてのヨーロッパのなかに大学を吸収しようとしているにすぎない。それは大学を生かすことにはならないとシャルルは言う。むしろヨーロッパがたんなる「自由貿易のための交易圏」にならないために、「大学、雑誌、新聞をとおして新たな理念上の空間を創造する」(5)ことが大切であると言う。幸か不幸かＥＵの予算は限られ、その多くは地域援助、共通農業政策などに回されるため、「ボローニャ・プロセス」にはいまのところ、その野心に見合った予算がついていないそうである。

2　中世の大学

一九九七～二〇〇一年まで東京大学の総長を務めた蓮實重彦は、一九九八年に「北京大学創立一〇〇周年記念国際フォーラム」で次のような発言をしている。

百年の歴史を持つ北京大学がそうであるように、また、百二十年の歴史を持つ東京大学もその例外ではありませんが、東アジアの国々の大学のほとんどは、十九世紀の終わりに、当時最も先進的なヨーロッパ文化の強い影響を蒙りつつ創設されたものであります。そのとき模倣すべきモデルとなったのは、近代国家が必要とする諸制度の一つとしての「近代的」な西欧の大学でありました。もちろん、こんにち大学と呼ばれるものの原型は、ボローニャ、パリ、オックスフォードなど、ギルド的な集団として中世から存在しておりました。また、アジアの儒教圏においては、university に相当する単語を、孔子や孟子の教えを伝える四つの重要な書物〔『大学』を含む四書のこと〕の題名からとっているように、高等教育の制度の起源を紀元前一世紀の漢王朝に求めることも不可能ではありません。しかし、今日われわれが「二十一世紀における大学」という問題を考察しようとする場合、あくまで近代国家の成立と不可分な制度としての十九世紀的な大学を起点としなければなりません[6]。

（5）クリストフ・シャルル「ドレフュス事件以降のフランス知識人」荻野文隆訳、『思想』八七二号、一九九七年二月、三四－五九頁参照。

（6）蓮實重彦「『第三世代』の大学をめざして」、『知性のために』岩波書店、一九九八年、一一六頁。

ここで蓮實は、中世の大学（第一世代の大学）ではなく近代の大学（第二世代の大学）を起点に考えるべきであると言っている。というのも中世の大学においては、「宗教的な権威との結びつきがより強固」であり、「十九世紀以降の人間は、この第一世代の大学を、教育装置としては使いこなすことはできないはず」だからである。「この二つの世代の大学は、ともに大学と呼ばれながら、その構造において、また機能において、まったく別の装置だからです。両者を明確に区別しているものは、前者にとって不可欠な学問体系だった『神学』が、『形而上学』とともに、もはや存立の基盤とはなっていないということでもあります」(7)。しかし中世のパリ大学の「存立の基盤」となっていたのは、「神学」ではなくて「リベラルアーツ」ではなかったろうか。そしてその「リベラルアーツ」を教えていた中世の大学の基礎課程が哲学部へと変貌することで、ドイツに近代の大学が誕生したのではなかったろうか。この蓮實の言葉を次のアレゼールの発言と較べてみるとおもしろい。

教育あるいは知の普及の新たな仕掛けとしての〈ヨーロッパの大学〉は、かつてヨーロッパに大学をもたらすことになった、あの厳格で普遍的な理想に私たちが近づくことを許すかもしれない。私たちは少なくともそのように望んでいる。しかしその理想が知の自律性、視点の複数性、そして最大多数に開かれた教育を犠牲にしないで実現されるかどうかは、すぐ代わる大臣や、メディアでもてはやされる有識者ではなく、教師、学生、職員すべての肩にかかっている(8)。

アレゼールの人たちにとっては、「新たなヨーロッパの大学」を構想するのは、中世のパリに大学ができたころの「あの厳格で普遍的な理想」を取り戻すためである。アレゼールとともに活動している大学教員の団体に「アベラール」があるが、この団体がパリ大学の草創のころの名高い哲学者の名を冠していることも戯れではない。中世の大学人の精神がいまもフランスに生きているということを、彼らはその名によって主張している。しかしその理想に近づくために、近代の大学が手に入れた諸価値（知の自律性、視点の複数性、そして最大多数に開かれた教育）を見失ってはならない、とも彼らはいう。そして大学の未来は学長が決めることではなく、大学人すべての責任において選択されねばならないという。この最後の点に関して、アレゼールは『危機にある大学への診断と緊急措置』（一九九七年）の冒頭で次のように述べていた。

　私たちはたしかに政治の領域にまで踏み込み、少なくとも紙の上では執行機関や立法機関に取って代わり、立法者として振る舞うつもりである。しかし私たちは、非常に厳格に、私たち自身の問題とそれを解決するための私たちの武器、つまり研究という武器をもってそこに向かう。言いかえれば自律した知識人として行動する。そのような行動は政治家たちには理解しがたいだろうし、許し難いものだろう。政治家たちはなによりも、彼らが「知識人」と呼ぶところの人々が彼らへの支持表明を行

（7）同前。
（8）アレゼール「一人の大臣が春をもたらすことはない」、『ル・モンド』二〇〇〇年四月八日。

ない、党への加盟や政治的帰属において公的な態度を明らかにすることを求めるからである。しかし私たちは、十分に耳を傾けられもせず理解もされない専門的分析か、あるいは空しい戦闘的態度かという二者択一を拒否しながら、ここに新しいタイプの政治的行動を立ち上げようと試みる。個別の研究や集団での討論・検討を通して、教育システムの諸傾向について獲得することのできた知識を拠り所にしながら、大学に関与しているすべての人々、学生、教員、職員に対して、集団的な動員を提案したいと望んでいる。すなわち、〔…〕一言でいうならば、真の教育システムの合理的自主管理である。馬鹿げた野望であろうか。しかしそのように思う人々は、彼らにそう信じ込ませる力（とりわけ習慣の力である）が何なのかを自問してみるべきである。彼ら自身がそうであるように、一つのシステムの中に組み込まれ、それについて思考するためのあらゆる道具を持っている人たちよりも、官庁、役所、中央行政などの公的機関のほうが、どうして彼らを合理的に管理するのにふさわしいのだろうか。(9)

ここには、自らの手で大学を立ち上げたヨーロッパの大学人の自負ばかりでなく、このようなことをいま改めて語らねばならない彼らの焦燥のようなものも感じられる。しかし、中世の大学を否定する東大総長としての蓮實重彦の、抑圧的にも聞こえる言説のトーンはここにはみられない。じっさい蓮實は国立大学協会長として、文科省と全国の国立大学をつなぎ、「国立大学法人化」を実現させることに貢献したのだが、フロベール研究者としての彼には似つかわしくない断定によって、日本における「ヨーロッパ型の大学」を死なせてしまったとも言える。いまや大学はかつてないほど不確かな世界となっている。そのなかで学生や教員そして彼らを支える職員はルーティンをこなすのに精一杯である。共有すべき「歴史」がないということ、そしてそれゆえに共通の「展望」を持ちえないということが、われわれにとっての悲劇であったのかもしれない。

3　大学の歴史

「世界の大学ランキング」は、歴史を考慮しない共時的な基準で今日の大学を評価しようとしている。それは「大学の歴史」を無視しているというより、むしろそれを固着化させるものである（ランキングの上位にはたいてい有力な国の伝統ある大学が並んでいる）。ランキングの思想（そのように呼びうるものがあるとして）は、歴史とはわれわれが創ってゆくものであるということを忘れさせるためにある。かつての過ちを繰り返さないためにも、また新たな変貌を遂げるためにも、大学の歴史は振り返らねばならない。大学という奥の知れない深い森のなかに足を踏み入れる人が一人でも増えることが、大学が真の意味で改革されるための条件なのである。

ジャック・ヴェルジェとクリストフ・シャルルが『大学の歴史』[10]で描くところによれば、ヨーロッパに誕生した大学は世界に広がってゆくが、そこにヒエラルキーというものはない。それは西欧から、中欧、東欧、スカンジナヴィア、ロシアへ、そして北アメリカ、ラテンアメリカ、インド、オセアニアへと、世

（9）アレゼール日本編、前掲書、二四八頁（傍点は原文）。
（10）邦訳：岡山茂・谷口清彦訳、文庫クセジュ、白水社、二〇〇九年。

界史の進展とともに拡大し、それぞれの地域で独自の発展を遂げる。そのプロセスの最後に日本が描かれ、ヨーロッパでもアメリカでもないようなモデルが生まれ、その後に中国、エジプト、ラテンアメリカの諸国が続くというのは、われわれにとって興味深いことである。まず原著の背表紙にあるこの本の紹介文を掲げておこう（筆者訳）。

いくつかのディシプリンの教育をより高度なレヴェルで実践するために集まった、教師と学生の自律的な共同体を大学というなら、それは一三世紀の初めに、イタリア、フランス、イギリスで生まれた制度である。このモデルはそれ以来ずっと存続し、いまやすべての大陸において高等教育システムの中心をなすに至っている。しかしこの継続性は大学のなかに生じた本質的な変化を隠すものではないし、この書物はその変化をこそ明らかにしようとしている。同様にこの書物は、われわれの知的遺産とわれわれの社会の機能をよりよく理解するための有効な鍵を、大学の歴史が提供しているということも明らかにするはずである。

本書では最古の大学として、ボローニャ大学、パリ大学、オックスフォード大学が挙げられている。つねに「ランキング」の上位にいるオックスフォード大学はいうまでもなく、ボローニャ大学やパリ大学はいまでも重要な役割を果たしている。一九八九年にはボローニャ大学で「創立九〇〇年祭」が行なわれ、そこに会した世界の大学の学長たちによって大学の基本綱領（マグナカルタ）が定められた。また先に述べたように、一九九八年にはソルボンヌ大学で「八〇〇年祭」が行なわれ、そこに参加した四カ国の教育担当大臣によって「ヨーロッパ大学空間」を創造するという宣言がなされている。

中世の大学が出発点になるというのは、なにもヨーロッパに限られたことではない。高額な学費や奨学金の返済延滞などが問題化しているいまの日本の大学について考えるときにも、それは参照すべきモデルとなる。たとえば、奨学金という意味が一般化している「ブルス bourse」という語は、中世の大学においては、学生が学位審査を受けるときに支払った受験料の単位を意味していた。つまり一ブルスとは、それぞれの学生が一週間あたりに支出する生活費の総額（使用人への賃金と家賃は除く）であり、学生は自ら申告するその額に基づいて、学位審査のおりに何ブルスかを支払っていたそうである。しかし自ら「貧乏」であると申し出ると、それも免除された。そういう「貧乏学生」は多くはなかったらしいが、学位が取れずに大学を出る者や、学位を取らずに大学にとどまる者、つまり、金を払わずに大学で学んだ若者はかなりいたはずなのである。ソルボンヌのようなコレージュ（カレッジ）も、もとは貧しい学生のための寮だった。そしてこのような配慮がなされていたということは、中世の大学がすでに「民主的」なものであったことを示している。

蓮實がいうように、中世の大学は「ギルド的集団」にほかならない。しかしより正確にいうなら、パリにやってきた教師や学生は、出身地ごとに「ナチオ」（＝ネーション）と呼ばれる団体を形成し、それらがまとまって「ウニヴェルシタス」（組合）を形成したのである。「パリの教師と学生のウニヴェルシタス」には、一二一五年に教皇特使から規約が付与され、存在を公式に認められている。そしてこの自主的、自律的、民主的な運動は、のちのヨーロッパに「近代」をもたらすものである。「ナチオ」は「ナショナリズム」の萌芽であったし、そのなかで絶えずなされたラテン語と地方語のあいだの往復によって、地方語は「国語」へと鍛えられてゆく。「貧乏学生」への配慮も近代の福祉のさきがけであったと言えるだろう。しかしここに微妙な問題がある。大学はそのなかで近代を育んだにもかかわらず、中世末期になって教会や領主や国家によって設立される大学が増えるにつれ、かつての自律性を失い、学費のような制度も生まれ、「貧乏学生」も大学から排除されるようになってしまうのである。

田中峰雄の『知の運動』[11]によれば、このような変化は、すでに中世においてパリ大学の教授たちが托鉢修道会を大学から追放しようとしたときに始まっていたという。清貧を旨とするフランチェスコ会やドミニコ会の修道士たちは、ローマ教皇庁が異端の監視のために大学に送り込んできた人たちであった。在俗の教授たちは初めのうちは彼らをあたたかく迎えたが、トマス・アキナスのような才能がそのなかから出るに及んで嫉妬し、彼らを「偽の貧者」と罵り、大学から追放しようと画策するようになる。ところで、世俗権力はそのときの教授たちの論理を用いて「浮浪禁止令」を作ったのではないかと田中は推測している。[12]中世の末期になるとこのような禁令によって、働く能力があるにもかかわらず乞食をしている「偽乞食」は町から追放され、そうでない「真の貧者」は救貧院に収容されるようになる。このようにして大学は、貧困を聖なるものとみなした古代教父たちの教えを自ら裏切ったばかりでなく、福祉の名のもとに貧困を忌むべきものとしてしまうような、近代の資本主義をそのなかで育んだのである。

一八世紀は、このようにして凋落した中世の大学が、近代にふさわしく生まれ変わるための試練の世紀だった。フランスでは専門学校（のちのグランド・ゼコール）が新たに創られるようになり、大革命のときには大学そのものが廃止されてしまう。他方ドイツでは、一七三〇年代からハレ大学やゲッティンゲン大学で改革が始まり、それが一八一〇年のベルリン大学の創設へとつながっていく。ジャン＝フランソワ・リオタールは『ポスト・モダンの条件』のなかで、一八世紀のフランスとドイツで始まったこれらの改革を、それぞれ人間の解放の物語と思考の自律の物語として描きだすだろう。この二つの知の正当化の物語は、いずれも「モダン」であり、それらが失効したあとの脱正当化の物語（ニーチェのニヒリズム、ヴィットゲンシュタインの言語ゲーム）を、リオタールは「ポスト・モダン」のさきがけとみなしている。とはいえその本の最後では、人間の解放の物語のなかにある「正義」と、思考の自律の物語のなかにある「真理」が、ともに成り立ちうるような政治のための条件を考えようとしている。というのも、リオタールにとっては、「プラトン以来の〈西欧〉という選択」を、「ポスト・モダン」という時代においてどう「正当化」しうるかが問題となるからである。彼は「近代」を問い、「ポスト・モダン」について語ったが、晩年にはアウグスティヌスの研究に戻った「中世」の思想家だった。

ヴェルジエとシャルルが、『大学の歴史』において「〈西欧〉という選択」を肯定していることは明らかである。「何が真であるか」（真理）ということと、「何が正しいか」（正義）ということを、同じ一つの「展望」のもとで捉えようとするのが「ヨーロッパ」という「選択」なら、その「展望」（パースペクティヴ）そのものを、彼らは「大学の歴史」として繰り広げようとした。もちろんそのなかには、イギリスやアメリカの大学も含まれる。イギリスには一九世紀末にマラルメも驚いたような二つの大学があるが、それらはヨーロッパ大陸のフランスとドイツの争いから離れて（イングランドの政治に翻弄されることは

（11）田中峰雄『知の運動――十二世紀ルネッサンスから大学へ』ミネルヴァ書房、一九九五年。ジャック・ヴェルジェは「中世の大学史の欠落を埋めるのに最も貢献したのは日本人である」と言って、田中の研究を高く評価している（大嶋誠による「解題」五九五頁）。

（12）田中、前掲書、五六二頁。

あっても）、その中世以来の伝統を保ち続けた大学であった。北アメリカの大学は一七世紀にそのようなイングランドのカレッジ・モデルを採り入れ、一九世紀末以降はドイツのモデルを参照しながら作りあげられたものである。リオタールやデリダやブルデューが、フランスよりもアメリカ大陸でよく読まれていることは知られている。かつての「ウニヴェルシタス」をどのように守るか、あるいはそれをどのように蘇らせるかは、アメリカ大陸においてより切実な問題なのである。むしろそれがつねに問われているところを、「西欧」と呼ぶべきなのかもしれない。

日本のような「東洋」の国が、まがりなりにも大学をもつようになったのは奇跡である。じっさいそれは、中世のヨーロッパに大学が成立したのと同じくらいの奇跡なのである。しかし日本は、その後にヨーロッパの「近代」を乗り越えられると思うほどに増長し、いまも「ポスト・モダン」の幻想に呪縛されている。過去の過ちを繰り返さないためには、そしてその幻想から自由になるためには、近代というより中世の大学から続く「批判」（クリティーク）の「赤い糸」[13]を探り出し、それを次の世代へと切らずにつないでゆくことが大切だ。

（13）「おそらくこの批判という機能は、社会的な諸力によって脅かされながらも七世紀にわたって途切れることなく続いてきた、大学という知的冒険にとっての真の赤い糸なのである」。前掲『大学の歴史』一六九頁。

世界同時大学危機とアレゼール

日本とフランスの両国の大学においてよく問題となるのは、一九九〇年代以降の「グローバル」な高等教育と研究の環境、そしてそのなかでのアメリカ合衆国のヘゲモニーである。アメリカ・モデルへの対応をめぐる日仏間の違いを比較することで、日米関係からだけでは見えてこない展望を示すことも可能となる。ここではその試みの一端を示すべく、まず日本とフランスで進行する学士課程改革について比較し、次に「アメリカ・モデルの受容」の問題について考えてみたい。

1 「学士力」とは何か

中央教育審議会が二〇〇八年一二月に提出した答申「学士課程教育の構築に向けて」によれば、「学士力」は次の四つの力に分けられる。第一に、学士たる者は、日本の文化やよその国および地域の文化のなかに身を置くのに必要な知識を身につけ、文明の歴史、社会、自然というものについても知らねばならない。第二に、学士たる者は、日本語で読み、書き、理解し、表現できる力ばかりでなく、日本語を知らない人たちとのコミュニケーションのために主要な外国語を一つはマスターしなければならない。それに加えて、論理的に思考し、問題を解決し、統計や情報リテラシーを使いこなすための技術も身につけねばならない。第三に、学士たる者は、自らの責任で判断し、グループで仕事をし、必要な時にはリーダーシップも発揮できないといけない。そしてそのためには、道徳や市民の責任について正確に理解し、生涯にわたって理解を深める心がけを持たないといけない。第四に、学士たる者は、以上の三つの力を使いこなすために、創造性と自発性を兼ね備えねばならない。

これらの能力に関しては、私立大学ばかりでなく、二〇〇四年に法人化された国立大学法人大学も含めて、日本のすべての大学の「学士課程」が、ディシプリン（専門分野）の如何にかかわらず、その養成に向けて努力すべきものとされている。一九九〇年代以降の規制緩和の流れのなかで、あまりに野放図なものとなってしまった学士課程にふたたび大枠を設けるために創られた概念が、「学士力」なのである（▼前章一三六―一三七頁参照）。

一九九〇年代以降には「大学院重点化」も進められた。ロー・スクール、ＭＢＡ（経営学修士）、公共経営研究科のような専門職大学院が新設され、既存の大学院も学生定員数を大幅に増やした（一九九〇年と二〇〇八年の入学者数を比べると、修士は二・五倍、博士は二・一倍となっている）。これは、大学院レヴェルにおいてより充実した専門職教育と研究を行なっているアメリカのモデルを、日本にも導入しようとしたものと思われる。しかし博士の就職難がきわめて深刻な問題となり、また大学院生の学力低下が問題視されるようになると、二〇〇九年六月にはその定員を縮小する方針が示されるにいたっている。「大綱化」と「大学院重点化」はいずれも見直されようとしているわけである。しかしそれらの「改革」

によってすでに大きく変わってしまっている日本の大学は、もはや元には戻れない。

2　迷走の理由

日本の高等教育政策のこのような迷走に関しては、その理由を三つ挙げることができる。第一に、これらの改革にはその構想と実施のあいだにタイムラグがあったということ。もとより自由化と規制緩和は、八〇年代のバブル経済のころに中曽根政権によって導入された新自由主義的な政策である。しかしその政策が大学に「大綱化」というかたちで導入されたのは一九九一年以降であり、バブルが崩壊した後のことだった。アメリカの有名私立大学のようなモデルを日本に導入するにも、それぞれの大学はアメリカの大学のようには豊かではないし、日本の社会は不況のなかで喘いでいたため、結局は必要な財源のないところで厳しい改革を行なわざるをえなくなってしまった。なかには大学院を創設したり充実したりするために、学部の予算と人員を削るような大学もあった。

第二に、改革を行なうにあたって教員のあいだに十分なコンセンサスがなかった。各大学が四年間の学部のカリキュラムを自由に作れるようになったのはよい。しかしそれぞれの大学や学部には、すでにできあがっているヒエラルキーや力関係があり、そのなかで改革の方針は決定された。五八〇もの学士の種類が出現することになった背景には、「専門課程」の教員がそれぞれの「プロフェッショナル」な思惑で学部を改編しようとしたことがある。もとよりバブル崩壊のあとで、新入社員を自らの力で研修させるだけの余裕がなくなっていた企業側も、「すぐに使える学生」を大学が養成することを求めていた。（ついでに言うなら、その結果として「特定の分野でしか使えない学生」が輩出されるようになると、企業は今度は

「もっと使いまわしの利くフレクシブルな学生」を望むようになった。「学士力」が持ち出された背景にもそのような企業の思惑がある。)

第三に、戦後のアメリカ軍占領下においてなされた大学改革がもとより未完成のままであった。戦後の大学改革は、戦前の旧制高校や帝国大学で行なわれていた少数のエリートのための高等教育を「民主化」すること、大衆のために開くことが第一の目的だったはずである。全国の県に一つずつ国立大学が設置され、私立大学まで含めてすべての大学が「新制大学」として一元化され、学士課程はすべて「一般教育」の基礎のうえに「専門教育」があるという二層構造を備えるものとなった。かつて旧制高校から帝国大学へと進んだ少数のエリートにのみ許されていた特権が、六年から四年へと短くされたとはいえ、すべての大学生に許されるものとなったのである。そのことへの期待が、戦後の日本の大学の急激な成長と発展をもたらし、さらには戦後の日本の復興に貢献したことは言うまでもない。そしてそこにあったのは、自分の子を大学に進学させたいという民衆の思いであった。廃墟のなかにいた人々にとって、それは未来のためのかけがえのない夢ともなった。しかしこの夢が一九六〇年代以降に崩壊してしまうのである。「入試」というシステムによって旧帝大系の支配的な地位はふたたび揺るぎないものとなり、「学費」というバリアが少しずつ高くなることによって、私立大学も労働者階級には贅沢なものとなってしまった。学生運動はそのことへの反発として起こった。しかし学生の要求を聞き入れるための「民主的」な仕組みがないなかで、その運動は過激化してしまい、権力もそれを上回る強圧的な力で運動を抑えつけてしまった。廃墟のなかで日本の民衆が大学にいだいた夢も、こうして潰え去ってしまったのである。

3　逆戻りか、危ない賭けか

一九九〇年代以降の規制緩和と自由化は、戦後の高等教育の枠組みをとり払うことによって、学士課程から大学院まで含めた大学の全課程に混乱をもたらし、日本の大学の信憑性そのものを危機に陥れることになった。文科省はいまや「学士力」のようなメディア受けを狙うネーミングまで導入して、この「危機」を乗り越えようと躍起である。しかしはたしてこの「学士力」のなかに、二一世紀の日本の大学の基盤となりうるような「リベラルアーツ」のヴィジョンはあるのだろうか。言いかえるなら、中世以来の大学の伝統を踏まえた、未来の大学へのラディカルな展望はあるのだろうか。

「学士力」を身につけたとしても、「大卒」はあいかわらず二つのカテゴリーに分けられたままである。一方に、大学院へと進んで専門教育を受けることのできる少数派がおり、他方に、「ディシプリン」でも「教養」でもない「学士力」という新たな「力」を身につけて社会に出る多数派がいる。大学も同様に二極化されるだろう。一方に、研究に基づいた本格的な教育を保証するごく少数の大学があり、他方に、「学士力」の養成のみを担う大多数の大学がある。そしてこのような「二極化」は、文科省が「ＣＯＥ」をはじめとする競争的研究費の導入によって自ら創り出したものである。

ありとあらゆる学士を束ねるための「学士力」という概念は、もとより「ディシプリン」や「研究」からほど遠いものである。「学士力」を養成するための教員に「研究」は求められていない。「学士力」を身につけて社会に出る学生も、なんらかの一貫した科学的な知（ディシプリン）に基づいて判断することを求められているわけではない。結果として、教員であれ学生であれ、研究のできない者たちは、「知識基盤社会」を支えるための「コニタリアート」（知的労働者階級）[1]となるしかない。「エリートと大衆」という戦前における支配の構造が、いま「知識基盤社会」のなかに形を変えて蘇っているのである。

また「学士力」は「ディシプリン」の違いを超えたものであるゆえに、きわめて「一般的」なものである。しかしそれを指すのに「教養」という言葉を用いなかったことについては、答申は次のように説明している。「教養の意味・内容を巡っては、多年にわたってさまざまな議論のあるところであるが、今回の参考指針は、学生の学習成果という観点から記述したものである。ここに挙げられたものは、教養を身に付けた市民として行動できる能力として位置づけることができる」。つまり中央教育審議会は、「教養」や「リベラルアーツ」を定義したり、その概念を歴史的に辿ることはあきらめ、「教養を身に付けた市民として行動できる能力」として「学士力」を規定し、そのための能力やスキルを定義したのである。そこには学士課程の教育があまりに職業教育へと傾いてしまったことへの反省があり、それを「教養」や「リベラルアーツ」の方へと巻き戻そうとする力学が働いている。しかしそれらの言葉を使うことは、これまで実施されてきた「改革」への批判あるいは改革以前への逆戻りのような印象を与えるので、あえて避けられているというべきだろう。『市場化する大学と教養教育の危機』（上垣豊編、洛北出版、二〇〇九年▼本書二一八頁参照）が指摘するように、それは「新たなリベラルアーツ」（ネオ・リベラルアーツ）というより、新自由主義《ネオリベラリズム》のもとで生まれた「ネオリベラル・アーツ」なのである。

4　サルコジ政権下での学士課程改革

フランスでは、前章で述べた「ボローニャ・プロセス」のもとでLMD（「三年間のL＝学士、二年間のM＝修士、三年間のD＝博士」でヨーロッパの大学の学位を統一するシステム）の導入が進み、そのなかでLのレヴェルに特化せざるをえない大学が生まれようとしている。

これまでフランスの大学は日本の大学とは大きく異なっていた。第一に、そこではディシプリンごとの専門教育が主流であった。ディシプリンはCNU（全国大学審議会）内に設けられた七〇ほどの分科会というかたちで目に見えるものとなっており、それぞれの分科会は当該の専門分野の教員の採用や昇進において審査権をもっていた（▼本書一八五頁参照）。日本では、それぞれの大学が教員の採用や昇進にあたって全面的な権限をもっている。第二に、日本では学士課程は四年制だが、フランスのそれは二年のDEUG（大学一般教育課程）のうえに一年の「リサンス」（学士）が乗る三年制となっていた。DEUGは「一般教育課程」とはいってもディシプリンごとに分けられ、リサンスへの導入教育と位置づけられていた。第三に、フランスにはいくつかの著名な高校（リセ）に付属した「グランド・ゼコール準備級」があり、高校を卒業してさらにそこで二年のあいだ「準備」をした生徒のみがグランド・ゼコールの入学試験を受けられるようになっている。そこでは必要な文章力や高校レヴェルを超えた「一般教育」がなされるが、アメリカの「リベラルアーツ・カレッジ」のように、学生が自由に教科を選択し、柔軟な組み合わせができるわけではない。あくまでもグランド・ゼコールに入るための試験準備課程なのである。とはいえその生徒たちは、たとえグランド・ゼコールの入試に失敗しても大学の三年目（リサンス）に進学することがで

（1）cognition（認知・認識の力、知識）とProletariat（労働者階級）を合わせた近年の造語。「認知労働者階級」と訳されることもある。

きる。

このようなフランスのシステムは、サルコジ政権（二〇〇七～二〇一二年）下の大学改革を経て変容しつつある。CNUについては、二〇〇七年の「大学の自由と責任法」で各大学の学長の権限が強化されたことによって、その権限が縮小されている。リサンスに関しては、LMDの導入によって三年間の一貫した新学士課程リサンスが誕生し、DEUGはなくなった。そしてグランド・ゼコールと大学の関係に関しては、あいかわらず両者はパラレルに存在しているけれども、それらをつなぐためのさまざまな試みがなされている。しかしそれは、グランド・ゼコールを優遇したうえでの大学との融合であるケースが多い。たとえば博士号の授与はかつては大学の特権であったが、いまではいくつかのグランド・ゼコールにもその権限が与えられている。

フランスでなされているこのような改革に対して、アレゼールは危惧を表明している。たとえばフレデリック・ネイラが言うように、フランスにおける「新学士号」は、一九七〇年代から推進されてきた「職業専門化」の帰結でもあり、それぞれの「ディシプリン」の自律性を崩壊させかねないものなのだ（▼本書五三－五四頁参照）。

それはアレゼールの考える大学の理想からはほど遠いものとなるだろう。すなわち「多くの若者にとって、知識人としての生活を送ることのできる最後の機会」であったはずの「学士課程」が、いまや「『実業』の世界への準備教育」の場になろうとしている。「開かれた自由な学問の場」としての大学の独自のアイデンティティー、そこにある批判的市民精神と民主主義の伝統が、いまや崩れようとしている。それは日本において「学士力」がもたらす危機と同じ類の危機であり、クリスチャン・ガランが言うように、いずれも経済のグローバリゼーションの文脈にかかわるものなのだ（▼一三二頁参照）。

5 「アメリカ・モデル」の変容

アメリカの大学を知ることは、そこにまぶしい未来への約束を見るにせよ、あるいはネオリベラリズムへのみじめな従属を見るにせよ、日本とフランスにおける「大学改革」の本質を理解するうえで重要である。両国において大学改革を推進しようとしている者たちが、改革を語るさいに「グローバリゼーション」と、そのなかでのアメリカのヘゲモニーを前提としていることは言うまでもない。

しかしスタンダール・グルノーブル第三大学の文学研究者イヴ・シトンによれば、「アメリカ・モデル」を単数形で語ること自体がわれわれを罠に嵌めるものである[2]。なぜならアメリカの大学の状況を特徴づけるものは、その「天国のような豊かさと慢性的な悲惨さ」、そしてそれらのあいだの「いつ爆発するかわからない対立」だからだ。そこに見られる「賞賛すべきイニシアティヴと隠された抑圧」は、コインの表裏のように分かちがたく、それを同時に見るのは困難である。ここではシトンがフランスで紹介している、カリフォルニア大学のクリストファー・ニューフィールドによる分析を追いながら、「アメリカ・モデル」について考えてみる。

二〇〇三年に出版された『名門私大と産業界[3]』のなかで、ニューフィールドはアメリカにおけるビジネ

（2）Yves Citton, « Démontage de l'Université, guerre des évaluations et luttes de classes », *Revue Internationale des Livres et des Idées*, n°11 "Feu sur l'Université", mai-juin 2009.（http://www.revuedeslivres.fr/demontage-de-luniversite-guerre-des-evaluations-et-luttes-de-classes-yves-citton/）

（3）Christopher Newfield, *Ivy and Industry: Business and the Making of the American University, 1880–1980*, Duke University Press, 2003.

スと大学制度の葛藤に満ちた歴史（一八八〇〜一九八〇年）を描いている。それによればこの国には、一方に経済発展への経営主義的な要請があり、他方に人間の解放への人文主義的な希求がある。そしてその両者の葛藤と妥協のなかから、「経営主義的人文主義」とでもいうべき独自の文化が生まれ、それとともにアメリカの「中流階級」も台頭したといわれる。会計の論理への従属と「ディシプリン」の保護が、そこにおいてはつかのま両立したゆえに、アメリカの大学は飛躍的な発展を遂げることができたという。しかしその後の著作『公立大学の解体』[4]（二〇〇八年）においては、ニューフィールドは一九八〇年代以降のアメリカの公立大学の変化について語っている。葛藤と妥協の時代（一八八〇〜一九八〇年）から、あからさまな攻撃の時代（一九八〇年から現在まで）への移行が、そこでは問題となる。民主化によって大学が人口の幅広い階層（「中流階級」）へと開放され、そのことが保守的エリート層の特権を脅し、後者の反撃が始まったのが八〇年代であるとみなされる。保守的エリート層は、大卒の中流階級をかつて彼らがいた場所（労働者階級）に囲い込もうとし、それに成功したというのだ。

保守的エリート層の攻撃は「文化闘争」の形をとった。それは中流階級的な大衆を作り出して解放しようとした公立大学のなかで営まれていた、進歩主義的文化運動へと向けられていた。しかしそれは、狙いを定めたグループ（増大する大卒の多数派）に力を与えた文化の枠組みを信用失墜させ、そのグループの経済的要求を少なくすることを目指していたという意味において、経済闘争でもあったという。

当時のアメリカの公立大学は、経済的な現実から遊離して全方位（民族、ジェンダー、専門分野、文化価値）に平等を希求するようになった教員や学生で満たされていた。保守的エリートは、そのような大学（それもとりわけ人文学や社会学の学部）を告発したが、そのさいにその攻撃の標的を一つに絞り込んだ。

つまりアメリカの人口において数を増やしていた（複数の）「マイノリティー」をすべてひっくるめて、「コニタリアート」とみなしたのである。ニューエコノミーによってますます必要とされるようになったが、大卒の免状に見合った給与を支払わねばならないことが（利益マージンにとって）破滅的損失になりかねない、「知識労働者階級」が狙われたのだった。

ニューフィールドはこの本の第一部で、冷戦のあいだに政治的そして経済的に支配的な地位についた者たちにとって、「非保守的な中流階級の台頭」が脅威として知覚されるようになった経緯を描いている。また一九六〇年代末の学生運動のあとで、なぜ大卒コニタリアートの「ポスト資本主義的」解放が歴史的に避けられない必然とみなされるようになったかを示している。ジョン・ケネス・ガルブレイスや、六〇年代にカリフォルニア大学で学長を務めたきわめて保守的なクラーク・カーの演説からはじまり、アルヴィン・トフラーの『未来の衝撃』を経て、八〇年代を席巻することになるピーター・ドラッカーの経営主義的理論にいたるまでの、一連の試みが描かれる。

第二部では、シンクタンクや保守派の論争家らが、どのようにして「政治的公正」（ポリティカル・コレクトネス）の理念を発明し、どのようにして平等を経済的繁栄と相容れないものとし、どのようにして平等のあらゆる要求を信用失墜せしめることに成功したかが描かれる。かくして、「多様性」というスローガンがあらゆる社会的正義を抹殺するネオリベラルな共犯となったことが示される。

（4）C. Newfield, *Unmaking the Public University: The Forty Year Assault on the Middle Class*, Harvard University Press, 2008.

そしてさらに、「アファーマティヴ・アクション」（出自などによる差別を受けている人々を対象とした是正措置）をめぐる論争のなかで、経済の問題が隠蔽されたことが示される。つまり人々は、「差別」について論じるよりも、「この三〇年のあいだに州の人口が二倍になり、その予算が三倍になったというのに、どうして州の責任者たちはカリフォルニア大学のために新たなキャンパスを創ろうとしないのか」ということを問うこともできたはずなのである。「アファーマティヴ・アクション」は、より深いところで「右翼の不平等主義的な政策」を人々に「肯定」させ、それを実質的に確立することに貢献してしまったとニューフィールドはいう。この三〇年間の文化＝経済闘争の核心にあったのは、平等の原則の確立であるとともに、その原則の無力化でもあったはずだからである。

こうして中流階級は、不安からあきらめへ、そして精神的な困憊へと移行する。社会的そして民族的出自における平等の原則を守りきれなかったために、また人文・社会科学系の学部が推進した「ラディカル・ヒューマニズム」への新保守主義的攻撃にさらされたがゆえに、中流階級は、「自らの内部で強まっていた社会的細分化の傾向と戦うための手立てを一切失ってしまった」。そして公立大学は、かつては不平等をなくすことを目標としていたけれども、いまや不平等を助長するものとなってしまった制度として破壊されていく。その結果、「中流階級は文化闘争の担い手たちに幅広く協力したがゆえに、それを批判するのに必要な文化的能力を失ってしまった」。

じっさいカリフォルニアでの公立大学の解体に貢献したのは、文化と経済が分かちがたく結びついたかたちでなされた「選択」であった。一九八四年から二〇〇四年までの二〇年間に、初等教育において生徒一人あたりの財政支出が二六％、社会サーヴィスのそれが三四％増えていたとき、監獄への支出は一二六％増えていた。それは大学への予算が一二％削られることによって可能になったとニューフィールドは述べている。

最後にこの本の第三部では、「ビジネス・マネージメント戦略」がどのようにして大学に会計管理を教え、その運営をゆがめ、その仕事の達成の条件を蝕むに至ったかが示されている。公的財源を大学よりも刑務所、スタジアム、あるいは高速道路の建設に向けるという政治的判断が重ねられるなかで、大学にも市場原理とビジネスのロジックが導入されたが、それは大学人自らを彼らがそのなかにいる制度の転覆へと導き、公立大学と人文学の解体をもたらしたという。この戦略の要点を、シトンはニューフィールドに基づきながら七つに分けて説明している。それを七つとも掲げておこう。(5)

第一に、会計上の厳格さ、透明性、「責任」（アカウンタビリティー）を要求すること。このことは大学だけでなく、触知できない財を生産することを任務とするすべての制度に壊滅的な影響を及ぼした。というのも、会計上のいいかげんさや不透明性、さらには「無責任」を弁護することは誰にもできないからである。しかしながらこのような「良識」は、大学にとっては自殺的なものとなる。なぜなら大学が生産する「財」は、もとより適切に計測できるようなものではないからである。哲学あるいは文学の講義が社会にもたらすものを、人はどのようにして測れるだろうか。なされなかった犯罪、陥らなかったうつ状態、空想の過ち、講義によって拓かれる感性および知性を、どのように測れるだろうか。それらの研究のアウトプットを正確に評価することは不可能である。会計の透明性を求めることは、そのような管理をすり抜

（5）Citton, *op. cit.*

けるあらゆる活動を弾劾するのに等しい。

第二に、それぞれの大学に自律的な経営を許すことで、その下位ユニットによる自発的なリストラを引き起こすこと。じっさいアメリカの公立大学において、各大学のなかで教育と財政を分け隔てていた防火帯は、「分権化」をとおしてとり除かれることになった。「自治」の名のもとでそれぞれのユニットは自己点検を迫られ、そのなかで大学のロジックとは異なるロジックによるリストラが行なわれた。

第三に、非正規の教員を増やすこと。「新たな経営理念」によって管理される大学は、予算の均衡のために非正規の教員を増やすことになる。一九七〇年代以降、専任教員の数に対するその割合は二倍になっている。専任教員と比べて能力やモチベーションにおいて劣っているわけではなくとも、非正規教員の労働条件は彼らに研究をすることを禁じてしまうことになる。

第四に、一クラスの学生数を増やすこと。教育において客観的に計量しうるまれな事柄のひとつに、教室にいる学生の数がある。経営主義的な管理は「不十分な」数の学生しか集められない授業をカットし、一クラスの受講生数の上限を上げるよう試みるだろう。「最近の予算削減のときには、カリフォルニア大学のあるキャンパスの経済学科は、ゼミの人数の上限を一五人から五〇人に上げた。〔…〕今日、クラスのサイズを二〇人以下にするために闘うことは、かつての産業資本主義時代に労働時間を減らすために闘ったのと同じくらいに重要である」(6)。

第五に、教員・研究者にこなしきれないほどの書類作成をさせること。カリフォルニア大学の変化を観察してみれば、政治が大学に会計への配慮を求めれば求めるほど、研究と教育から雇用と労働時間が奪われていることがわかるという。「透明な経営」への圧力は、大学の機能の効率を増すどころか減らすのである。一九九〇年代には、大学予算が削減されるなか、事務のためのコストだけは上昇した。一九七五年から八五年までのあいだに、アメリカ合衆国の教員・研究者数は平均で六％しか増えていないのに、事務職員の数は六〇％も増えている。それにともない、作らねばならない書類と報告書が山をなすようになったのである。

第六に、就職に配慮した教育を行なうことを教員たちに求めること。新保守主義的な攻撃への抵抗の砦とみなされている文学部においてさえ、商業的視線をそうと知らずに取り込むことで、自らの陣営に対して文化闘争をしかけてしまう教員が現れる。彼らは「学生が雇用を見出せないような博士課程の縮小」を自ら提案してしまう。真の「ビジネスマン」なら、市場の論理に従うばかりでなく、「市場の要求を条件づけるものに対して自らの影響力を増大させること」を考えるだろう。しかし彼らはそういうことには慣れていない。市場への自殺的な従属か、その拒絶かという二者択一ではなく、人文学がもたらすものについての独自の尺度を主張するような、新たな反撃に打って出ることが求められているにもかかわらず、彼らはそれをやろうとはしない。

第七に、人文学や社会科学のディシプリンの大学財政への寄与を過小に評価すること。じっさいには人文学もその数多い顧客（学生）をとおしてかなりの収入を大学にもたらしており、大学財政のもっと広い部分を正当に要求できるはずなのである。しかし人文・社会科学系の教員や研究者は、そのことについては語ろうとしない。それによって、外部資金を獲得できる大きな理工系プロジェクトを優遇し、絵画史や

（6）*Ibid.*

文化人類学を周縁化するドグマを大学のなかに形成することに貢献してしまっている。

以上のような戦略によるアメリカの公立大学の「解体」は、フランスの大学でいま進行中の改革の予言的な分析として読まれうる、とシトンは述べている。カウボーイのようなレーガンの代わりに、ナポレオンのようなサルコジが、アメリカに二五年遅れて同じような改革をフランスでやろうとした。ところでその「改革」は、これらの七つの戦略を見れば明らかなように、九〇年代末半ば以降の日本においてすでになされたものでもある。アレゼールにとってのいまの課題は、この「世界同時大学危機」を世界の教員・研究者が意見を交換しながら乗り越えることである。しかし日本とフランス、そしてアメリカのあいだに微妙なタイムラグがあることから判るように、それぞれの国にはナショナルな歴史に関わる特殊な事情がある。それを考慮しないでこの危機を乗り越えることはできない。「新たな〈人文学〉」は、そのような事情を明らかにすることにも取り組むことになるだろう。

フクシマ以後の大学

＊この文章は、二〇一二年二月二四日、日仏会館で行なわれたシンポジウム「フクシマ以降の大学　日仏大学人の対話の試み」における筆者の発言録を下敷きにしたものである。アレゼールからはクリストフ・シャルル、フレデリック・ネイラ、シャルル・スリエが参加した。

はじめに

今年（二〇一二年）はアレゼールがパリで結成されて二〇周年の年となります。社会学者のピエール・ブルデュー、そしていまここにいるクリストフ・シャルルによって創設されたのですが、そのブルデューが亡くなってからも一〇年となります。また、アレゼール日本の活動もブルデューの亡くなる少し前から始まりましたから、私たちにとっても一〇周年の年といえます（アレゼールの活動や発言を日本語で初めて紹介した『大学界改造要綱』[1]が出版され、アレゼール日本が正式に誕生したのは二〇〇三年三月です〔▼一八〇頁「マニフェスト」参照〕）。ところで今年は、アレゼール日本のメンバーを中心にしたグループが文科省の科学研究費を獲得し、このようなシンポジウムを開催することができました。シンポジウムの企画

（1）アレゼール日本編、藤原書店刊。

が持ち上がった時には、「フクシマ以後の大学」について議論することになるとは思ってもいませんでしたが、これも偶然ではないのかもしれません。

福島第一原発の事故から一年近くが経とうとしています。それまでブラックボックスのなかに封じ込められていた、戦後の日本の政治や経済や文化の本質にかかわる闇が、原発の爆発とともに一挙にあらわになりました。しかしその闇がいま、復興とか復旧の名のもとに慌てて隠されようとしています。たしかに復興は必要なのですが、それと同時にいったい何が起こったのかについての検証もなされないといけないはずです。日本の大学は事故後にどのように対応したのか、そしてこの事故を機にどのように変貌すべきかというような問いは、いまだ日本の大学人に共有されているとはいえません。ましてや日本とフランスの大学人とのあいだで共有されているわけではありません。ところが両国とも原発依存という点で似通っているのです。事故の直後にサルコジ大統領とアレバの女性社長がやってきて、当時の菅首相に「雨のときにやってきてくれる友人こそが真の友人だ」と言わしめたことを覚えている人は多いでしょう。しかし私たちは、大学人として彼らとは違う立場から日仏の連携を考えねばなりません。ここでは議論のたたき台として、①事故から一年後のいまの日本がどうなっているのか、②大学や学界はこの一年間にどのような対応をしてきたのか、③大学に関するどのような問題がいま浮上しているのか、という三つの点について、私なりの視点を示してみます。

1　一年後の現状

日本の法律では、普通の人の人工放射線被曝線量（医療被曝を除く）は年間一ミリシーベルトを超えてはならないと定められています。[2]しかし政府は事故後、法律を改正せずに基準を二〇ミリシーベルトへと引き上げました（つまり法律違反です）。二〇ミリシーベルト以下であれば、避難している人たちは帰還することを許され、学校も再開できるとしています。食品や水に関しては、年間五ミリシーベルトまでなら許容できるとする暫定基準値が定められました。[3]

これらの基準緩和は、国際放射線防護委員会（ＩＣＲＰ）の二〇〇七年の勧告（緊急時は年間二〇〜一〇〇ミリシーベルト、緊急事故からの復旧時は一〜二〇ミリシーベルトまでなら暫定的に許容できる）に基づいたものであるとされます。もちろんそれがあくまでも特別な事故の後の暫定的な基準であって、できるだけすみやかに下げるに越したことはないということは政府も認めているのですが、東日本とりわけ福島の汚染は深刻で、年間被曝量を一ミリシーベルト以下に抑えるのはきわめて難しい状況にあります。「一ミリシーベルトの厳守」は、現実には一部の地域に「住んではいけない」と告げることにひとしいのです。だから「一ミリ以下に下げるのが望ましいけれども、二〇ミリまでなら大丈夫です」という、あきらかに矛盾した言い方を政府はせざるをえないのです。

年間一ミリシーベルトを超える被曝に晒される地域に住む人々のなかにも、これまで暮らしてきた土地を離れたくないという人々はたくさんいます。低線量被曝についての専門家の意見も分かれているし、移

（2）原子力基本法第二〇条に基づく「放射性同位元素等による放射線障害の防止に関する法律」中の「放射性同位元素等による放射線障害の防止に関する法律施行規則――放射線を放出する同位元素の数量等を定める件」第一四条四項による。

（3）後述するように食品・飲料水に関してはその後、「年間一ミリシーベルト」の考え方に戻した新たな基準値が二〇一二年四月一日に施行された。

住を希望するすべての人に補償を与えることはできないという政府の側の財政的な理由もあります。そこで二〇ミリという上限を維持しながら、長期的には一ミリという数値をめざすという政策が取られています。

じっさい放射能に汚染された土地の除染については、空間線量が一ミリシーベルトを超える地域を対象にすると政府は言っています。一ミリ以上汚染されている地域は福島県にとどまりませんし、森や林は除染のしようもありませんからほとんど手つかずのままです。食品の基準値の根拠は、二〇一二年四月から年間一ミリシーベルト以下に引き下げられることになっていますが、すべての食品を検査することは不可能です。このようなあいまいな状況がこれから二〇年、三〇年、あるいはそれ以上も続くことになります。

2　市民とメディアの反応

そのため市民は苦しんでいます。とりわけ福島の、子を持つ親たちは苦しんでいます。県外に避難した人たちは、いつ故郷に帰れるのか分からない不安のなかで暮らしている。福島で働かざるをえない親と、避難している子というように分断されているケースは多いし、家族への配慮や経済的な理由から、避難したくともできない人たちもたくさんいます。強制避難ではなく自主的に避難している人たちに、国や行政からの支援はありません。

ＮＨＫ、民放、全国紙などのマス・メディアは、二〇ミリ以下でも安全ではないとする意見を紹介することはあっても、政府や行政の対応を伝えるさいには、それに批判を加えることはありません。報道の立場としては、つねに両論併記で、放射能におびえる人々とともに、農・水産物の生産者への配慮も忘れません。いわばみずから二枚舌を使うものだから、政府の二枚舌を批判することもできないのです。

そういうなかでインターネットなどで独自に情報を得て、自分で判断しようとする市民が増えています。そういう人たちは、組合などの支援もなしに行なわれる原発反対デモにも参加します。しかしマス・メディアはそれをほとんど取り上げないし、そういうデモにおいて警察の警備は異常に厳しいのです。フランスのデモのように、参加者が街路を独り占めにして歩く開放感はありません。車が通る車線のわきを警官隊に囲まれて歩き、隊列をはみ出すと注意され、逆らおうものなら逮捕されてしまいます（二〇一一年九月一一日に新宿で行なわれたデモのときには一二人が逮捕されましたが、そのなかには、右翼団体の街宣とそれに対する警官の対応に憤って抗議した一人のフランス人も含まれていました）。警察は「アラブの春」が日本にも起きることを本気で警戒しているかのようです。

マス・メディアの報道とインターネットの情報のあいだの隔たりによって、「風評被害」という言葉もよく使われるようになりました。この場合「風評」とは根拠のないうわさではなく、マス・メディアによっては流されない情報がインターネットなどを通して拡がることをいいます。そのことによって、たとえば農業・漁業関係者が「被害」を蒙るとされ、見えない放射能のように拡がるそれを食い止めるために、政府や行政そしてマス・メディアは、「風評被害」という言葉を使い始めました。しかしその源はといえば、本来一ミリシーベルト以下でなければならない一般人の年間被曝上限を、二〇ミリへと引き上げてしまった政府、そしてその政策を批判しないマス・メディアにあるのです。異常事態が日常と化したわれわれの生活は、放射能という見えない敵との戦争のようなものです。しかしわれわれはこの「戦時」を、あたかも何事もなかったかのように生きているのです。

3　この一年間の学術界、大学および大学人の対応

この一年間のアカデミズムの対応をみてみましょう。それはおおむね反動的なものであったと言わざるをえません。文部科学省は、ＳＰＥＥＤＩ（緊急時迅速放射能影響予測ネットワークシステム）という原発事故後の放射性物質の拡散状況を予測するシステムを作り上げていたのですが、その情報をアメリカ軍には伝えても、市民には公表しませんでした。おそらくそれと関連するのかもしれませんが、日本気象学会は会長名義で、「学会関係者は勝手に情報を出すな」という通達を出しました（二〇一一年三月一八日）。また日本の自然科学の三四の学会の会長たちは、連名で「三四学会会長声明」なるものを出しました（二〇一一年四月二七日）。「日本は科学の歩みを止めない」というタイトルが付されたその声明では、三つの提言がなされています。それは、①学生、若手研究者が勉学、研究の歩みを止めないための支援を行なう、②被災した大学施設、研究施設などの早期復旧を目指す、③原発災害についての風評被害をなくすため、海外の学会とも協力して正確な情報を発信する、というものです。被災地ではいまだに途方に暮れている人がいるというのに、この声明が気に懸けているのは、（日ごろそれほど熱心に取り組んでいるわけではない）「ポスドクの将来」と「研究機能の確保」です。しかもそう言いながら、「風評被害」を防ぐという名目のもと、若手研究者が学会とはべつの主張をすることを抑えようとしています。さらに、日本学術会議という日本のほとんどの学界を統率している学者の全国組織があるのですが、その会長が「会長談話」を発表しました（二〇一一年六月一七日）。そこには原発推進路線を何とかして維持したいという意向が透けてみえ、とりわけ低線量被曝についての政府の対応を支持する考えが示されていました。

しかし大学人も黙っていたわけではありません。放射線防護の専門家である東大教授は、二〇ミリシーベルトもの放射線を子どもに浴びさせるわけにはいかないと訴え、内閣参与の職を辞しました。また同じ東大の医学部教授は、国会での参考人発言で、市民の不安に答えようとしない政府の姿勢をきびしく批判しました。原子力工学などの専門家のなかにも、政府寄りの専門家とは異なる意見をインターネットなどで述べ、市民から注目されている人たちがいます。

先に述べた日本学術会議のなかでも、哲学小委員会のようなグループ（会員二〇〇人のうちの四人で構成される小さなグループ）が独自にシンポジウムを開催し、「会長談話」を批判しました。また自らの所属する大学の姿勢を批判している大学人もいます。福島県では、「放射線はそれほど心配いらない」というキャンペーンが行政やメディアによって繰り広げられ、そのなかで福島大学の学長も、「健康被害が発症するほどの被曝量ではありません」と言い、事故直後の四月から新学期を開始すると宣言しました。それに対して、学内の教員のなかから本当にそれでいいのかと問う声が上がり、大学側も彼らの声を無視できなくなりました。

また東大はその公式ホームページに、事故で放出された放射能は「人体に影響を与えるレベルでなく、健康になんら問題はない」と書いていたのですけれども、東大のキャンパスの一つがある郊外の自治体（千葉県柏市）が、それを根拠にして住民の不安に答えないという事態が起きてしまいました。そこで、大学総長に何人かの教員が質問状を出し、そのようなホームページの記述をより慎重なものに書きかえさせることに成功しました。この質問状に名をつらねた教員の数は、最初は四名だったけれども、最終的には七十数名の署名が集まったそうです。その七十余名の内訳は、文系が七割で理系が三割でした。工学部と法学部はゼロ、医学部は二名で、それも匿名での参加だったそうです。

このような動きを受けて、私たちアレゼール日本も二〇一一年七月に「沈黙の喪のなかにいる全国の大学人へ、福島そして東京からのメッセージ」と題したシンポジウムを開催しました。そこではおもに人文系の研究者が中心となって、福島大学や東大の教員の声を全国の大学人に伝えようとしました(4)。

最後に、大学ではありませんが、最近出たばかりの日弁連（日本弁護士連合会）のアピールを紹介しておきます（日弁連は日本の弁護士が一人残らず加入している弁護士の全国組織です）。そのアピールは、政府が福島などで苦しんでいる被災者のために、すみやかに人道的な援助を始めることを訴えています。「居住地から避難するか、残留するかなどの意思決定にあたっては被害者の自己決定権を尊重し、どのような決定を下した者に対しても、その状況に応じて十分な支援を行うこと」を求め、「一日一人一〇〇〇円（四人家族なら月額一二万円）及び世帯あたり生活雑費三万円の現金支給を実施すること」を求めています（二〇一二年二月一六日）。じっさい被災者たちを救うためには、こうした「ベーシックインカム」のようなラディカルな施策が導入されるべきであろうと、私も思います。

4　フクシマ以後の大学

大学の学長たちの動きは、政府あるいは文部科学省寄りのものでしかありませんでした。国立大学が法人化され、自治が許されるようになったといっても、学長たちに国の政策への批判的・自律的な動きが見られるわけではありません。それどころか、彼らのいまの関心事は、フクシマとは何の関係もないような「秋入学」なのです。

秋入学というのは、学年の開始時期を現状の四月から一〇月に変更しようということです。日本の大学を国際的なスタンダードに近づけ、学生が留学などにおいて不利にならないようにしようというわけですが、東大がイニシアティヴをとり、それに追随するように有名大学がその検討を始めています。

たしかにフクシマの事故を契機に、これまで内向きであった日本の大学を世界に向かって開かれたものにしようという意志の表明ではあるのかもしれません。しかしそれは、フクシマの事故がもたらしている市民の苦しみに大学として向き合おうとするものではないし、その苦しみをもたらしている大学の責任を引き受けようとするものでもありません。

いまのところ文科省は、この「秋入学」に関してそれぞれの大学の取り組みに任せています。国・公・私立の違いを超えて全国的に調整しながら、そして初等・中等教育との関係にも配慮しながら、国のイニシアティヴで「秋入学」への移行を行なうというのではありません。大学に勝手にやらせようという、ほとんど責任放棄にもひとしい政策です。

ということは、競争力のある、強い、資金力のある大学にはよいかもしれませんが、それについていけない、弱い、資金力のない大学にとっては、きわめて厳しい変更ということになります。春から秋へと入学時期を変更するときに、四月から九月までの半年のあいだ、学生からの納付金が入らない空白が生じます。十分な蓄えのない大学はそのために潰れかねません。文科省による調整なしに「秋入学」を推進しよ

(4) このシンポジウムについては、石田葉月・岩崎稔・岡山茂・島薗進・西山雄二による討議「大学はいかに可能か」、『現代思想』二〇一一年一二月号を参照。

うとする人たちは、このさい潰れるべき大学は潰れてしまえというネオリベラルな考えに立っているのです。こうして、一方に世界に通用するエリートのための大学があり、他方に大卒の労働者を養成するためのドメスティックな大学があるという二極化が、さらに進行することになるでしょう。

ところでフクシマの事故によってあらわになったのは、この大学の二極化のきわめてネガティヴな面ではないでしょうか。原子炉がメルトダウンしていることを知りながら、「ただちに健康に影響はない」と言い続けた内閣官房長官、文部科学大臣、地方自治体の長、東電や原子力安全・保安院の面々、それを伝えただけの新聞やテレビの記者や解説者、彼らに請われてメディアで発言した学者や専門家、彼らはみんなエリート大学の出身者たちです。

彼らは非常事態だからといって放射線被曝の年間許容量を一ミリシーベルトから二〇ミリシーベルトへと引き上げ、学校や大学を再開し、「避難区域」の住民をむりやりに避難させ、その区域の外に暮らす人々から避難の機会を奪いました。また彼らは、食物に高めの「暫定基準値」を設定し、それ以下なら安全だといって、放射性物質を含む食物を流通させました。市民が放射能を恐れて逃げ惑っていたまさにそのときに、彼らは、住民がパニックに陥り、東日本に食べるものがなくなり、東京も含めた三〇〇〇万人が移動しないといけなくなり、日本という国家が立ち行かなくなることをひたすら恐れていたのです。

カリフォルニア大学のクリストファー・ニューフィールドは、アメリカでは一九八〇年代以降、保守主義者たちによる公立大学への反撃が始まったと言っています（▼前章参照）。それが功を奏して、アメリカの大学はそれ以後、リベラルアーツ・カレッジやハーヴァード大学のような私立の名門がエリートを育てる一方で、八割の学生を受け入れる公立大学が「コニタリアート」（知識労働者階級）を養成するという、二極化した構造をもつようになりました。スタンダール・グルノーブル第三大学のイヴ・シトンは、サルコジ政権のもとで行なわれているフランスの大学改革も、このアメリカの八〇年代の大学改革をモデルにしていると言います。そしてこのモデルは、日本における九〇年代以降の大学改革とも瓜二つです。

私たちは「フクシマ以後の大学」を構想するにあたって、そのような改革とは異なる大学への展望を拓かねばなりません。問われているのは、デリダのいう「条件なき大学」のような、真理と正義をともに追求しうる大学を、いかにしてこの世界において主張できるかということでしょう。それぞれのナショナルな文脈を踏まえつつ、二〇世紀後半以降のインターナショナルな大学の歴史を共有しつつ、私たちの新たな議論を始めたいと思います。

「国立大学法人化」前後のアレゼール日本の言葉から

マニフェスト　2003.4 東京

低迷する時代であればこそ、いまの日本では過大な期待が大学に寄せられ、それに応えられない大学への不満が、とりわけ政治家たちに募っている。そしてその不満が、理念のない市場主義による改革をせき立て、大学を迷走させている。教養ある市民を育成し、優秀なエキスパートを養成し、ベンチャー企業を興し、生涯教育の受け皿となり、外国からの留学生を受け入れ、世界レベルの研究を行ない……。大学の役割とは本来何なのかという、きわめてシンプルな問いに立ち戻ることなしには、いかなる改革も不可能であるにもかかわらず、イメージばかりが先行し、それによる有力大学の再編が進んで、それがさらに全国の大学システムを混乱させている。しかも不思議なことに、文部科学省はその混乱を収拾するどころか、むしろ煽っているようにさえみえる。親がリストラにあい、大学で学ぶことを諦めざるをえない若者もいる。少子化による「大学全入時代」が来るとはいっても、希望するすべての者が高等教育を受けられるわけではない。フランスのように無償の高等教育が保障されてもおらず、アメリカのように充実した奨学金制度もない日本で、どうしていまネオリベラルな改革なのだろうか。

改革に取り組まざるをえない教員は憔悴し、研究と教育がおろそかになりがちである。他方で改革に反対の教員は、文句をいうばかりで何の提言をするでもない。教職員組合をはじめ、改革の流れに抵抗している団体はあるものの、大学人の反対運動はいっこうに盛り上がらない。それはメディアの支援がないことに加えて、大学界にさまざまな分断があるからである(国・公・私立、専門・教養、専任・非常勤、教員・職員・学生、各大学、各学部、各学科間にある分断)。そのばらばらな大学界において、教員たちは、学生や職員からも見放され、政・官・財およびメディアからの批判にも答えられずに、ひたすら嵐が通り過ぎるのを待っているかのようである。あるいは身分がとりあえず保証されていることをよいことに、何事もないかのように研究に打ちこんでいる。たしかに研究での実績で抜きんでれば、いまの船が沈んでも別の船に乗り移ることはできるだろう。しかし次の世代はどうなるのだろうか。大学の自律性、そしてそれによって保障される研究、さらにその研究に基づいて可能となる教育が危機にあるときに、すでに特権をもっている専任教員の無関心は致命的であり、危機をもたらしている改革の共犯として機能するのではないか。

大学界におけるこうした情況に断絶をもたらすために、私たちはフランスのアレゼール(ARESER：Association de réflexion sur les enseignements supérieurs et la recherche 高等教育と研究の現在を考える会)と連帯した運動を起こすことにした。「アレゼール」とは、一九九二年にパリで創設された、おもに人文・社会科学系の大学教員からなる自主団体である。彼らは、けっして孤立と分断に陥るのではなく、知的連帯の道を探るという立場から、フランスの理念というより、むしろ一九世紀初めのドイツで形成された、現在にも通じる大学の理念を護ろうとしている。つまりフリードリッヒ・シュライエルマッハー(一七六八―一八三四。神学者・教育学者)が『ドイツ的な意味における大学のための随想』で描いたような、「学生を学問に目覚めさせる」ための大学、言いかえるなら、こまぎれの知識を授けるのではなく、それらを統合できる批判的精神を育むための大学である。

ナポレオンに占領されたプロイセンにおいては、中世以来の大学を廃止したフランスへの批判を通して、そのような理念が形成された。それはベルリン大学の創設をもたらし、さらに普仏戦争に負けたフランスに第三共和政の時代に導入されて、そこでの近代的な大学の復活を可能にした。ドイツにおいては二〇世紀になると変質してしまうけれども、フランスにおいては知識人の伝統のなかに生き続け、いま二一世紀の初めに、「アレゼール」によってフランスの大学の再生、そしてヨーロッパにおける大学人の連帯のために生かされようとしている。その主要な問いかけは、いかにしたら「知の自律」、「視点の複数性」、「最大多数に開かれた高等教育」という理想を損なうことなしに、〈ヨーロッパの大学〉を実現できるかということである。これはとりもなおさず、世界各国の官僚がおし進めるアングロ・サクソン・モデルによる大学の「グローバル化」や、蔓延するペシミズム（「廃墟のなかの大学」）、さらにはポスト・モダンのさまざまな意匠（「第三世代の大学」、「グローカル・ユニヴァーシティ」など）に対する、根源からの批判となりうるだろう。

　大学改革とは、それぞれの国の歴史において考えられるべきナショナルな問題であると同時に、インターナショナルな関係のなかで、そして時代を超えて考えられるべきユニヴァーサルな問題である。明治以来の日本の大学を振り返るとき、そこにドイツやフランスのモデルがあったことを思えば、私たちはグローバル化に安易に適応するのではなく、自らの伝統のなかにインターナショナルな大学の可能性を探るべきなのである。それは、ドイツのものでも、フランスのものでも、日本のものでもない。「近代」への批判を通して蘇ったかつての大学である。ナショナリズムを超えるそのような理念を伝統として共有することが、いま、ネオリベラリズムと闘うために必要なのである。

アレゼール日本

私立大学の「危機」

　日本の私立大学の「経営」はたしかにたいへんである。学生からの入学金や授業料では足りず、企業、自治体、卒業生、父兄、さらには雇用している教職員にまで**寄付**を請い、アジア各地に教員を派遣して**留学生**を探している。なりふりかまわぬその「競争」のなかで、大学としての自律性を喪失してしまっているところも多い。留学生が夏休みのあいだにごっそりいなくなり、歯科医師国家試験の問題が漏洩し、医学部への不正入学斡旋が行なわれるといった不祥事は、「大学淘汰の時代を迎えた私立大学で明るみに出た経営をめぐるモラルハザード」（『日本経済新聞』二〇〇二年七月一〇日の社説）と言われている。しかしこのような競争に生き残る大学がはたしてよい大学なのだろうか。それぞれの大学の真摯な「改革」への取り組みが、日本の大学システムを崩壊させ、ひいては生き残る大学の首をも締めるということにならないだろうか。

「国立大学法人化」や「公立大学法人化」が検討されつつあるいま、「大学法人」としての私立大学を国・公立大学と区別する根拠は薄れつつある。法人化を進めていって公的な責任がますます希薄になった場合に、国・公立大学にもいまの私立大学と同じ問題が生じる可能性は十分にある。一連の不祥事は、**学生全体の七七・三%を私学が受け入れる日本の大学システム**全体からのSOS、あるいは、公共サービスとしての高等教育を私学にゆだねてきた明治以来の政策が行き詰まっていることの証しと考えるべきである。

日本の私立大学は、大衆に開かれた高等教育を担っているという意味では、フランスの大学に似ている。しかしそのことは、日本の文科省が、国立大学を拡充する代わりにもっぱら私立大学を利用して、戦前、および六〇〜七〇年代の**高等教育の大衆化**を乗り切ったということを意味している。それゆえ日本の私立大学とフランスの大学のあいだには、似ているといっても基本的な差異がある。まず後者においては高等教育がほぼ**無償**なのに対して、前者においては学生の納める学費が主財源となっており、**初年度納入金は平均一二〇万円**ほど、**医学部**だと場合によっては**一千万円**を超える。たしかにフランスにも、「高等教育を受けるのは事実上裕福な家庭の出身者が多いのだから、無償であるのは彼らをさらに優遇するだけだ」という議論がないわけではない。しかし日本では、高等教育を受けるのはよく勉強して学費の比較的安い国立大学に入ることのできる優秀な若者か、さもなければ、ある程度裕福な家庭の子どもということになっている。私大の医学部には金持ちの子どもしか入れないということになれば、それはもはや構造的な問題であり、「モラルハザード」は起こるべくして起こったというべきなのである。

次に、フランスではバカロレア（中等教育修了資格）がそのまま大学へのパスポートとして通用するのに対し、日本ではどんな私立大学にも**入試**があるため、高校での教育が大きく歪められてしまっている。入試の多様化が図られているとはいえ、高校はそれに応じた教育を強いられている。日本の私立大学は、学生にさまざまな分野の知識を統合できるような学の理念を授けるどころか、まずは彼らに欠けている知識を与えるところから始めねばならないという矛盾を自ら作り出してしまった。

　こうしたなかで、自らをフランスのグランド・ゼコールのようなエリート養成機関に仕立て上げようとする私立大学も現れてきている。有力私大は、ロー・スクールや公共政策大学院などの、**高度な専門職**に向けた機関を充実させようと競っている。しかし、「改革」に乗り遅れる多くの中小私大は「淘汰」の危機にさらされ、しかもそのような形での大学の数合わせが、少子化とともにやってくる「大学全入時代」には学生の質を維持するために不可欠であると、批判もなく受け入れられてしまっている。

　ところで、そのようにして日本から「大学」がなくなってしまうということは、大衆のなかに「学のある」者がいなくなるということである。社会にはますます宗教的迷妄、デマゴジー、ポピュリズムなどがはびこるようになるだろう。「グランド・ゼコール」出身のエリート、あるいは「細分化されて経済的にのみ機能する専門知識」（アレゼール『危機にある大学への診断と緊急措置』、『大学界改造要綱』三二八頁）を駆使するテクノクラートらは、そのような反知性主義的傾向を抑止するどころか、自らの支配をより磐石なものとするために利用するだろう。

　政府が高等教育への公財政支出をいま（二〇〇二年）の**GDP比**〇・四三％から一・一％にまで高めれば（フランスは一・〇一％）、すべての私立大学に国立大学なみの財政援助をすることはできるはずである（『大学界改造要綱』三三六頁、「国家財政に占める高等教育費の割合」参照）。また「全入時代」が来るのだから、**大学入試を廃止**して高校が責任をもつバカロレアを導入することもできる。そしてそのうえで、大学に採用する教員は、（次項で述べるような）全国的な大学教員公募システムを併用して厳格に選ぶこともできる。しかし文科省は、大衆は「米百俵」などという時代錯誤のお話でだませるくらいに、いつまでも「愚か」であるほうがよいと思っているようである。私立大学を市場での「淘汰」に追い込むネガティヴな改革ではなく、それらをより充実した「大学」とするためのポジティヴな改革が求められる。

「大学教員の採用、真の公募制のために！」

フランスでは一九八六年から九六年までの一〇年間に、大学教員の採用や昇進の制度が一二回も変更されている。そこでの問題は、大学界全体の要請と個々の大学のさまざまな部門の要求を調整しながら、どのようにしたら選考や審査の**透明性**を高めることができるか、そして志願者の**機会均等**を保証できるかということであった。つまり大学自治を尊重しながら、いかにして地元優先主義あるいは閥族主義《ネポティスム》を退けるかということであった。

一九九六年には当時の教育相によって二重の解決法が採用された。すなわち志願者の書類はまずそれぞれの大学の選考委員会において審査され、それにパスした複数の候補者の書類は、次にCNU（全国大学審議会）内の分科会（全部で七四の部門に分かれている）ごとの専門委員会に送られ、そこでの審査にパスした複数の候補者のなかから、最終的には大学が決定するというものである。しかしアレゼールは、「大学教員の採用、真の公募制のために！」（本書一〇三頁、「アレゼールの発言一覧」1996）という提言を『ル・モンド』紙に発表して、そこに問題があることを指摘した。募集されるポストの少なさに比して候補者が多すぎるため、多くの分野で優秀な候補者が不採用の憂き目にあっていたばかりでなく、博士論文をパリで書いた者と地方の大学で書いた者の間に、機会の不平等が生じていたからである（『大学界改造要綱』一六八‐一七〇頁、クリストフ・シャルルへのインタヴュー参照）。

アレゼールは四つの欠陥を指摘している。①**審査期間**が長すぎる。二月に願書が提出され、大学と国の委員会での審査を経てふたたび大学に戻され、結論が出るまでにほぼ半年かかる。その間に候補者が強いられる緊張と、委員会の内部に交錯する圧力はたいへんなものである。②志願の**コスト**が高すぎる。志願者はいくつもの大学に願書を出すから、そのたびに博士論文のコピーを二部製本して願書に添えねばならない。しかも面接のために現地に赴くのが普通だから、費やされる時間とお金は相当なものになる（平均すると志願者は二〇万円から三〇万円の支出を強いられる）。③志願者が**平等**に扱われていない。公募ポストの正確な情報にアクセスできない者もいる。面接の日時は選ぶ側の都合で決められ押しつけられている。④CNUでの審査の**客観的な基準**が不在である。志願者数の増加のために切迫した日程が組まれ、委員は十分に研究業績を読む余裕もないまま判断を下している。たとえば昨年は合格したのに今年は不合格にされた志願者もいる。しかも説明を求めても聞かせてもらえない。委員会の構成も、意見の調整や多数派の形成に際して専門家同士にありがちな紛糾を避けられない。

アレゼールは、このような欠陥を一気に解消するための魔法の杖はないとしながらも、次のような提言をした。①CNUの各委員会のメンバーは全体のバランス（専門領域、勤務する大学、学問的傾向など）を考慮して**抽選**で選ぶこと。委員には**報酬**を支払い、買収されたり利益誘導したりすることがないようにすること。②志願者はすでに教員として在籍したことのある大学には応募できないようにすること。③さらにラディカルな方法として、真に平等で全国的な教員採用試験を行なう。**合格者数**はその年に全国で募集されるポストの数と同じにし、合格者は席次に応じてポストを選べるものとする。

このようなシステムの見直しは、大学教員の大幅な世代交代が見込まれており、しかも良質な志願者がたえず増加しているなかにあって、「怨恨と不公正の連鎖を避けるためにも必要である」とアレゼールは言っている（その後に『ル・モンド』紙に寄せられた反論などを考慮に入れて書きかえられた提言は、『大学界改造要綱』二七九頁を参照）。

ところで、日本では大学教員の採用に際してどのように公正が保たれているのだろうか。ふつう教員は将来の同僚を自分たちで選んでおり、学部の人事委員会や教授会も、彼らの人事を見守るための学内機関でしかない。文科省も「大学自治」の観点から、大学のそのような慣習に口を差し挟もうとはしない。採用の基準はばらばらであり、志願者は公募があるたびに、年齢制限や必要とされる学位の条件などに翻弄されている。アメリカでは、日本と同じように各大学が独自に教員を採用しているけれども、絞り込まれた複数の候補者は一人ずつ日替わりで学内に招待され、学部長をはじめ多くのメンバーに紹介され、食事をともにし、模擬講義を行なうそうである。日本の大学もそれに倣うのでないなら、教員採用のための全国的かつ透明なシステムを構築し、それによる公募を行なうべきではないのか。この問題に触れることがないすべての「大学改革」の試みは、システムを変えないための口実にすぎない。

大学での第二外国語をどうするのか

日本の大学での第二外国語の教育は、まったくの初歩から始めるため、啓発された学生が自発的に学習を続けるのでなければ、それを専門や実用のフィールドにまでもっていけるケースは稀である。そのため、一九九〇年代初頭の「大綱化」以降、第二外国語は時間のむだではないかという専門課程からの圧力が強まり、必修枠からはずすことや、学部の垣根をとり払った外国語教育センターへの統合などが模索されるようになった。背景には、国際化に対応するには英語さえできればよいとする**英語中心主義**と、経営の点から効率を優先するネオリベラリズムがある。

母国語以外の二つの言語を中等教育から学ばせるということは、いまや先進国の外国語教育のスタンダードとなっている。ＥＵ諸国では、そのために初等段階から外国語を学ばせ始めているし、イギリスやアメリカでも、英語のみのコミュニケーションに安住することへの反省から（あるいはグローバリゼーションのなかでさらにビジネス・チャンスを拡げる思惑から）複数外国語の習得が奨励されている。韓国でも高校から二つの外国語が必修である。日本のように、いくつかの高校で英語以外の外国語が教えられている例はあるけれども、一般的には大学に入ってからしか第二外国語を学べない国は稀である。

日本でもかつては、旧制高校においてドイツ語やフランス語の習得にかなりの比重がかけられていた。学生はそれをさらに大学でも学んだから、いまの学生よりはるか遠くにまで行っていた。そのようなエリート教育の「民主化」が戦後において模索されたものの、「大衆化」という形で骨抜きにされていまに至っている。英語さえできればよいという考えは、そのなかで生みだされた好都合な言い訳にすぎない。アングロ・サクソンの覇権主義や、一五か国が敢えて一一の公用語を用いて会議をしているＥＵの取り組みをアジアにおいては予め不可能とみなしてしまう悲観主義を乗り越えるためにも、第二外国語の教育は充実させるべきなのである。

しかし、外国語の必修のコマ数を増やし、三・四年次にまで継続して学習させるようにするのは、専門課程のパイを奪うことになるので不可能である。そのジレンマのなかで、第二語学は長いこといわば宙づりになっていた。そのうちに形だけの中途半端な学習でよいとする妥協が生まれ、教室では、卒業するのに単位を取らねばならない学生と、文学では食っていけない語学の教師が、モラトリアムな共犯関係を結んでけだるい時間を過ごすようなことにもなった。しかしもちろん、使いこなせるとまではいかなくとも、第二外国語の単語や例文を覚えるためのコンスタントな努力は、進むべき専攻領域がまだ定まらない学生の精神的ウォーミング・アップに役立ち、学問をするのに必要な謙虚さを身につけさせるのに貢献していたのである。大学での第二語学は、人文学（humanities）の研究者でもある教師との接触によって、自然科学や社会科学を志すことになる学生にも、学の自律や視点の複数性といった概念を呼び起こすことができた。しかし効率とは無縁のそのような教育法を信じているのは、いまや少数派かもしれない。

たしかに大学は専門学校と違い、たんに知識や技能を身につけるための場ではない。すでにさまざまな知識や技能を身につけているはずの者が、それらを統合できるような批判的知性を培うための場所である。しかし大学での第二外国語教育は、第一外国語しか知らない若者を多言語的な世界に誘い、そうすることで世界を複数的な視点から見られるようにするという役割を完全には果たせないばかりか、それを技能として身につけさせるという専門学校的な要請にも応えられないでいる。しかしそれに応えられないのなら撤退せよとか、あるいは外国語教育センターであらゆる学部の学生をまとめて教えよというのは、大学のあり方として前進というより後退である。

提言　そこで私たちは、文部科学省に対して、国・公・私立の**すべての高校において二つの外国語を必修にすることを要求する**。それこそが**世界標準**であり、そうでないために日本の大学の第二外国語教育は過大なハンディを背負わされているからである。さらに、現在**大学で第二外国語を教えている多くの人材を、高校の専任教員として登用することを要求する**。大学ではいま第二語学の教員がリストラの危機にさらされている。彼らのなかには非常勤のみで生活している者も少なくない。また人文系大学院を出た者に就職先がほとんどない。第二外国語の教育を縮小するのでないのなら、文科省は自らイニシアティヴを取って彼らの雇用を保障するべきである。最後に、大学の「国際化」のためには、アジアから留学生を集めて英語で授業を行なうことより、**留学生を日本語の授業に参加さ**

せるとともに、多言語へと開かれた語学教育を充実させることでキャンパスでの学生の交流を促すことの方が大切である。高校において二つの外国語が必修となれば、大学ではさらに朝鮮語、ヴェトナム語、インドネシア語、タイ語などを第三外国語として学ぶ学生も増えるだろう。

大学を覆うモラルハザード——公共性を危うくする「経営」先行

二〇〇四年二月、早稲田実業学校の初等部入学試験の面接のおりに、早稲田大学前総長が三五〇万円もの寄付を保護者に求めていたことが明るみに出た。早稲田大学も責任を免れるものではないだろう。白井克彦総長（当時）は早稲田実業学校の理事長でもあるし、寄付金の額は保護者にとって、子弟を早稲田大学へと無試験で進学させるための条件と映ったはずだからである。しかしそこにおいて問われているのは、一私立大学の学校法人としてのモラルばかりでなく、公共サービスとしての高等教育を危うくしているネオリベラルな大学改革の是非である。

早稲田大学はいま財団法人あるいは株式会社への道をひた走っている。たとえば奥島孝康元総長は学校法人の公共性の強調を批判しているし（『大学時報』二〇〇四年一月号）、財務担当の關《せき》昭太郎常任理事（当時）も、日本の大学が「大学人」によっていかに不健全な経営に陥っているかを指摘しつつ、私立大学が「学校法人」として甘やかされてきたことを批判している（『日本経済新聞』二〇〇三年一二月一三日）。

「財の独立なくして学の独立なし」という關氏の考えは、企業と同じようなトップダウンの経営によって、早稲田大学を世界レベルの大学へと躍進させようというものである。しかしアメリカの有名私大のように莫大な資産があるわけでもない日本の私立大学に、どうして自律した経営が可能だろうか。初年度納入金はすでにいくつかの学部で一二〇万円を超えており、学費の値上げも不可能である。学内外に寄付を乞うのでなければ、事務職員のリストラや、資産を増やすための投機的試みに走らざるをえないのは目に見えている。

じっさい早稲田大学は、創立一二五周年（二〇〇七年）を記念した寄付を募るほかにも、自らＳＰＣ（特定目的会社）を設立して不動産の証券化事業に取り組んだりしている。しかしさらに問題なのは、理事会の力がかつてなく強まるなかで、学生や教職員も知らないうちに新たなプロジェクトが始まり、始まったあとも十分な説明がなされないということである。法人化される国立大学に対抗するためにも、よりスピーディーな意思決定が必要であるとされ、学内での合意形成はほとんど無視されている。たしかに早稲田大学は変わったけれども、学生は大学問題に無関心になり、多くの教職員は理事会に対して疑心暗鬼になっている。

日本の大学は、民営化圧力の下で切磋琢磨しているというよりも、目に見えない暴力のスパイラルに巻きこまれて自律性を失っていると言うべきだ。私立大学の必死の努力は、法人化による混乱が続いている国立大学や、改革をめぐって地方自治体の首長と深刻に対立している公立大学にも圧力として働いている。個々の大学にとっては真摯なものかもしれない改革への取り組みが、システム全体を混乱させ、「生き残る」大学がはたしてよい大学なのかどうかも判らなくさせている。

イギリスでは二〇〇四年一月、上限を六十数万円と定めた上で、大学が独自に年間授業料を設定できるようにするという法案が、僅差で議会を通過した。サッチャーの過激な改革のあとでも、イギリスの大学の授業料は二十数万円に抑えられていたが、ブレア首相（当時）がこのとき提出した法案はその枠を取り払うものであったため、野党ばかりか与党の内部にも激しい反発が起きた。このことは、ネオリベラリズムの先進国であるイギリスにおいてさえ、公共サービスとしての高等教育の存続を求める声がいまだに強いということ、そして大学が政界を揺るがすほどの大問題になっているということを意味している。

日本において異様なことは、大学生の八割近くを受け入れている私立大学の公共性が危機に瀕しているにもかかわらず、国・公・私立からなる日本の大学システムをどうするのかをめぐって、文部科学省が具体的なプランを示さず、国民的な議論も起きていないことである。たとえ文科省が、小泉首相による「聖域なき改革」の方針に従っていただけだとしても、その方針を批判する大学人、野党や与党の議員たち、そして彼らを支えるメディアの力が発揮されなければならなかったのに、それもなかった。

早稲田大学の白井総長は、学校法人が高額の寄付を求めること自体には何の問題もないと考え、今回の事件もそのプロセスに問題があった不幸なミスにすぎないとみなしていた。日本の大学界全体を覆うモラルハザードが、そこに色濃く影を落としている。

どうして日本の大学ではストが起きないか

＊この文章は、二〇〇五年五月二〇日に東京日仏会館で行なわれたゼミナール「危機に瀕する日本の大学？　検証と展望」（主催：東京日仏学院）における筆者の発表原稿である。

一九八〇年代末からフランスの大学は大きく変化し始めている。地方分権と「ヨーロッパ大学空間」への統合の流れのなかで、ナポレオン以来の中央集権的な高等教育システムが再編されようとしている。日本でも同じころから戦後のシステムの見直しが始まり、二〇〇四年四月にはついに国立大学が法人化されるに至った。アレゼールのメンバーでもあるトゥールーズ大学日本語科のクリスチャン・ガランによれば、いま日仏で進行している大学改革には大きな共通点がある。つまりいずれにおいても、大学間の競争を刺激することで高等教育の質を向上させようというネオリベラルな改革が進み、中央行政による統制が緩んで、学長に大きな権限が与えられるようになっている。しかしフランスでは大学人（教員、職員、学生、学生の父母）の反対運動によって国民教育相が更迭させられるほどなのに、日本においては改革が「粛々と」進んでいるのはどうしたことだろうか。ここではガランの分析[1]を手がかりにしながら、このような違いが現れる理由について考えてみることにする。

1　日本の大学

クリスチャン・ガランによれば、日本の大学の歴史は三期に分けられる[1]。第一期は、一八八六年の東京帝国大学の創設から一九一八年の大学令までである。明治政府はドイツのモデルを参照しながら、ほぼ一〇年おきに一つずつ帝国大学を創った（一八八六年に東京、一八九七年に京都、一九〇七年に東北……）。研究を通して真理を探求するというドイツ的な理念を建前にしたが、じっさいは国家のための官僚や高度な技能者を養成するフランスのグランド・ゼコールのモデルに近かった。

第二期は、大学令から一九四五年の第二次世界大戦の終わりまでである。大学令によって私立の専門学校にも大学の資格が与えられることになり、東京に早稲田、慶應義塾、中央、京都に同志社などの大学が誕生した。第一次世界大戦後の好況のなかで、民間セクターにも管理職が必要になったばかりでなく、それまで自由に教育を行なっていた私立学校を政治的にコントロールするためにも、それらを大学として認可することが有効であった。こうして国立大学と私立大学の二元的なシステムが成立し、それらを国家主義的に再編してゆくプロセスが一九四五年の敗戦まで続いたのである。

第三期は一九四五年の敗戦から二〇〇四年四月の国立大学法人化までである。占領軍によってアメリカの理念に沿った高等教育システムが導入され、教育と研究の自由ばかりでなく大学の自治および民主主義的な運営も保障されるようになった。戦前からの大学に加えてそれぞれの県に国立大学が創られ、女子大学、短期大学などの新たなタイプの大学も誕生した。またすべての大学に一般教育と専門教育のカリキュラムが義務づけられた。公職追放や財閥解体は大量の新たな管理職の採用をもたらし、朝鮮戦争と日本の主権回復が経済活動を復活させた。一九五五年から一九六五年にかけての高度成長期には雇用が飛躍的に増大する。こうして六〇〜七〇年代に高等教育大衆化の波が押し寄せると、政府は戦前からの二元的なシステムを利用してそれを乗り越えた。つまり公財政支出ではなく私立大学の数（民間支出）を増やすことで、学生数の膨大な増加を吸収したのだった。二〇〇一年時点で日本の四年制大学数は六六九であったが、そのうち国立大学が九九、公立大学が七四、私立大学が四六九と、圧倒的に私大が多くなっているのはそのためである。学生数で言うと全体の七五％が私立大学に通っていることになる。[2] 私学に依存したこのような体質が日本の高等教育においては大きな問題となっている。

さらにこの時期は、家庭と大学とのあいだに子どもの将来についての暗黙の契約が成立した時期でもあった。つまり子どもの就職は合格した大学が保証するというような了解である。右肩上がりの成長のなかで、学生数も一九四六年に一〇万人、一九七〇年に一四〇万人、二〇〇一年には二七六・五万人という具合に急速に増えている（大学数では一九四六年に四八、一九七〇年に三八二、二〇〇一年に六九九）。大学が入学試験で学生を選抜し、大学の名とランクが将来の就職と収入をほとんど自動的に条件づけるシステムがこうして成立する。できるだけランクの高い大学に子どもを入れることが家庭における教育戦略の最終目標となり、それはほとんど国民的な強迫観念とさえなった。たしかに大学を出れば就職（高学歴であればたいてい終身雇用）が保障されたから、大学入試は、結局のところ相対的に「平等」なゲームの

（1）Christian Galan, «La réforme des universités nationales japonaises», http://greve.univ-lille1.fr/images/Japon.pdf（未邦訳）

（2）二〇一〇年時点では、四年制大学の数は七七八（国立八六、公立九五、私立五九七）で、学生全体の七三・六％（短期大学も含めると八三・八五％）が私大に通っているという状況である。

規則として国民全体によって受け入れられた。たしかに安保闘争や大学紛争はあったけれども、それらが政治とメディアによって鎮圧されたあとは、長いべた凪ぎの状態が続いたのである。

2　一九九〇年代以降の変化

ところが一九九〇年代に入ると、バブルの崩壊と少子化の進行、そして戦後体制を見直そうとするリベラルあるいは超リベラル派の台頭によって、日本の大学システムは根底から揺らぐことになる。バブルのあとの経済危機は失業者数を増大させ、大卒者の就職率も大きく低下した（一九六五年：八三・四%、一九九〇年：八一・〇%、二〇〇一年：五七・三%）。他方で少子化が進行し、二〇〇三年には出生率が一・二九と過去最低を記録するに至る。二〇〇八年には一八歳人口が一二五万人となり、大学の新入生収容定員（七八万人）に対する割合は定員一に対して一・七人になる。就職する者や大学に入ることを望まない者を差し引くと、入学定員と入学志願者がほぼ同じ数になる。これまでは進学率の上昇のために少子化の影響も和らげられていたが、それもほとんど限界に達しているため、入学を希望すれば数の上では誰でも大学に入れる「大学全入時代」がやってくる。

こうして家庭と大学の関係も変わってしまった。大学に入ることはもはや子どもの将来を保障するとは限らない。大学に入らないとさらに厳しいかもしれないが、大学に入っても就職できるとは限らない。こうした変化のために日本の大学はすでに九〇年代の初めから、学生を引き寄せるためのさまざまな努力をするようになった。就職率、海外留学支援、キャンパスライフ、寄宿設備など、必ずしも教育や研究とは関係のないことを謳うパンフレットを各大学が作っている。それでもいまや私立四年制大学のうちの約三割、短期大学の約四割が定員割れを起こしている。学生定員を満たせない大学は消滅するか、あるいはより競争力のある大学にのみ込まれるしかない……。

しかしもちろん、これは自然現象というより政治的な選択あるいは無策の結果なのである。政府および文部科学省は、このような私学の危機を煽っているようにさえ見える。つまりかつて高等教育の大衆化を私立大学を増やすことで乗り切ったように、今度は過剰になってしまったそれを「教育市場」における「淘汰」にまかせて葬り去ろうというのである。文部科学省にこのような「改革」を迫っているのは、財務省あるいは財界かもしれないが、いまや文部科学省もリベラル派に占拠されてしまっているらしい。たとえば二〇〇五年一月の中教審答申においても、そのことがあからさまに述べられている。「学校の存続自体が不可能となる場合もありうるであろう。その際には特に在学生の就学機会の確保を最優先に対応策が検討されるべきであり、そのために関係機関の協力体制を作っておくことが必要である」。

「聖域なき改革」というスローガンを掲げる小泉首相は、小渕内閣が決定した公務員削減計画を引き継ぎ、国立大学のすべての教員を非公務員化した。「民営化できるものはすべて民営化する」という彼の方針が実現すれば、国に必要なエリートの養成を除いて、高等教育はすべからく民間に委ねられるようになるかもしれない。

しかし改革派にとっての問題は、戦後に作られた日本国憲法が高等教育の機会均等を保障していることである。また教育基本法が高等教育の機会均等のために国が担わねばならない役割を規定していることである。民営化の理想をさらに追求するのであれば、この憲法と教育基本法を「改正」しないといけない。二〇〇四年四月の国立大学法人化はそういう意味で、官立大学の教員を公務員と規定した森有礼の省令ばかりか、戦後にアメリカによって導入された新制大学の時代をも終わらせるような、「革命」と呼ぶほうがふさわしい事態だったのである。

3　フランスにおける大学改革

フランスでは、一九八〇年代半ばに大学評価や契約政策が導入されることで、それまでの中央集権的な大学システムが地方分権的なものへと変化し始めた。また九〇年代末になると、ＥＵ統合の流れのなかで、「ヨーロッパ高等教育空間」を創造するための単位や学位の改革も始まり、すでに一部で導入されている。しかし地域格差や教育機会の不平等が拡大することを懸念する大学人の反対運動によって、クロード・アレーグルやリュック・フェリー（いずれも国民教育大臣）が退陣を余儀なくさせられている（▼「アレゼールの目指すもの」および「学長たちの惑星的思考」参照）。先ごろ（二〇〇五年五月）の欧州憲法条約批准をめぐる国民投票でも反対派が勝利したけれども、九五年以降フランスでは、市場での自由な競争を尊ぶネオリベラリズムへの抵抗が強くなっている。

フランスには二二の地域圏があるけれども、それらは大きさも豊かさもばらばらである。最上位のイール・ド・フランス地方と最下位の地方とでは一〇対一くらいの経済格差があるとされる。貧しい地域圏は大学以外にもさまざまなハンディキャップを抱えているため、大学の整備にまで手が回らない。そのため地方分権は、高等教育へのアクセスにさらなる不平等をもたらすと考えられている。

フランスでは大学はほぼすべて国立であるけれども、大学のほかにもグランド・ゼコールというエリート養成のための高等教育機関があり、国はそれを財政的に優遇している（学生全体の四％しか受け入れないグランド・ゼコールに、高等教育予算の三〇%がつぎ込まれている)。そのため大学はいずれも厳しい運営を強いられている。もし何の対策もなしにそれらが「ヨーロッパ空間」に投げ込まれることになると、有力大学が「卓越の拠点」として国際的にも学生を集めてさらに発展する一方、多くの大学は大学院もない「コミュニティー・カレッジ」に矮小化されるのではないかと危惧される。また学生は、統合政策によって在学中に少なくとも一年間は外国留学することを推奨されるようになるが、国に全員の留学を支援するほどの財源がないのは明らかなため、親の支援を受けられる学生とそうでない学生とのあいだに留学機会の不平等が生じることになる。国際的に通用するエリート学生と、ドメスティックな教養しかもてない大衆学生という二分化が進行するだろう。

それゆえ、地方分権ばかりでなく「ヨーロッパ大学空間」に向けての統合も、フランスの学校と社会にかつてからある二元性、つまりエリートと大衆の再生産を助長する。プロフェッシオン・リベラル(医師、弁護士などの自由業)や高級官僚の子どもが恵まれた環境で高等教育を受ける一方、労働者や移民の子どもは劣悪な環境のなかに取り残され、学位も取れずに脱落していく。現行のエラスムス計画(ヨーロッパレベルでの留学支援)でさえ、裕福な家庭出身の学生のほうが利用しやすいという現実がある。これから統合のための単位や学位の改革が全面的に実施されると、その混乱のなかで学生たちが騒ぎだし、かつての六八年五月のような運動へと発展しないとも限らない。

4　日本の特殊事情

しかしこのようなフランスの状況も、日本と比べれば深刻ではないと言えるかもしれない。フランスでは大学教員はいまでも公務員であるし、大学評価が資源配分に使われることもない。大学の学費は原則として無償であり、バカロレア（大学入学資格）を取った者はすべて大学に入学できる。なによりも大学はほぼすべて国立だから、私学の多い日本のように生き残り競争のなかで「淘汰」される心配はない。それではどうして日本では反対運動が盛り上がらないのだろうか。フランスの改革派がうらやむようなこの状況を、私たちはどう考えればよいのだろうか。日本の大学が置かれている特殊な事情をいくつか挙げてみる。

第一に、東アジア地域においては「統合」が難しい。フランスではEUが一種のバリアとなって国内が「グローバリゼーション」から守られているけれども、日本ではそのバリアがないために、ネオリベラリズムがもろに国内を襲ってしまう。たとえば戦後の憲法や教育基本法を「改正」しようとしているウルトラリベラル派にしても、日本がアメリカの支配から脱することを望んでいるにもかかわらず、自分たちがどれくらい（アメリカ発の）ネオリベラリズムに侵されているかを知らない。また「世界レベル」の大学になることを有力大学に求めている文部科学省にしても、文化資本の豊かな現代ブルジョワジーを対象に「高等教育産業」を立ち上げている、アメリカの有名私立大学をモデルにしているだけである。

そういうなかで、東アジアでは域内コーディネートがないゆえの混乱が拡がっている。たとえば留学生数が一気に増えるなか、外国からの留学生を増やすことで生き残りを図る大学がある一方、留学できる者とできない者の二元化が進んでエリートの再生産がそれぞれの国で深刻化している。また先進国からの留学生が優遇されるのに対し、後進国からの留学生が非正規労働を行なう偽学生として迫害されるケースも生じている。あるいはまた、共通教科書作りが遅れているために歴史認識が共有されず、そのために政治的葛藤が生じてしまうという負の連鎖が続いている。

第二に、日本においては公共サービスを民間が担うという伝統がある。フランスでは民営化はそのまま商業化に結びついてしまい、人々の反発を買うけれども、日本では私鉄や私学がすでに戦前から人々の生活に浸透しているために、国鉄民営化や国立大学法人化に際しては、当事者たちの激しい抵抗があったにもかかわらず、全国規模のデモやストにつながらなかった。

すでに明治時代に、福澤諭吉が「官立大学民営化論」をぶっているのは興味深い[3]。官立大学（帝国大学）が安い学費で優秀な学生を集めていることに苛立った福澤は、官立大学を民営化すれば私学も助かるし、国も経費削減につながるから一石二鳥ではないかと提言した。当時の文部省はそれを受け入れなかったが、慶應義塾大学出身の小泉首相は、いまになってその遺志を実現しようとしているかのようである。

福澤の学問論は、江戸時代の封建的な武家思想を西洋の近代思想と融合させた独特のものである。たとえば『学問のすすめ』の、「天は人の上に人を造らず人の下に人を造らずと言えり」という有名な言葉で始まる最初の節の最後には、「人は生れながらにして貴賤貧富の別なし。ただ学問を勤めて物事をよく知る者は貴人となり富人となり、無学なる者は貧人となり下人となるなり」と書いてある。つまり人は生ま

(3)「官立公立學校の利害」、「公共の教育」（『福澤諭吉全集』第一一巻、岩波書店、一九六〇年）参照。

れるときには平等だけれども、学ぶ機会があるかないか、その機会を生かしうるかどうかによって不平等にもなるというのである。しかし第三節の冒頭には、「学問をするには分限を知ること肝要なり」と書いてある。「分限」とは何かということについて議論が必要かもしれないが、そこには高等教育の機会均等という理念はないというべきである。(4) この福澤流の思想がいま、戦後民主主義を見直そうとするリベラル派のなかに蘇っている。

また、首相が靖国参拝をやめない日本においては、憲法に掲げてある政教分離の原則もほとんど無視されている。あるいは、戦前の宗教的国家主義がいまだに生き延びているというべきかもしれない。もとより日本の私立大学において、政教分離は「大学自治」の名のもとに必ずしも守られてはこなかった。形の上では学校法人であっても、ミッション・スクールとして機能している私立大学はいくつもある。各大学が「建学の精神」に忠実であることは、とりわけ戦前においては、ほとんど宗教と化した国家主義（天皇制）から大学および「学問の自由」を守るのに役立ったと言える。ところが、私学が大学全体の八〇％近くを占めるようになる過程で、文部（科学）省の指導に忠実であることもまた私学の自由であるとみなす大学が増えてくる。国からの助成金が欲しければ、ますますそのようにして生き延びようとする私学は増えるだろう。こうして、アメリカと違って私学が莫大な資産をもたない日本においては、国立（州立）大学よりも私立大学のほうが国にとってはコントロールしやすいという状況が生まれる。国の意向を先取りして動く私立有力大学は、国立大学を牽制して文部科学省に逆らえなくするのに貢献することだろう。国立大学法人化のときにも、国立大学との「イコール・フッティング」を求める私立大学協会の声が、財界からの声と一体になって国立大学への圧力となった。「民営化できるものは民営化する」という小泉首相の発言をきっかけに、私学が支える公共性の矛盾が噴出している（早稲田大学の元総長が系属校初等科の入学試験の面接で三五〇万円の寄付を強要していたケース〔▼一八九頁〕など）。にもかかわらず、民間が公共サービスを担うという日本独特のシステムを見直そうとする動きは文部科学省にも見られない。

最後に、日本の大学には非常勤教員が多い。国立大学法人化は、国立大学に自律性をもたらすどころか、私立大学の実質的な株式会社化をともないながら、大学界全体を混乱のなかに陥れた。すべての大学が「自己責任」を問われながら「競争的な環境」へと投げ込まれ、研究活動が支援される少数の大学（「トップ30」あるいは「COE」）と、その他の研究のできない（大学とは呼べない）高等教育機関の振り分けが進行中である。一握りの強い大学がより強くなる一方で、ほとんどの大学が少子化圧力のもとで自ら「改革」を行ない、研究と教育の充実よりも、英語力の養成や「すぐ使える技術と知識」を与える職業教育、そして「経営の健全化」と称するリストラに走っている。そのなかでまっさきにしわ寄せを受けているのが、一年ごとに大学とのあいだで雇用契約を更新しなければならない非常勤教員である。それぞれの大学は、発言権をもたない彼らをスケープゴートにしながら「改革」を進めており、とりわけ第二外国語など非常勤への依存度が高い分野において、容赦ない解雇やコマ数の削減が行なわれている。

日本は科学技術の振興にはいたって熱心であり、研究への資金投入はOECD加盟国のなかでもトップクラスにある。しかし研究資金および「スコレー」（学校＝余暇）を享受できるのは専任教員のみであり、非常勤講師はそこから排除されている。非常勤教員の低賃金での「労働」が専任教員の「学問の自由」を

（4）安川寿之輔『増補　日本近代教育の思想構造――福澤諭吉の教育思想研究』新評論、一九七九年参照。

支えるという構造になっている。また研究への大規模な公的資金投入のせいで、教育のほうにそれが回らない。高等教育への公財政支出のGDPに対する割合をみると、日本はOECD加盟国のなかで最下位にいる。そのために大学は人件費の安い非常勤教員に頼らざるをえなくなり、学生の父母は高額の入学金や学費を支払わねばならない。大学の教員組合はこうした矛盾には気づきながらも、専任教員の利益を優先するために身動きがとれない。これではフランスのように、学生や教員のいくつもの組合が連帯して大きなデモを起こすことは考えられないのである。

八〇年代末からフランスではマイノリティーが声を挙げるようになっている。それまで隠れるように暮らしていたホモセクシュアル、サン・パピエ（不法滞在外国人）、ホームレス、失業者といった人たちが、市民としての権利を求めて名乗り出るようになった。一九九五年一二月には、大学人も彼らと連帯してかつてない規模の異議申し立てを行ない、それが「オルター・グローバリゼーション」の運動につながった。日本はそのような動きから取り残されている。同じ九五年に阪神淡路大震災と地下鉄サリン事件が起こり、ふたたび政権についた自民党が治安強化のためのさまざまな立法を行なうなかで、マイノリティーと彼らを支える人たちの運動はむしろ抑圧されていくことになってしまった。

かくして日本の大学は、いまやほとんどグローバル資本主義に飲み込まれている。専任教員にも会議や雑務がやたらと増え、雇用保険が義務づけられるのにともなって就業規則も作られた。たとえ使いきれないほどの研究費を獲得しても、思索のための時間があるとは限らない。それどころかそれを消化するためのさまざまな企画の準備に追いまくられることがしばしばである。学生たちはといえば、親が裕福なら

「キャンパスライフ」を楽しむケースもあろうが、普通はコンビニなどでの低賃金の使い捨て雇用に甘んじながら企業の経営を助けている。「ダブルスクール」で専門学校に通う学生がいるかと思えば、自分の部屋に引きこもってしまう学生もいる。彼らは就職への不安ばかりでなく、セクハラ、パワハラ、アカハラ、ストーキング、宗教の勧誘、果ては性暴力目的のいかがわしいサークルまで、さまざまな暴力や恐怖が渦まくキャンパスをさまよっている。(5) そのなかで教員は、彼ら（彼女ら）に科学の面白さや学問への畏敬の念を呼び覚ますことができないばかりか、このような状況のなかで考え続けるための知恵を授けることもできない（もちろん例外がないわけではない）。

ところで、先に引用した中教審の答申によると、二一世紀は「知識基盤社会」の時代となるから、大学はそれにふさわしい「二一世紀型市民」を育成していかねばならないという。そのような市民とは、「専攻分野について専門性を有するだけでなく、幅広い教養を身につけ、高い公共性、倫理性を保持しつつ、時代の変化に合わせて積極的に社会を支え、あるいは社会を改善していく資質を有する人材」だそうである。しかも大学はそのようなマルチ人材を養成するばかりでなく、「若年層の無業者やいわゆるフリーターの増加が問題となっている」ことを考慮し、「インターンシップの推進や職業意識および能力の形成支援を通じて、若年者の職業的自立に寄与」しなければならないという。

しかしこの国には、大学になじめない若者や、就職活動のなかでつぶされてしまう若者が少なからずいる。中教審は大学に向かってこのような空疎な言葉を並べたてるよりも、すべての大学において研究と教

（5）二〇一二年度において五二九人の学生が自殺し、そのうち四一人は就職活動中だった（朝日新聞二〇一三年一月二九日）。

育を充実させること、そして学費を安くして（最終的には無償化して）、非常勤教員の待遇を大幅に改善することを政府に向かって提言するべきではなかったか。そこに非常勤講師問題への言及が一切ないというのは驚くべきことである。

第三部　世界という書物

表象、ジャーナリズム、書物

＊この文章は、二〇〇九年四月三日に早稲田大学中央図書館井深記念ホールで行なわれた、政治経済学部主催の「新入生歓迎シンポジウム」での筆者の講演録である。

みなさん御入学おめでとうございます。フランス語を教えている岡山です。私の専門はフランスの一九世紀末の文学ですが、今日は大学に入ったばかりのみなさんのために、「表象、ジャーナリズム、書物」というテーマを選びました。私たちはものを考えるときに、表象、ジャーナリズム、書物という、思考のための三つの空間のいずれかに身をおくか、あるいはそれらを横断しています。大学生として大切なことは、それらを混同しないで意識的に横断できるようになることです。その理由を私はこれから述べてみたいと思います。

1　表象

表象というのは、英語でいうとレプリゼンテイション、フランス語でいうとルプレザンタシオンです。「ル」という接頭語が「再び」という意味を表し、「プレザンタシオン」が「出現させる、プレゼントする、人前で発表する」ということを意味しますから、「再＝現前化作用」と言われることもあります。いずれにしても、「いま目の前にないものをあたかもあるかのように見せる働き」をいいます。しぐさでも、言葉でも、絵画でも、音楽でもよいのですが、人間が何かを表現しようとするとき、そのこと自体を表象あるいは表象作用と呼ぶことができます。

人類は遠い昔から、この表象の空間に住んでいました。たとえばフランスのラスコーというところに有名な洞窟があります。その洞窟の壁には、私たちの遠い祖先が描いたシカやウシの絵があります。言葉をもっていたかどうかは措くにしても、彼らはすでに絵を描くことはできたわけです。ところで、ギリシャの哲学者プラトンは、認識論の基礎ともなった「洞窟の比喩」という有名な話のなかで、外の太陽の光はあまりにも眩しいゆえに、人類は「洞窟」の壁面に映る影やそこに描かれるイメージをたよりに、ものを考えるようになったと言いました。つまり、自然から守ってくれる洞窟のような暗いところで、私たちは火をおこし、その明かりによって生じる影のような言葉によって、考えるようになったというのです。

目の前にないものをあたかもあるかのごとくに見せることが表象であるとすれば、そのときに目の前にあるのはイメージにしかすぎません。「サクラ」というと、私たちは桜をイメージしますが、目の前に桜の木がなくとも、サクラという音のひびきによって頭のなかに桜のイメージがわきます。しかしフランス人は、サクラとは言わずにスリジエと言います。そしてそのときに彼らが思い浮かべるイメージは、日本の桜とは違ってサクランボを採るためのたんなる果樹にしかすぎません。イメージは独り歩きを始め、そのなかに私たちが閉じ込められるということもあるのです。人類は、勇気とか、忍耐とか、愛とか、死といった抽象名詞を手に入れ、そのようにして精神的な存在となりましたが、それと同時に、不在の幻惑にさらされるようにもなりました。死を恐れ、愛を求め、勇気を奮い、悔やんだり、愚痴をいい、悩んだりするようになりました。生きるためには不在の幻惑と闘わねばならなくなったのです。

私たちの先祖にとって、地平線の日没は聖なるドラマであったと思われます。曇りや雨の日もあるとはいえ、太陽を父とし、大地を母としてこの地上に生きる人類は、日没の光景のなかに、地上におけるその生誕の秘密と、その未来における運命が読みとれると思うようになりました。一九世紀末のフランスに生きたマラルメのような詩人にとっても、日没の光と影のドラマを言葉に翻訳することが、詩人の役目にほかならないのでした。

表象にはじつは上演という意味もあります。聖なるドラマの舞台である地平線は、こうして教会や劇場の舞台の原型となったのでした。教会、劇場あるいはコンサートホールにおいては、地平線をじかに見ることができない人たちのために、日没の再上演（ルプレザンタシオン）が行なわれています。日没の光と闇の変容を翻訳することは、マラルメのような詩人ばかりでなく、オペラやシンフォニーを書く音楽家にとってもひそかな願いであったのでした。

表象の空間は、私たちに、自然とは何か、宇宙とは何か、存在とは何かと問いかけることを許しました。そしてそこから神秘的なものへの信仰や、真理を探究するための科学的思考も生まれました。また言葉に内在するイマジネールな知を駆使することで、地上に生きる喜びを文学として表現できるようにもなりました。宗教と科学はいずれ対立するようになりますが、その対立を文学が調停することで、表象の空間はずっと維持されてきたのです。

2 ジャーナリズム

表象が中世以前から存在していたとすれば、ジャーナリズムは近代になってようやく成立したということができます。それはすべての人に知や情報を共有させることによって、デモクラシーを正しく機能させようとするものです。そこにおいては、自然や宇宙における真理や神秘よりも、人間社会のなかでの真実や正義が問題となります。

私たちは普通このジャーナリズムの空間のなかで暮らしています。社会や、職場や、家庭において、私たちはつねに、どのように行動すべきか、どのように話すべきか、真実とは何か、正義とは何かを考えないわけにはいかないし、それらの問いに対して、自らの責任で答えねばなりません。途方に暮れて夕陽を眺めているときに、何らかのよいアイデアがひらめくことはあっても、コンセンサスは地平線のように到達しがたいため、場合によっては、多数決のようなしかたで政治的な解決が図られるしかありません。

ジャーナリズム空間にいる私たちは、かつてのように夕陽を見ることはできても、そこで何が語られているかを理解することはできません。しかし夕陽をみつめてぼんやりしているときに、私たちは表象の廃墟にひとり佇んでいるのかもしれません。この地上に生きていることの神秘と、人間のつくる社会の正義がどのような関係にあるのかわからなくなって、途方に暮れているのかもしれません。

たとえばフランスでは、第三共和政のころにジャーナリズムと表象はパラレルに存在するようになりました。一八八九年にエッフェル塔が建てられたときには、すでにジャーナリズムの空間は成立していましたが、それによって表象の空間が崩壊したわけではありませんでした。ノートルダム大聖堂がもはやパリの中心ではありえなくなったとき、人々はエッフェル塔を建ててその代わりとしたのですが、それでもノートルダム大聖堂は壊されることなく残ったのです。パリはこうして、二つの中心をもつ楕円のような都市となり、そのなかで表象空間とジャーナリズム空間を往復できる「知識人」のような人たちも誕生しました。

ドレフュス事件がフランスを揺るがしたとき、ベルナール・ラザール、シャルル・ペギー、マルセル・プルーストのような詩人たちは、ドレフュス派として活躍しました。彼らは、新聞や雑誌によって作られるジャーナリズムの「舞台」に、ドレフュス事件がまるで日没のように上演されるのを見ました。あるいはドレフュス事件は、彼らによって人類の未来を暗示する特別なドラマへと高められたとも言えます。しかし二〇世紀になると、彼らのようなミスティックなドレフュス主義者は忘れられ、クレマンソーのようなポリティックなドレフュス主義者が権力を握ります。ジャーナリズムがますます隆盛になるなか、表象はますます希薄になっていきました。

たしかに、地平線から教会へ、教会から劇場へ、劇場から新聞へと「舞台」が変わるにつれ、地平線の日没は、私たちにとってますます遠いものとなっていきます。家でテレビを観るようになると、もはやそこには日没のファンタスムのようなものしか残りません。それは、教会のステンドグラスのもとでの日没の瞑想が、エッフェル塔の展望台では、あっけらかんとしたスペクタクルとなってしまったのと同じです。このまえ（二〇〇九年三月五日～二三日）のＷＢＣの決勝では、私たちはみごとな「日没」を見たかもしれません。そこにはサスペンスがありドラマがあって、まさに一刻ごとの時間を感じることができました。しかしスタジアムが夕闇に包まれ、そこに照明が灯るのを、私たちはテレビの画面を通して、お昼ごろに、遠いアメリカに見たのです。

いまやジャーナリズムは、新聞やテレビをさえほとんど置いてきぼりにして、インターネットのなかで展開される時代となっています。パソコンによって世界のどこにでも瞬時にメールを送ることができ、自分にとって必要な情報にすぐにもアクセスできるようになっています。しかしそうであればこそ、自分にとって必要な情報とは何か、そしてその情報をどのように探すのかということが、いまほど問われるときもないのです。

3　書物

最後に、書物という、思惟のためのもう一つの空間について語っておきたいと思います。マラルメは、暖炉のそばで冬の夜に読書をすることを、一人だけのコンサートあるいは自分のための特別上演と呼びました。暖炉は劇場の額縁式舞台のようでもあり、そこに燃える火は日没の残り火を想わせます。だからそのそばで本を読むことは、地平線と、劇場と、本という三つの「舞台」を同時に見ることでもあるのです。暖炉がなければ自分の机のランプでもよいのですが、いずれにしても、かつて「洞窟」で焚かれた火の記憶が、少しでも蘇えればよいのです。そしてこのような読書を可能にしてくれるような空間を、マラルメは「書物」と呼んだのでした。「世界においてすべては一冊の書物に到達するために存在している」と彼は言っています。

この空間においては、本を読むというのは、そこから情報を得ることではありません。それはその白いページのうえの黒いインクを追いながら、地平線の光と闇のドラマを読むことです。だから読まれるべき本も、書店の店頭につみ重ねられているハウツウ本ではなく、また聖書やコーランのような聖典とは限らず、いつでも読み返すにたる自分にとっての「古典」であらねばなりません。たとえば博士論文を書くときには、生涯をかけて明らかにしたいと思うようなテーマを見出さねばならないのですが、その対象となるような本は、まさに自分にとっての「古典」となるでしょう。というより、そのようにして選んだ一冊の本を介して、私たちは、私たちの思惟がそこに生きている「書物」という空間を読むことになるのです。

私たちは、ジャーナリズムのなかで考えることに疲れると、夜寝る前などにはむしろ余計なことを考えないために本を開いて、そこにある文を追い、遠くの日没を眺めて眠りに就いたりするものです。そのときに選ぶ本は、必ずしも「古典」とは限らず、好きな作家の小説や、趣味の雑誌かもしれません。しかしそれでもそれらのページは、翼となって私たちの精神を解き放ち、扇となって埋もれ火を掻き立て、私たちにふたたび情熱を見出させてくれるのです。そのとき私たちは、表象でもなくジャーナリズムでもない空間に遊んでいます。おそらくみなさんも、大学にいるあいだにそのようにして「書物」の空間に入り込み、自分のための一冊の本を見出すのであろうと思います。

推薦図書

マラルメ、ステファヌ（一八八九）『ディヴァガシオン』松室三郎・菅野昭正・清水徹・阿部良雄・渡辺守章編、マラルメ全集Ⅱ、筑摩書房、所収。
ハイデッガー、マルチン（一九六一）『プラトンの真理論』木場深定訳、ハイデッガー選集Ⅺ、理想社、所収。
リシャール、ジャン＝ピエール（二〇〇四）『マラルメの想像的宇宙』田中成和訳、水声社。

リオタール、ジャン=フランソワ（一九八六）『ポスト・モダンの条件』小林康夫訳、水声社。

デリダ、ジャック（二〇〇八）『条件なき大学』西山雄二訳、月曜社。

ブルデュー、ピエール（二〇〇九）『パスカル的省祭』加藤晴久訳、藤原書店。

書物逍遥（二〇〇四～二〇一三年 書評）

都立大レジスタンスの記念碑

東京都立大学フランス文学研究室編『フランスを知る――新〈フランス学〉入門』法政大学出版局、二〇〇三年

この書物は六章から構成され（1 フランスとは何か、フランス人とは誰か、2 フランス語という言語、3 文学でたどるフランスの歴史・社会・芸術、4 主義と思想、5 土地・人物・出来事、6 フランスと日本）、それぞれの章にいくつかの小項目がコラムのように挿入されている（「ドイツ占領下のパリで生きた日本人たち」、「サンテ刑務所と大杉栄」、「旧フランス語圏としてのヴェトナム」など）。さらに章の節ごとに簡潔な文献案内が付され、巻末には年表と人名索引がついている。一三人の専門家（「二〇〇一－二〇〇二年の時点における東京都立大学・人文学部仏文研究室スタッフ一三名」）と、四名の協力者（東京都立大学博士課程の学生および卒業生）が、かなり複雑な連携をしながら、それぞれの専門に近いところを担当している。彼らは自由に専門的な論述をしながらも、全体としては互いによく照らし合う文章によって、共同執筆としてはまれな緊張感に貫かれた書物を作り上げるのに成功している。「はじめに」に表明されている彼らの自負はそのままに受け止められるだろう。

幸い、筆者たちが所属する東京都立大学・人文学部仏文科は多くのスタッフを擁し、研究領域は言語、哲学、社会思想に及び、専門とする時代は中世から現代までを隙なくカヴァーしている。現在の日本で、一大学の仏文科として、研究の対象になる分野と時代がこれほど多岐にわたる例は稀であり、そのことにはいくらか自負を抱くことも許されるだろうと考えている。

じっさいこの試みによって、いまの日本におけるフランス文学・語学研究の到達点およびその変容が浮かび上がってくるように思われる。同じ時期に日本フランス語フランス文学会は、『フランス語フランス文学研究文献要覧2001/2002』（日外アソシエーツ、二〇〇四年六月出版）を準備していたけれども、その編集方針の見直し（フランス本国の文学・語学の研究からフランス語圏のそれへのシフト）が、図らずも彼らと同じ方向においてなされていたことを指摘したい。また、ジェンダーの視点からの文学史（「草創期の近代フランス女性思想——サン・シモン派を中心に」）、文学媒体の研究（「メディアの変貌と文学」）、受容の問題（「フランス人が見た日本——異国趣味から知的アプローチへ」）など、この書物で扱われているいくつかのテーマが、『要覧』にも新たな項目として立てられていることにも注目したい。

フランス語フランス文学という研究分野には、昔からの変わらないテーマ（作品・作家研究など）がある一方で、他の分野との境界領域にあるさまざまなテーマが錯綜している。いわゆる「仏文」の研究者が、フランスを対象とした社会学、哲学、政治学、教育学、歴史学、美術史、映画論などの領域に「越境」することもめずらしくない。「グローバリゼーション」のなかで、たとえば固有の文化の擁護やサイバー・スペースでの著作権の問題などを論じる必要が生じており、そのなかで「仏文学者」のアイデンティティーも揺らいでいる。「新〈フランス学〉入門」という副題をもつこの書物の著者たちは、新たな〈学〉としての「フランス学」を立ち上げることでその危機を乗り越えようとしている。

たとえば彼らは、ポストコロニアルな視点から「フランス」を検証しようとする。そのことは彼らに、フランス本国ばかりでなくフランス語圏の世界へと視野を広げることを許す（「フランス『外』のフランス語」、「フランスの『内』なる異言語」）とともに、共和国としてのフランスの批判的な読み直しを迫ることにもなる。つまり共和国のシンボルが何を表象するかよりも、それが何を隠蔽するのに貢献しているかを彼らはむしろ問うことになるのだ。郊外へと大きく広がり、もはやエッフェル塔も求心力をもちえないように見えるパリで、いま人々はどのような苦しみのなかにいるのか。そのような問いから出発する彼らは、アルジェリア戦争、レジスタンス、ドレフュス事件、さらには『レ・ミゼラブル』、『三銃士』などの作品の読み直しをへて大革命へと至る。しかし他方で、始原から大革命までの、ガリア人のフランス、中世、ルネッサンス、絶対王政などの記述にも、その同じ視線がいきわたっている。つまり「自由、平等、博愛」のシンボルたるエッフェル塔のほかに、カトリックのシンボルたるノートルダムの影をも、彼らはいまのパリから見つめ直しているのだ。その意欲は、新たな〈フランス学〉を一冊の「書物」として提示するという、いわばマラルメ的な夢を彼らが共有していることから生まれている。

単なるフランス史、フランス語史、文学史、思想史ではないが、しかし同時にそれらすべてでもありうるような書物、それは夢の書物かもしれないが、本書がいくらかでもそれに近づいているのであれば、筆者たちの望みはかなえられたことになるだろう。（「はじめに」より）

しかしこの夢が、伝統的な韻律法の崩壊のなかで育まれたマラルメのそれのように、「東京都立大学人文学部仏文研究室」が解体されるという危機のなかで生まれたものであることを、われわれは忘れるわけにはいかない。著者たちは、この書物に彼らにとってのフランスなるものを封じ込めようとした。それをひもとくことはしたがって、東京都立大学の「廃墟」に佇むであろう者たちに、かつてそこにあった〈大学〉への思いを解き放たせることになる。そこに封じ込められたメッセージは、そこで焚かれていた「ドクトリンの遺香」（マラルメ『ディヴァガシオン』の前書き）のように立ち昇り、いまの「改革」へのオルタナティヴを構想せよと私たちを誘うだろう。じっさいこの書物は、東京都立大学、とりわけその人文学部が解体されることへの無言の抗議となっている。

長いあいだ東京都立大学においては、フランス語やフランス文化に関して学生たちの巣立ちを助け、ついには彼らにフランスの空を自由に飛ぶことまで許すような、初級から博士課程までの一貫した教育が行なわれていた。日本語が読めるすべての人の心のなかにある「フランス」に新たな息吹を与え、翼をふたたび羽ばたかせるべく仕組まれているこの書物は、そのような伝統がまさに断ち切られようとしているときに生まれている（「仏文科の学生だけを念頭において本書を執筆したわけではない」）。

そこにはたしかに、ポストコロニアル的な混乱のなかにありながらも、いまだにノートルダムやエッフェル塔がシンボルとして機能し、そうであるがゆえに人々がそれらを大切にしているパリという街への、嫉妬に近い感情が隠されている。しかし東京からパリを想うということは、たとえば京都からパリを想うのと必ずしも同じではない。首都としての全体性を保ちうるパリへの憧れは、東京タワーばかりでなく、ノートルダムのファサッドを擬した東京都庁舎にも現れているだろう。その東京都庁からの、大学を社会（というより市場）のニーズに合わせよとの性急かつ無体な声（「象牙の塔」批判）に対して、地道な研究を通してのみ可能となる成果を世に問うことで応えた彼らの、レジスタンスの記念碑がここにあるのだ。日本においていま人文・社会科学のルネッサンスをめざすのであれば、ぜひ参照しなければならない一冊である。

龍谷大学は日本のソルボンヌである

上垣豊編著『市場化する大学と教養教育の危機』洛北出版、二〇〇九年

二〇〇四年の国立大学法人化は国立大学に自治をもたらすどころか、「ガヴァナンス」と「評価」という合言葉のもとで文部科学省のコントロールをさらに強めることになった。またCOEのような競争的研究資金は、国公私立を問わずに、研究のできる大学とそうでない大学という二極化を引き起こしている。小泉内閣による大学改革が日本の高等教育と研究の将来をよりよいものにすると信じた大学人も、いまの大学の現状に満足してはいないだろう。

本書は、龍谷大学と甲南大学の七名のリベラルアーツ系の教員による共同研究の成果であり、大学人がいま何を共有すべきかを教えてくれる。著者たちはいま「学士力」というかたちで復活しつつある教養教育を、新自由主義《ネオリベラリズム》に即した教養教育という意味で「ネオリベラル・アーツ」と呼んでいる。戦後の枠組みが一九九一年の「大綱化」によって崩れ、日本のほとんどの大学では教養課程が解体されるか縮小されるかしたが、それとともに新奇な名称を冠した学部や学科がやたらと増え、学士の学位に付記される専攻の

数も五八〇種にのぼるようになった。そのため、中央教育審議会は二〇〇二年の答申において、マス化した大学教育には専門的な知識の習得よりも社会人としての基礎力の育成が必要だといい、二〇〇八年一二月の答申においても、国が「学士力」について参考指針を提示することなどを求めた。しかしこの本の著者たちによれば、この「学士力」という発想は、使い回しがきいてリストラにもめげない、ポスト・フォーディスムの時代にふさわしい労働者を養成せよという、企業の側からの暗黙の要請に応えたものなのである。

一般教育課程が専門課程のまえにあって、学生に市民社会の一員となるにふさわしい「教養」を身につけさせようとした時代は終わり、大学が生き残りのために学生の確保を優先し、学部や学科の水準が曖昧になり、学位の信用が失われてしまう時代となった。いま日本の多くの大学では、かつての専門課程の教員たち（文学部以外の文系学部ではたいてい社会科学系の教員）の主導のもとに、「学士力」養成のための教養教育の再編が行なわれている。この傾向は、戦後にできた新制国立大学ばかりでなく、遠い昔に専門学校から大学へと昇格し、経営を圧迫するむだは省こうとする私立大学においても顕著である。

この「ネオリベラル・アーツ」の隆盛のなかで、大学人はそれぞれのディシプリンへの「信」ばかりでなく、不同意の共同体としての大学への「信」をも問われている。とりわけ社会科学系の学部で教養科目や語学を担当している人文系の教員は、抵抗勢力の前衛に立たざるをえなくなっている。それは、かつて日本の人文学が、「民主主義的な価値観の教育という大事な役割を社会科学に渡してしまった」（上垣）からである。しかし人文学が真の意味でのリベラルアーツになることは、社会科学にとってもその本来の姿をとり戻すためのチャンスなのである。なぜなら、「社会科学系ディシプリンは、教育水準を保ち学位の質を保証させるためには、人文学を初めとしたリベラル・アーツの助けを借りないといけない」からである。いずれにしても、大切なのはディシプリンの間に新たな関係を築くことであって、大学や学部のなかでたんに争うことではない（「ディシプリンのアリーナを超えて」）。

ところで、文科省は二〇〇九年五月、それまでの大学院重点化政策から一転して、博士課程の定員縮小を全国の国立大学に要請する方針を発表した。「見直しに応じる大学に資金を厚めに配分する仕組みを検討する」という。しかしそれでは、本格的な専門教育や高度な職業教育は大学院にまかせ、学士課程では教養教育を中心に行なうとしたいまの方針はどうなるのだろうか。大学人がともに闘わねばならないのは、このように無定見な政策で大学を翻弄し、高等教育と研究を危機に陥れている文部科学省と政府なのである。

最後に、この本に結実したような試みが、どうして東京ではなくて京都の、しかも国立大学ではなくて私立大学の教員たちによってなされたのかを考えてみなければならない。たとえばフランスでは、二〇〇九年二月以来、その前年の八月に成立した「大学の自由と責任法」の見直しや廃案を求める学生と教職員のストが続いていたが、パリ第四大学（ソルボンヌ）では、サルコジの大学改革に親和的であった前学長は再選されず、改革反対派の学長が選ばれた。だからソルボンヌは六八年のときと同じように、全国の大学運動のシンボルとして機能した。しかし日本においては、東京大学や早稲田大学にそのような役割は期待できない。その総長は、国立大学協会や私立大学連盟の会長の職にあっても、日本の大学全体のために政府や文科省と渡り合うことよりは、自らの大学の世界ランキングに関心があるからである。〈ヨーロッパの大学〉は、日本では古都の私立仏教系大学にかろうじて生き残っている。龍谷大学は日本のソルボンヌである。

ミスティックたちの賭け

大野英士『ユイスマンスとオカルティズム』新評論、二〇一〇年

パリにエッフェル塔が立ち上がったころ、ヴィリエ・ド・リラダンはユイスマンスが紹介した、その塔の近くの教会施療院で死の床に伏せていた。マラルメにとってヴィリエは、ランボーとともにその地方からの〈到来〉によってパリの詩人たちを驚かせた特異な存在である。ランボーはヨーロッパからの〈出奔〉によっても驚かせるが、ヴィリエはパリに留まりながら、「産業、進歩、科学、呼び名はどうであれ、近代のあらゆる思いあがりに対して、死に物狂いの戦い」（マラルメ）を演じることで、彼らを驚かせ続けることになった。戦いに力尽きて斃れたヴィリエとその家族を助けるために、パリ生まれのユイスマンスとマラルメはあらゆる努力を惜しまなかった。

ヴィリエ・ド・リラダン。このブルターニュの古い貴族の末裔は、中世以来のイマジネールな知をパリに蘇らせたのである。マラルメは「魔術」のなかでユイスマンスの『彼方』に触れながら、「空疎で、混迷していて、捉え難い近代」よりも、「孵化の時代」としての中世の方が本質的であると述べている。しかし一九世紀末は、一八世紀に生まれた啓蒙思想やドイツ観念論のような、科学を正当化するための「メタ物語」が崩れる時代でもあった。悪魔主義に溺れるオカルティスト、テロリズムに走るアナーキスト、自由詩を書き始めるサンボリスト、真理のみを求める科学者、正義のみを語る政治家から離れて、真の〈知識人〉でありうるためには、イマジネールな知あるいは文学への「信」が必要なのだった。

オカルティズムが鏡のなかの闇へと人を誘うのに対して、文学は闇のインクによるエクリチュールで作品という象徴的な鏡をつくる。その鏡のなかへは、誰もが、あたかも本の頁を開くように（「ガラス板」を壊すことなく）入り込むことができる。こうして中世以来の文学の伝統は、一九世紀末のフランスにおいて、近代の啓蒙思想やドイツ観念論に代わる「メタ物語」となったのである。

異なる「言語ゲーム」に属する真理と正義を、同じ一つの展望のもとで追求するのが〈西洋文明〉なら（リオタール）、それは「まやかし」（科学を基礎づけたプラトンの哲学そのものは科学的ではない）であるとともに、「神秘」である（科学や民主主義や人権の概念はそこからしか生まれない）。マラルメ、ユイスマンス、そしてゾラのような「ミスティック」は、〈西洋文明〉が崩壊しようとするさなか、「神秘」の可能性に賭けることでそれを崩壊から救った。大野英士の『ユイスマンスとオカルティズム』は、そのような展望をようやくわれわれにも拓いてくれたという意味で画期的である。

フクシマ以後、「知性の解放」ほど求められているものはない

ジャック・ランシエール『無知な教師——知性の解放について』梶田裕・堀容子訳、法政大学出版局、二〇一一年

ジョゼフ・ジャコト（一七七〇―一八四〇）は、王政復古のフランスからオランダ領南ネーデルラントに亡命し、ルーヴェン大学のフランス文学講師となった。オランダ語ができない彼は、フランス語のできない学生たちに『テレマック』というフランスの小説のオランダ語対訳本を与え、原文を暗記するようにと指示した。すると学生たちは、それをみごとに暗記したばかりでなく、まだ教えてもいないフランス語の文法を把握し、作者のフェヌロンばりのフランス語さえ書くようになった。

そのときにジャコトは悟った。知はそれを持つ者から持たない者へと、水が上から下に流れるように伝わるのではなく、もともと平等な知性をもつ人間が、それぞれの知的冒険のなかで独自に獲得するものであるということを。そこから彼が導き出した教育法は驚くべきものだった。「人は自分の知らないことを教えることができ、一家の父は貧しく無知でも解放されていさえすれば、いかなる教師の手助けもなしに自分の子供を教育できる」。「無知な者を解放するには自分自身が解放されていること、すなわち人間精神の本当の力を自覚していることが必要であり、またそれで十分である」。そういう教育法を彼は「普遍的教育」と名づけ、その後も少なからぬ奇跡を起こした。するとそれを広めようとする弟子たちが現れ、うわさはヨーロッパを超えてリオデジャネイロにまで届くようになったという。

このジャコトは十分に論争的だった。知を持つ教師が無知な生徒に知を与えることによって成り立つ「旧式」の教育法ばかりでなく、「知性の平等」をもたらそうとする「新式」の公教育をも「愚鈍化」の教育と呼んで否定した。しかし公教育のイデオローグたちからは無視され、彼の試みを世に普及させようとした弟子たちも、その善意そのものによって師を裏切ってしまうことになる。やがてジャコトの名は忘れられ、ジャック・ランシエールが一五〇年後にこの『無知な教師』を書いて蘇らせるまで、歴史の闇に埋もれていた。

ランシエールはあるインタヴューで、一九八七年にこの本が出版された当時は、ピエール・ブルデューによる教育の不平等についての社会学的分析と、ジャン＝クロード・ミルネールによる共和主義的な公教育のメリットを主張する意見が対立しており、メディアでもその論争がよく取り上げられていたという。ジャコト＝ランシエールの主張はそのいずれにも属さないゆえに、いずれの側からも無視され、それゆえこの本はメディアによって注目されることもなかったそうだ。しかしポルトガル語に翻訳されると、この本は遠いブラジルのスラム街にある学校の教師たちの手にも渡り、彼らによって熱心に読まれるようになった。論争のためにではなく一人一人の人間の「知性の解放」のために書いたこの本は、そのような読まれ方こそふさわしいとランシエールは述べている。

いま日本の大学でフランス語を教えている私は、ジャコトの試みを無視することもできるかもしれない。一八一八年のルーヴェンでのできごとを、そのままいまの日本に敷衍することはできないだろう。ナポレオンの没落後に、オランダの支配のもとで復活したその大学において、学生たちはベルギーの独立を望んでいた。フランス語は彼らにとって、自らの「解放」のために必要だった。それゆえジャコトからいきなり『テレマック』を暗記せよと言われても、彼らはそれをあたかも母語のように吸収することができたのである。いまの日本の学生たちに、彼らのような「独立」への意志があるとは思えない……。

しかし本当にそうだろうか。福島原発事故後の日本において、ジャコト＝ランシエールの語る「知性の解放」ほど求められているものもないのではないか。戦後の日本の教育は「平等」の原則から出発したが、それが目的となってしまったことによって「愚鈍化」の道を歩みはしなかったか。原子炉がメルトダウンしていることを知りながら、ただちに健康への影響はないと言い続けた人たちは、みんな大学出のエリートである。彼らは民衆が放射能を恐れていたまさにそのときに、日本という国家が立ち行かなくなることを恐れていた。たとえ確認されえない知ではあっても、それにアクセスできることがデモクラシーであり、それを支えるためにこそ彼らもいたのではなかったか。大学とは彼らのような「日本ムラ」のエリートや、彼らのもとで働く「コニタリアート」（知識労働者階級）を養成するようなところではなかったのではないか。

教師と学生がさまよい、それぞれの知的冒険のなかで出会う森がある。マラルメがいう、葉かげに沈黙した雷鳴がとどろき、妖精たちがロンドを踊る森である。ランシエールが私たちを誘い込もうとするのも、まさにそのような「円環」だろう。「教師とは、知性が己自身にとって欠くことのできないものとならなければ出られないような任意の円環に、知性を閉じ込める者である」。それは、うかつな者は入り口を見過ごしてしまうような「イデーの花々に照らされた迷路」（マラルメ）であり、『テレマック』のような一冊の書物なのである。

マラルメが『ヴァテック』の再版によってウイリアム・ベックフォードを一九世紀末によみがえらせたように、ランシエールは『無知な教師』によってジョゼフ・ジャコトを二〇世紀末によみがえらせた。ベックフォードと同じように、ジャコトもまた「革命」を身体で知っていた人物である。そのメッセージがようやくいまの日本に届いた。訳者たちの努力に感謝したい。

神話は相対化され、強化される

ゴードン・ミラン『マラルメの火曜会――神話と現実』柏倉康夫訳、行路社、二〇一二年

ゴードン・ミランをはじめとするイギリスの研究者たちの、マラルメ研究への貢献はきわめて大きい。そこには、マラルメをオックスフォード大学やケンブリッジ大学での講演に招き、ドレフュス事件のさなかにゾラをかくまった、イギリスという国の「文学」の伝統が生きている。しかしその伝統は、英仏海峡をへだて、言語を異にすることで可能となるものかもしれず、ときにイギリスのアカデミズムの保守性と

見分けがつかなくなる。この本に見られる、文献に現れたことしか事実として認めない「文献実証主義」も、その一例かもしれない。

ミランによれば、マラルメの火曜会がアンドレ・ジッド、ピエール・ルイス、ポール・ヴァレリーらによって公に語られるようになるのは一九二〇年以降のことである。第一次世界大戦が終わった後に、それはあたかもベル・エポックの一挿話のように語られた。ヴァレリーらの世代は、自らの文学的な正当・正統性（未曾有の戦争によって揺らいだヨーロッパのアイデンティティーと言ってもよい）を回復するためにも、それについて語らねばならなかった。

そういう意味で「マラルメの火曜会」は初めから「神話」であった。だが「神話と現実」という副題がついた本書において、この神話が解体されることはない。たしかに火曜会が一八八四年の春ごろから本格的に始まり、出席者の顔ぶれを変えながらも一八九八年四月まで続いたことが示されることで、「神話」は相対化される（ヴァレリーらが火曜会に参加するのは一八九〇年以降のことにすぎない）。しかしそのようにして相対化されることで、むしろそれは文献調査による裏づけを得たかのように信憑性を増すのである。

マラルメは一八七〇年代の初めに地方からパリに戻ってきた。当初はボードレールが見出した「モデルニテ」をロンドン万国博覧会や女性のモードに追いかけていたが、一八七九年に息子のアナトールを病気で失ってからはひたすら内向し、一八八四年にヴェルレーヌの『呪われた詩人たち』とユイスマンスの『さかしま』が出版されるころには、すっかり「密室の詩人」となっている。ところがまさにそのころに、ローマ街のはずれにあるその粗末なアパルトマンには、若い世代の詩人たちが火曜日の夜に訪れるようになるのである。ジョゼ＝マリア・ド・エレディアやルコント・ド・リールも自宅で毎週サロンを催していた。しかしマラルメの火曜会は、サンボリスト、デカダン、パルナシアンのほか、画家や音楽家もいるその多彩さにおいて際立っていた。

マラルメはそのうちに火曜会を自らの言葉のパフォーマンスの「舞台」とみなすようになる。まるでケルト時代のドルイド僧か、デリダの「条件なき大学」の未来の教師のように語ったのかもしれない。まやかしだと言って批判するアドルフ・レテのような詩人もいれば、すっかり魅了されてしまうヴァレリーのような詩人もいた。確かなのは、アンリ・ド・レニエの次のような証言だろう。「結局、なにものもマラルメの家での夕べに代わるものはなかった。家の主人の優雅で完璧な存在を別にしても、そこでは知的な仲間たちと出会う機会があった」。大革命以後、大学というものがなかった当時のフランスにおいて、マラルメの火曜会は、ユニークな教師による「ゼミナール」のようなものとして機能した。

一八九四年にドレフュス事件が起こると、ヴァレリー、ジッド、ルイス、ド・レニエらはこぞって反ドレフュス派となる。マラルメは事件をめぐる対立がもっとも激しいものとなる一八九八年に亡くなるが、旧友のゾラにはその勇気を称える電報を送っている。もとより火曜会には、『裁判の真実』を書いたベルナール・ラザールや、雑誌『白色評論《ルビュ・ブランシュ》』編集長のフェリックス・フェネオンのような生粋のドレフュス派も出入りしていた。またマラルメは文学を信じることにおいて、ゾラ、ペギー、プルーストらと並ぶ「ミスティック」であった。しかしそのようなマラルメのドレフュス派としての側面は、ヴァレリーらの証言からも、そしてミランの記述からも窺えない。ミランはむしろ、マラルメがユダヤ人への反感を語ったとするアンリ・ド・レニエの証言のみを採り上げている。

ヴァレリーはドレフュス事件については沈黙する。彼の語る「神話」が隠蔽するのは、彼自身の正当化しえない過去なのである。とはいえヴァレリーは、マラルメの火曜会に第三共和政をも超えるような「文学の共和国」を見ていたのかもしれない。そしてその「神話」にどっぷり浸かっていたゆえに、ドレフュス事件のときに反ドレフュス派となったのかもしれない。しかしそうであるなら、ミランは火曜会の出席者の証言ばかりでなく、テクストを介してマラルメと向き合うことでヴァレリーらの語る「神話」から抜けだそうとした、サルトル、ブランショ、リシャール、フーコー、デリダ、ブルデュー、ランシエール、バディウらも常連となるような、「イマジネールな火曜会」についても語るべきだったろう。

マラルメの火曜会が長く続いたのは、そのサロンの暖炉の炉床にいつも地平線の日没の残り火が点っていたからである。そしてその火は、われわれがマラルメを読むときの机のランプにも点っている。彼はイギリスでの講演（「音楽と文芸」）で、文学なるものが存在するのかと問い、それのみが存在すると答えている。このような文学への信は、その強度において、自らを正当化するための神話化の試みばかりでなく、その試みと親和的な文学研究をも無効にする。私にはこのミランの著作よりも、近ごろ日本で出版された、佐々木滋子による『祝祭としての文学――マラルメと第三共和制』（水声社、二〇一二年）や永倉千夏子の『〈彼女〉という場所――もうひとつのマラルメ伝』（同）の方が、よほどマラルメの真実に肉迫しているように思える。彼女たちにおいては、文学への「信」を保ち続けるための孤独、そしてそれを壊さない他者との親密な関係が問題なのである。

制度としての大学への批判的・歴史的そして知的なアプローチ

西山雄二編『人文学と制度』未來社、二〇一三年

大学間競争が煽られるなかで、大学そのものを擁護することは主要な争点とはなりづらくなっている。大学について語ろうとすれば、その裏にひそむ闇（教員採用における不公正、政治活動と知的活動の混同、公的資金の奪い合いなど）についても語らねばならない。それは自らへの攻撃となりかねないし、大学の批判的・革新的役割を否定する人々に利するだけかもしれない。しかしそれでも、ディシプリン（専門分野）のあいだにある不平等な力関係、教員のハビトゥス、そしてそれゆえの制度的・政治的な選択をまえにしたときの異なる態度を、大学人は自ら分析しなければならない。フクシマ以後それは諸科学の前提でさえあるだろう。

文科省科学研究費助成事業（基盤研究B）による共同研究の成果として出版された本書においては、外国からの参加者も含めた二六名のメンバーがさまざまな角度から二一世紀の人文学を論じている。それらは互いに照らし合いながら、「大学」というきわめて多様なかたちで語られねばならない知の制度を浮かび上がらせている。

いまや大学は国によっても庇護されず、その経営の自立は資本への隷属をしか意味しない。自らの同一性あるいは知性にあぐらをかいている大学人は、その「経営」に手を貸すのでなければ、ノスタルジーに彩られた繰り言によってしか「改革」に抵抗できない。しかしこの本の著者たちは、へつらうことも大上段に構えることもなく、制度としての大学への批判的・歴史的そして知的なアプローチを繰り広げている。

日本には移植しがたいような他国の美点には幻想をいだかず、象牙の塔や退職まぎわの諦念に引きこもることもなく、大学人および人文学を学ぶ者に必要な武器と霊感を与えようとしている。

彼らはこの本を成すために、さまざまな出会いの場を創り、ヒエラルキーや分断を乗り越える試みを提供し、大学における支配的な拠点やアカデミックな伝統がもたらすネガティヴな効果を緩和しようとしてきた。それは大学および人文学にあらたな知的達成への道を拓いたばかりでなく、日本における人文学がいまだに豊かな活力と資源を秘めていることを証明した。なによりも、大学固有の価値を擁護することでいまとは異なるアカデミックな世界を創ることが可能であることを示した功績は大きい。

しかしそれでもなお、全体の印象として「批判」が先鋭化してこないというもどかしさが残る。これはこの本をまとめた西山雄二氏の個性だろうか。それとも本書のなかでアレクサンダー・ガルシア・デュットマンがいう「婉曲語法」のせいだろうか。いずれにしても、公費による研究で大学改革を批判するには、なんらかの「婉曲」な物言いが必要とされることはたしかである（さもないと課題として採択されることはない）。

もとより人文学にかかわる多くの大学人は、自分たちの研究はそれ自体の面白さを超えたところでは何の役にも立たないと思い込んでしまっている（「職業専門化」の「婉曲語法」にからめとられてしまっている）。しかし反制度としての人文学ばかりでなく、制度としての人文学をも視野に収めて語ろうとしている彼らは、そのようなハビトゥスからは自由であるはずだ（あとがきには「人文学の命脈を保つための新たな制度を構想し実践する」とある）。そういう彼らなら、文科省に対しても批判的提言をなすことができるのではないのか。そしてじつは文科省もそれをこそ期待しているのではないか。

じっさい文科省は、規制緩和とコントロールを同時に行なおうとする新自由主義に特有のジレンマに囚われ、身動きがとれないでいる。怖いのはこのような状況を施政者たちが（数の）力でもって突破しようとすることだ。そういう事態を避けるためにも、研究者はアイデアを用意しておかねばならない。たとえば文系・人文科学系のディシプリンを告発している「職業専門化」のロジックについては、何らかの統一した意見の表明がなされてもよかったのではないか。日本の多くの大学では、学生を職業に応じて育成することが「就活」に強い大学を創ることのようにみなされ、「一般教育」が縮小されている。しかし企業が将来の需要を正確に予測することができないというのに、どうして教育をその需要に合わせることができるだろうか。いまのように「柔軟な転職」が求められる状況にあっては、むしろ「一般教育」の方が市場の変動に「フレクシブル」に適応するのである。また「コンピテンシー」のふるいにかければ、外国語教育においてはコミュニケーションが大事ということになり、文化や文学までは学ばなくともよいとされる。しかし真の意味で「職業専門的」に外国語を使いこなすのであれば、そのような知識は不可欠なものとなる。いま必要なのは「一般教育」の縮小ではなく、その再定義なのである。

もうひとつ、リベラルアーツ、人文学、人文諸科学の関係を歴史的・横断的に捉えようとするのなら、初等・中等教育についても踏みこんだ提言を行なうことをためらうべきではなかったろう。

これまで日本の学校教育は、文科省（文部省）によってつねに「世界の外」に置かれてきた（クリスチャン・ガラン(1)）。一九八〇年代後半以降の自由化と規制緩和の政策も、それを「世界の内」へと導くも

（1）クリスチャン・ガラン「学校は実社会に貢献すべきなのか？――日本の教育制度に関する考察」、『社会学雑誌』第三〇号、二〇一三年、二一一―二三八頁参照。

のではなかった。そしていまや、その自由化政策によって混乱してしまった教育を統制するために、「愛国心の涵養」や道徳教育や英語教育の小学校への導入が語られるようになっている。

しかしそれこそが世界のなかにある「差異」への対応を阻んでいるのである。中国人や韓国人の子どもが教室にいるときに、教員は「愛国心」をどう教え、「尖閣」や「竹島」についてどう語ればよいのか。いじめ、体罰、食物アレルギー（給食問題）への対応は、文科省に任せておけるのか。かといって民間や地方にできることなのか。もとより大学人は、初等・中等教育のカリキュラム作成や教員養成に関わり、大学の入試問題を作ることで学校システムの全体を支配している。いまある制度への批判と新たな制度に向けた提言を、今後の彼らに期待することにしよう。

書物という爆弾　一八九〇年代、ドレフュス派としてのマラルメ

1　松浦寿輝と折口信夫

ステファヌ・マラルメ（一八四二―一八九八）の名が日本に伝えられたのは、上田敏が一八九六年にヴェルレーヌの死を報じた文のなかで、ヴェルレーヌの友人としてヴィリエ・ド・リラダンとマラルメを挙げたときである。(1) しかしその思想はいまだに日本に定着したとは思われない。その理由はいくつかあるが、日本とフランスの間にジャーナリスティックな「断絶」があることもそのひとつである。フランスでは一九世紀末から二〇世紀初頭にかけてドレフュス事件が起きており、それを通して個人の権利が国家に優先するという共和国の理念が確認された。一方同時期の日本では、一九一〇年に大逆事件が起こり、国家理由のためには個人はいとも簡単に犠牲にされるという、明治後期以降の天皇制の理念が確認されてい

（1）上田敏「ポール・ヴェルレーヌ」、『帝国文学』一八九六年三月。

る。そのような違いがあるなかで、一九世紀末のパリのジャーナリズムに深く根を降ろしたマラルメの散文が、すんなりと日本に移植されるはずもなかったのである。

　そのようなジャーナリスティックな「断絶」はいまでも存在している。たとえば滞在許可証をもたない外国人の処遇や、ヨーロッパ統合をめぐるフランスでの議論、あるいは第一次大戦の塹壕戦で上官の命令を拒んで銃殺された兵士たちの名誉回復をめぐる議論などは、日本のメディアを追いかけているだけではわからない。たとえ類い稀な知性であっても、フランスの新聞を毎日つぶさに読んでいるのでなければ、日本とフランスを自由に横断できるものではない。エッフェル塔や折口信夫を自在に論じる松浦寿輝にしても、その「断絶」を敢えて跳び越すときの苦しさを次のような言葉で告白している。

> それにしても、一九九三年八月、まったく別の主題をめぐる資料調査のためにフランスのブルゴーニュ地方を旅行しながら、暇を見つけては『死者の書』を読み返していたあの時間の、異様な非現実感が今さらながら思い出されてならない。湖沼や森が点在するモラヴィア一帯の中央に位置する小さな美しい宝石のような町シャトー＝シノンの安ホテルのベッドに寝ころんで、暑さにうだりながら「国文学の発生」を読んでいたあの盛夏の午後の、何か人目をはばかる倒錯にでも耽っているような苛立ちともどかしさが、今なまなましく蘇ってくる。「まれびと」の「まれ」とは、「うつろ」の「うつ」とは、あの非現実感のことだったのではないだろうか。（2）

書物は本来どこに居ても読まれうるはずだが、折口信夫をフランスの片田舎の安ホテルの一室で読むことが、ここでは「異様な非現実感」を生み出す体験として語られている。そこの「ベッドに寝ころんで、暑さにうだりながら」折口を読むのでなければ、「折口の言葉の不快さの裏面に潜む甘美な魅惑」も見出されることはなかった。窓を閉ざした旅先のホテルの部屋というのは、ジャーナリズムを排除した純粋な文学の空間であり、そこには日本の新聞やフランスの新聞の雑音は届かない。だからこそそこには「「まれびと」が他界に遠ざかってゆく跫音」も響くのである。松浦にとっては、折口信夫を読むためにそのような設定がどうしても必要であった。日本とフランスの間にジャーナリスティックな断絶があるからこそ、敢えて折口をフランスで読むのである。

　ところで松浦は、フランスで折口を読むという設定そのものによって、大正以降の日本のフランス象徴詩研究が囚われていた「非現実感」を表すことにも成功している。日本でマラルメを読むということは、フランスで折口を読むのと同じくらい「非現実的」なことであった。もしそうでなければ、たとえば学徒出陣をまぢかに控えた学生たちに、平然と『牧神の午後』を講釈する鈴木信太郎のような人間がいたはずはない。彼がマラルメの詩篇をひとり仕事部屋で翻訳しているとき、「何か人目をはばかる倒錯にでも耽っているような苛立ちともどかしさ」を感じなかったとしたら、どのような怪物であろうか。ジャーナリズムなどというあやふやなものから離れて、テクストなるものにじかに接することのできる喜びは、裏返せば、「アンテレクチュエル（知識人）」としては振る舞えない大学教師の、社会に対する後ろめたさにほかならない。もちろん松浦はそのことも自覚していて、右の引用の少し前には次のように書いている。

（2）松浦寿輝『折口信夫論』太田出版、一九九五年、後書き、二〇九頁。傍点は原文。

それにしても本書の全体が、政治批判としては結局いかにも甘い文章で終わっていることは否めない。たぶんそれは、ここでの言葉の一切が、終始、不快と快楽とが紙一重で反転可能となるようなトポスをめぐって紡ぎ出されているからだろう。浅田彰氏のような近代主義者がぶっきらぼうに口にする「不快なものは、潰す」といった凶暴な断言を頼もしくは思いながらも、ふと折口みたいな文章が書けたらと夢見てしまう心の弱さというものは、「常世」もへったくれもない二〇世紀末の日本において、凡庸な悲劇というべきか、笑えぬ喜劇というべきか。

明治後期以降の天皇制は、折口が探ったその初源の姿からみれば、ナショナリズムという西欧のイデオロギーを日本的に変形したものにすぎない。それゆえ折口の仕事は、見せかけのヴェールを剝いでみれば、明治後期以降の官僚的天皇制に対するラディカルな批判となりうるものだった。それはもしかしたら、幸徳秋水や片山潜の、アナーキズムやコミュニズムといった西欧のイデオロギーによる批判と比べてみても、よりラディカルなものであったかもしれない。しかし問題は、天皇制を批判することではなく、言論の自由や個人の権利が権力によって抑圧されたときに、そのことの非を一人の人間として訴えることができたかどうかということなのだ。それができなければ、文学はそのような思いを韜晦して語るための芸と化してしまうことだろう。権力を批判して殺された人たちを顕揚しないで、彼らを見殺しにした心の疚しさを語ることが文学として顕揚されるとしたら、それは倒錯であると言わねばならない。まして言論の自由が保障されている「「常世」もへったくれもない二〇世紀末の日本」において、敢えて折口的な戦略にこだわるとしたら、それはまさしく倒錯なのではないか。「凡庸な悲劇というべきか」、文学はいまやそのような倒錯のなかにしか残されていないようなのである。

しかし浅田彰を「近代主義者」と呼ぶ松浦寿輝は、彼自身もまた根っからの近代主義者であると言ってよい。「折口みたいな文章が書けたらと夢見てしまう心の弱さ」と彼が書くとき、それは折口を乗り越えようとする意志のはじらいに満ちた表現にすぎない。もとより彼にとって、折口とは布のようにまとわりつく気味の悪いテクストであり、また乗り越えると言えばそれが近代の紋切り型にもなってしまうので、彼はむしろそれに寄り添い、その向こうにすり抜ける戦略を採るのである。自らの強い意志を語るにしても、彼には次のような語り口しかありえない。

> しかし、恐らく第三の途があるのではないだろうか。それは、ふと折口みたいな文章が書けたらと夢見てしまう心の弱さを自分の中で力まかせに抑圧してしまうことをせず、それと徹底的に対話しながら、また、折口の言葉の不快さの裏面に潜む甘美な魅惑にも十分以上に素肌をさらしながら、いわば折口の言葉そのものの中で折口から遠ざかろうと努めることである。これが、下手をすると折口の掌の上で踊っているだけの結果に終わりかねないやばい行きかたであることは言を俟たない。しかし、ともあれ本書は、単に折口を棄てるのではなく、またメタ水準の言説で折口を組織し直すのでもなく、折口そのものの内部で、折口の言葉そのものに十分に語らせつつ、しかも折口から無限に遠ざかろうとする試みとして執筆されたのだ。他界から近寄ってくる跫音に耳を澄ますのではなく、逆に「まれびと」が他界に遠ざかってゆく跫音を筆者は聞きたいと願い、それをたしかに鼓膜で捉えることがで

きたと信じているのだが、読まれた方々はどうお考えになるだろうか。[3]

彼の『折口信夫論』を読んで、私は折口信夫（一八八七－一九五三）という詩人がマラルメとよく似ていると思った。折口に詩歌への言語学的関心や『古代研究』があるように、マラルメにも『古代の神々』や『英単語』という著作がある。二人とも教師でありながら詩人であり、そのまわりに若い崇拝者たちが秘教的なサークルを形成していた。さらに二人とも伝統的韻律というものに忠実であった。『エロディアードの婚礼』で描かれる処女エロディアードとヨハネの首の婚姻の儀式は、『大嘗祭の本義』や『水の女』に描かれる天皇の象徴的な婚姻の儀式と比較されねばならない。しかしそれでも、私は折口信夫とマラルメの間に決定的な違いがあると思う。それはマラルメが晩年にドレフュス事件を経験したのに対して、折口信夫の場合にはそのような政治的事件がついに起こらなかったということだ。師匠の寵を争うだけの弟子たちの間に、ドレフュス事件の折のような政治的な葛藤は生じなかった。それゆえ折口も、その政治的立場を問われることはなかった。松浦はそのような折口のサークルの限界を示すために、「折口の言葉そのもの」の中で折口から遠ざかろうと努める」独自のパフォーマンスを行なったのであるが、そのためには日本とフランスを隔てるジャーナリスティックな断絶をむりやり跳び越える必要があった。私はむしろ、ドレフュス事件という「断絶」そのものを語ることで、その断絶の両側に広がる相いれない「説話論的磁場」としての日本とフランスを際立たせてみたい。

2　マラルメと第三共和政

一八九〇年代のフランスがいまの日本と似たような状況にあったことは、当時起こったパナマ運河事件やアナーキストによるテロ事件、さらにドレフュス事件を通してみるとよく分かる。エッフェル塔が建てられた一八八九年の万国博覧会のころは、パリもバブルがはじける前の東京のように浮かれていた。しかし九〇年代に入ると共和制の機能不全が少しずつ露見する。九二年にはパナマ運河事件によって政治家や銀行の腐敗が明らかになるし、九四年にはアナーキストによる爆弾テロが頻発する。繁栄のなかで孤立し、絶望的な理想主義に追いやられたアナーキストたちの姿は、一九九五年三月、地下鉄にサリンを撒いたオウム真理教の幹部たちとも重なるのである。その一八九四年には、さらに陸軍大尉アルフレッド・ドレフュスがスパイのかどで逮捕されている。ドイツに軍事機密を売る者が軍の内部にいたというのもさることながら、参謀本部や政治家が結託して真犯人を隠し、ユダヤ人ドレフュスに罪を押しつけようとしていたことはスキャンダラスであった。政治家、軍人、官僚がそろって信頼を失うに至ったこのような状況は、今日の日本と似ていると言えなくもない。しかし大きく違うのは、このときにドレフュスを救出するために「アンテレクチュエル」が立ち上がったことである。まずベルナール・ラザールという詩人が声を上げ、それがエミール・ゾラを動かして『私は弾劾する』と題された共和国大統領宛の公開書簡を書かせた。この書簡が一八九八年一月にオロール紙に発表されると、有名無名の多くの「知識人《アンテレクチュエル》」がドレフュス擁護

（3）同書、二〇八頁。傍点は原文。

の署名運動を展開したため、それに反発する「反ドレフュス派」の世論が沸騰することになった。以降、ドレフュス派と反ドレフュス派による言論の市街戦が繰り返され、それは紆余曲折を経て一九〇六年にドレフュスの無罪が確定し、名誉回復がなされるときまで続くことになる。そしてこのようにして確認されたドレフュス派の勝利は、フランスの共和国としてのアイデンティティーを回復するのに役立ち、二〇世紀の初頭にファシズムに押し流されることからこの国を救ったのであった。一九九八年一月一三日にシラク大統領（当時）はソルボンヌやパンテオンで『私は弾劾する』の一〇〇年祭を盛大に執り行なわせたけれども、それはドレフュス派の勝利が現在の第五共和政にとっても大きな意味を持っていることを示していた。

ところでマラルメにとって、一八七一年の第三共和政の成立はどのような事件であったのだろうか。それまで地方のリセ（高校）で英語教師をしていた彼は、その成立とともにパリのリセに赴任し、『最新流行』という女性向けの雑誌を自ら執筆・編集・出版するなど、新たな企画をつぎつぎにこなし始める。しかし七九年に息子アナトールが九歳で病死したあとは、第三共和政に詩人の場所がないことを嘆くようになる。一八八五年のヴィクトル・ユゴーの国葬は、彼にとっては詩人が社会的な機能を失ったことの象徴となった。詩人とは彼にとって、日ごろ投票用紙という一枚の紙切れに還元されている市民一人一人の〈神性〉を、ポエジーの力によって解放する者のことである。しかし伝統的な韻律法の崩壊によって、詩人はその能力を失い、国家もまた詩人にかつてのような待遇を約束しなくなった。ユゴーがアレクサンドラン（一二音綴）をすみずみまで鳴らして国民を感動させていた時代はとっくの昔で、九〇年代に入ると、詩人たちはますます個人的な韻律を「自由詩」のなかに追求するようになる。マラルメは文学史的には前代末聞のそのような事態を、「詩句の危機」と呼んだのである。

3　パナマ運河事件

一八九七年に出版されたマラルメの唯一の散文集『ディヴァガシオン』（このタイトルには妄言、氾濫、彷徨などの意味がある）には、そのようにして共和制の社会からはぐれてしまった詩人の、恨みとも諦めともつかない想いが溢れている。しかしそこには、この時代をいわば外から眺めざるをえなくなった詩人の、クリティカルで無償な視線もまた光っている（▼次章参照）。それは九二年のパナマ運河事件についての散文（「黄金」）においてもそうだった。

この事件の真の被害者は、パナマ運河会社を興したフェルディナン・レセップスと、その巧みな口上に乗って宝くじ付き債券を買った庶民とであろう。スエズ運河の建設（一八五九－一八六九）を成功させて国民的英雄となっていたレセップスは、周りから担がれて太平洋と大西洋を結ぶ壮大な夢にもう一度挑戦した。しかし見通しの甘さや相次ぐ事故のために工事は遅れ、資金も尽きて、パナマ運河会社は倒産の危機に陥ってしまう。会社は宝くじ付き債券の発行を考えたが、その承認を議会から得るために多額の工作資金を政界にばらまいたため、それが新聞によって暴露されてスキャンダルとなったのである。背後には、バブルの投機熱も冷却していたそのころ、運河会社の弱みに付け込んで法外な仲介手数料を要求し、会社を無謀な事業に深入りさせていた銀行の存在があったと言われる。しかし逮捕されたのはレセップス親子だけで、収賄を行なった政治家や銀行家の罪は問われることがなかった。レセップスの人望に惹かれて出資した人たちは、大方は一株から五株までの小口投資家であったが、彼らもまた苦い失望を味わった。(4)

マラルメはこの事件でレセップスを非難するより、レセップスが叶えられなかった大衆の黄金への憧れを文学によって回収しようともくろんでいる。悪いのは国民の犠牲（労働）に報いるための「盛儀」を行なわない国家なのであって、レセップスは国家が担うべき役割を個人で背負って失敗した老残の英雄なのである。もちろん詩人は、レセップスのように金を集めて運河を掘るのではなく、言葉というメタフォールの黄金を書物のなかにちりばめるだけであるが、ユゴーやレセップスのような国民的英雄にはなれない九〇年代の詩人の負け惜しみを、マラルメは一ページたらずの短い散文に凝縮したのだった。群衆が金よりもメタフォールの黄金を好むかどうかはわからないし、未完のままに終わった彼の『エロディアードの婚礼』が、大西洋の彼方に消えた何十億フランの金の日没よりも美しく輝くかどうかは、誰にもわからなかったけれども。

当時新聞というメディアは、この疑獄事件を一つのスペクタクルとしてみごとに群衆のために上演してみせた。しかし群衆の不満はそれを見ることで発散するどころかさらに深まり、結果的にはアナーキストの爆弾テロや反ユダヤ主義の高まりをもたらすことになった。文学はそれをいまだに書物に回収できずにいた。もとよりパリの詩人たちは、そのような社会的野心は失ってしまっていて、パリを離れて田舎に帰るのでなければ、アルベール・オリエ、レミ・ド・グールモン、シャルル・ヴァニエ、メーテルリンクなどのように、右翼反動思想に傾く者も多かった。ジョゼ＝マリア・ド・エレディアやゴンクール兄弟のサロンはそのような詩人を多く集めていたが、マラルメの火曜会に出入りしていた詩人たちのなかには、むしろアナーキストが多かった。

4　アナーキズムと詩人たち

一八九三年一二月にはオーギュスト・ヴァイヤンによるブルボン宮爆破事件が起きる。ブルボン宮というのは国民議会のあるところで、議場で爆発した爆弾によって議員や傍聴者などに八〇人あまりの重軽傷者が出た。逮捕されたヴァイヤンの弁護を引き受けたのは、マラルメとも手紙のやりとりがあり、のちにドレフュス派の弁護士として活躍するジャン・アジャルベールである。しかし翌九四年一月には死刑判決が下され、ヴァイヤンは二月に処刑される。殺人以外の罪で死刑が執行されたのは一九世紀に入ってから初めてのことであったため、ヴァイヤンはアナーキズムという神なき時代の宗教に殉じた聖者として、アナーキストたちから崇められることになった。さらに「極悪法」と呼ばれる一連のアナーキスト弾圧法案が議会を通過すると、当局はいっせいに活動家の検挙に乗り出した。九四年八月六日には「三〇人裁判」が行なわれ、ジャン・グラーヴ、セバスチアン・フォールなどのアナーキストのほか、のちに『白色《ルビュ・ブ》評論《ランシュ》』の編集長となってこの雑誌をドレフュス派の牙城へと導く美術批評家フェリックス・フェネオンも被告となった。当時五二歳のマラルメは、一九歳年下のこの友人の弁護のために証言台に立ったのである。(5)

当時のフランスには二種類のアナーキストがいた。一方にグラーヴやフォールなど、政治的な理念としてのアナーキズムを信じる生粋のアナーキストたち。彼らはのちのドレフュス事件の戦いにはむしろ遅れ

（4）立仙順朗「パナマ事件とマラルメ銀行」、『ユリイカ臨時増刊　総特集 ステファヌ・マラルメ』一九八六年九月、一一〇－一一七頁参照。

（5）川瀬武夫「マラルメとアナーキズム」、前掲『ユリイカ』一二八－一五三頁参照。

て参加するが、それは彼らにとって当初この事件が、ブルジョワの内輪揉めのように見えたからであった。争点が罪のない人間を犠牲にして生きのびる軍や国家権力にあることが明らかになったとき、彼らもまた積極的にドレフュス派として参戦した。そして他方には、ラザール、フェネオン、オクターヴ・ミルボー、ロラン・タイラッドなどの、マラルメとも近しいサンボリスト系のアナーキストたち。彼らはユートピア思想としてのアナーキズムに惹かれており、その実現が不可能とわかるや、たちまち共和主義の理念にたち戻ることのできるフットワークの軽い連中だった。ドレフュス擁護の運動を積極的に推進したのはむしろ彼らである。

ところでマラルメのアナーキズムは、「文学以上に有効な武器はない」というその言葉にも示されるように、直接行動をともなわない精神的なものだった。つまりレセップスの夢を書物のなかで実現しようと試みたのと同様に、書物という爆弾を社会に対して仕掛けようとしただけなのである。アナーキストたちが「文学」を放棄して直接行動に走ったのに対して、マラルメは最後までその力を信じており、ポエジーさえあれば世界は救われるとオプティミスティックに信じていた。しかしポエジーが不可能となればそれに殉じて死ぬほかはない、徹底した文学至上主義者でもあった。彼がヴィリエ・ド・リラダンのような王党派やヴェルレーヌのようなコミューヌ派とも親しく付き合えたのは、彼らにも文学に対するそのような信仰があったからである。その書簡集に見られる極右から極左までの交際の広さは、そこに「文学の共和国」がたしかに存在したことを示している。

しかし一八九〇年代も後半になると、その文学の「共和国」にもひびが入ってしまうのである。マラルメは、たとえば決闘する両人が共に友人であるため、そのどちらにも気を使うようなはめになった。アンリ・ド・レニエとロベール・ド・モンテスキュー、カチュール・マンデスとフランシス・ヴィエレ＝グリファンの決闘がそうである。後者の場合は、ジャーナリストのジュール・ユレのインタヴューに応えたマラルメの発言の一部を、マンデスが裏で勝手に操作して変更させたとヴィエレ＝グリファンが書いたため、マンデスが申し込んだものだった。つまりマラルメは、自分が二人の友人の決闘の口実になるという居たたまれぬ思いさえするようになっていたのである。そうしたなかでドレフュス事件は、さらに修復不可能な断絶を文学の共和国にもたらした。反ドレフュス派となるアンリ・ド・レニエやポール・ヴァレリーなども、それまではアナーキズムに傾斜した詩人たちとともに、ローマ街のマラルメの自宅で開かれる火曜会に集っていたのだが、一八九八年一月にゾラの『私は弾劾する』が発表されるころには、そのようなことはなくなった。火曜会はドレフュス事件とともに事実上崩壊し、マラルメもそのさなかに亡くなることになる。

5　ドレフュス事件とマラルメ

マラルメの古くからの友人たちは、ゾラを除いてほとんどが反ドレフュス派となっている。フランソワ・コペー、エレディア、レオン・ディエルクス、フレデリック・ミストラルばかりでなく、日ごろ親しかったドガやルノワール、あるいはかつてはもっとも親しい友人であったアンリ・カザリスなども、反ドレフュス主義者となった。一方でマラルメの若い友人たちは、ヴァレリー、アンリ・ド・レニエ、ピエール・ルイスなどを除いて、多くはドレフュス派となっている。先に述べたように、ドレフュス派の形成には、オクターヴ・ミルボー、ポール・アダン、フランシス・ヴィエレ＝グリファン、フェリックス・フェネオン、ロラン・タイラッドなどの、アナーキズムの近くにいたサンボリストたちが大きく貢献したのである。マラルメは両派の対立が火曜会に及ぶのを嫌い、一八九八年五月にはフォンテヌブローの森近くのヴァルヴァンの隠れ家にこもってしまう。咽頭痙攣の発作でマラルメが死ぬのはその四か月後のことである。

しかしパリから離れたことは、マラルメがドレフュス事件から逃れたことを意味しない。それどころか、ヴァルヴァンというパリから少し離れた土地から、彼なりの「アンガジュマン」を果そうとしたのだった。それは基本的にはゾラを支持するドレフュス派としてのアンガジュマンであった。まず第一に、マラルメはドレフュス派の署名運動には加わらなかったけれども、ゾラに対して個人的にはっきりと支持を表明している。ゾラに有罪判決が下ったその日に、ゾラにその勇気を称える電報を打っている。またアルベール・モッケルが若い詩人たちの賛辞を集めたアルバムをゾラに手渡そうとしたときにも、マラルメはモッケルに付き添っていた。第二に、ヴァルヴァンという土地は必ずしも中立的な土地ではなかった。近くに『白色評論』のオーナー、ナタンソン兄弟の大きな敷地があって、ドレフュス派の連中もよく来ていたし、マラルメもパリにいる娘と妻にあてた手紙に書いているように、サモワという近くの村には、ドレフュスとゾラの弁護を務めたフェルナン・ラボリの家もあった。マラルメが九月の初めにヴァルヴァンで死んだとき、ピエール・ルイスはヴァレリーに、ドレフュス事件について語るのがいやだから葬儀には行かないと述べているけれども、ルイスはこの土地そのものを嫌っていたかのようである。そして第三に、マラルメがヴァルヴァンで完成させようと試みていた『エロディアードの婚礼』という作品を挙げることができる。これは、彼が三五年前に書いた『エロディアード、舞台』を、聖史劇（ミステール）として完結させせようとしたものであるが、そこにマラルメの文学的遺言を読みとることができる。

6　『エロディアードの婚礼』、聖史劇

この詩劇にはエロディアードとその乳母、ヨハネの首、そしてそれを載せる金の皿しか出てこない。しかも乳母は予言のような独り言をつぶやき、エロディアードは物言わぬ首に向かって語りかけるのみである。対話らしきものはかつての『舞台』の部分にしか出てこない。さらに、明言されるわけではないが、処女エロディアードと洗礼者ヨハネの首の「婚姻」からは、キリストが生まれるものと考えられる。つまりエロディアードはヨハネの首を所望するサロメであると同時に、キリストを産む聖母マリアでもあるということになる。これは聖なる女と邪悪なる女という聖書の二元論を脱構築しながら、カトリックの重要な秘跡（ミステール）である「処女懐胎」の秘密を暴こうとするとんでもない「聖史劇」（ミステール）である。

ドレフュス事件の当時、聖母被昇天派修道会（アソンプシオニスト）の機関紙『ラ・クロワ・ド・パリ（パリの十字架）』やその地方版のさまざまな『ラ・クロワ』が、激しい反ドレフュスの宣伝を行なっていた。カトリック教会はドレフュス事件に対して終始中立の姿勢を保ったものの、この大衆紙の活動を正式に批判しなかったために反ドレフュスの烙印を押されてしまったと言われている。ところでマラルメの文学的想像力は、そのようなカトリックに対する果敢な戦いへと彼を駆り立てたようである。カトリシスムとユダイスムを渾然とさせたようなその独自の「処女懐胎」の解釈は、アソンプシオニストや当時のフランス・カトリック教会にとっては冒瀆以外のなにものでもなかった。しかしそれはユダヤ人に市民権を与

えた大革命の理想とも矛盾しないし、おそらくは初源的なカトリシスムの形態により近いものではないかと思われる。言い換えれば、マラルメにとっての「文学という宗教」は、当時の共和制を支えていたナショナルなものとしてのフランス・カトリシスムではない、より普遍的なカトリシスムを指向していたものと思われる。いまだに政教分離がなされていない一九世紀末の第三共和政下のフランスにあって、それは共和国の再生のための貴重なイデーとなるはずであった。マラルメは作品を完成できずに死んでしまうけれども、「文学以上に有効な武器はない」と言っていた彼は詩人として自らにふさわしい戦場を選んで戦い、力尽きて死んだのである。のちのクレマンソー内閣はドレフュス派の勝利を受けて「政教分離」法を施行するが、それがマラルメの遺志に沿うものであったかどうかは判らない。

7　戦前の日本におけるマラルメの移入

ドレフュス派としてのマラルメの晩年は、これまで日本ではもちろん、フランスでもあまり語られることはなかった。モーリス・ブランショ（作家）、モーリス・シューマン（政治家・ジャーナリスト）、クリストフ・シャルル（歴史学者）といった、マラルメ研究の専門家ではない人たちが語っているのみである（▼次章二八九－二九〇頁参照）。おそらくそこには、晩年のマラルメのもっとも近くにいて、その死後にもっとも多くのことを語ったポール・ヴァレリーが反ドレフュス派であったという事情もからんでいる。その影は、ヴァレリーや彼と親しかったアンリ・モンドールを通してマラルメを学んだ日本において、とりわけ濃いのである。

冒頭で触れたように、マラルメの名が上田敏によって初めて日本に伝えられたのは日清戦争（一八九四

－一八九五）の少し後のことだった。そのころにはすでに明治の天皇制官僚国家も確立されており、中江兆民訳のルソーに刺激された自由民権運動などはとっくに鎮圧されていた。国政のためにはもっぱらドイツやイギリスが手本とされ、フランス文学に関しては、ゾラ、ジュール・ヴェルヌ、モーパッサンの小説が翻訳されることはあっても、詩はまったく紹介されていなかった。

二〇世紀の初頭にマラルメに関心をもった日本人は、政治的にはおおむね保守的であって、世紀末のフランスをドレフュス事件が揺さぶったことなどはどうでもよかった。彼らは与えられた自由のなかで象徴詩の世界に遊ぶことを好んでいたのである。作品では初期の韻文作品が翻訳されることが多かった。「ドレフュス派としてのマラルメ」を理解しえたかもしれない幸徳秋水や大杉栄といった人たちは、マラルメを読もうとはしなかった（幸徳は中江兆民の弟子であり、大杉はファーブルの『昆虫記』の翻訳もしている仏文学者である）。かつての民権派のエネルギーは、追い詰められたアナーキストたちにかろうじて残っていたが、幸徳秋水が大逆事件（一九一〇）で一一名の仲間とともに処刑され、さらに大杉栄が関東大震災後の混乱のなかで虐殺されるとすっかり消沈してしまう。彼らに共感できた人たちも、あるいは獄死し（小林多喜二）、あるいは亡命し（石川三四郎）、あるいは自殺する（有島武郎）という運命をたどらざるをえなかった。石川啄木、中原中也、三富《みとみ》朽葉《きゅうよう》、富永太郎などといった詩人たちは、夭折という形でしかそのレジスタンスを貫けなかった。日本軍が中国大陸の侵略を続けるあいだ、ほとんどの知識人は沈黙を守り、第二次世界大戦が始まって日本報国文学会が政府の肝煎りで結成されると、外国文学を含むあらゆるジャンルの、四〇〇〇人あまりの学者、作家、詩人がそれに参加する。国の内外に未曾有の犠牲者を出すことになる戦争を、日本の知識人はこのようにして肯定したのであり、マラルメ研究者もその例外ではなかった。

日本におけるマラルメの移入を考えるうえで示唆的なのは、明治期における中江兆民（一八四七–一九〇一）と西園寺公望（一八四八–一九四〇）の関係である。西園寺は一八七〇年代に一〇年あまりパリに滞在し、青年期のジョルジュ・クレマンソーと親交を結び、女流詩人ジュディット・ゴーティエと共同で古今集の仏訳などもしている。つまり西園寺は初めてパリの詩壇に触れえた日本人であった。一方中江は一八七三年から七四年にかけてパリに滞在している。第三共和政の創成期のパリを生きた二人は、パリで出会ったという証拠はないが、日本に戻ってから協力して「東洋自由新聞社」を設立し、ジャーナリズムを通してフランスの政治理念を日本に移植しようと試みる。しかし当時の政府はこれを許さず、彼らの新聞は発禁となった。中江は初志を貫いて逆境に落ちるが、西園寺は勅命には逆らえずに妥協し、以後は権力と限りなく馴れ合っていく。そして二度にわたって首相を務めた後に、昭和になると首相候補の名を天皇に奏上する元老の地位に就く。ところで、戦前の日本におけるマラルメの研究は、いわばこの西園寺の庇護のもとで行なわれたと言える。中江の系譜は幸徳の処刑と大杉の虐殺によって途絶えてしまい、その遺志を継ぐ者もフランス象徴主義文学の研究者のなかにはいなかったからである。

8　上田敏と三富朽葉

マラルメの名を日本に伝えた上田敏（一八七四–一九一六）は、一九〇一年にはマラルメを「新しい象徴派の父」と呼び、「白鳥のソネ」（一四行詩）を仏文テクストのまま紹介している。さらに一九〇五年には訳詩集『海潮音』を出版し、そのなかでマラルメの韻文詩をひとつと、前述のジュール・ユレによるインタヴューへのマラルメの回答の一部を翻訳している。すでにヨーロッパの詩人たちの訳詩集として鷗外訳の『於母影』を持っていた当時の読者たちは、このわずかなマラルメの言葉からも何らかのインスピレーションを受けたかもしれない。しかしそれはもっぱら感覚的な新鮮さであって、思想的な影響力はなかった。もとより上田は、翻訳にあたって原詩の意味を正確に伝えることより、訳詩のリズムや響きの美しさを大切にしていた。その訳は多くの読者を魅了したばかりでなく、それまで俳句、短歌、あるいは漢詩しか持たなかった日本の詩界に、新しい自由な詩形としての現代詩の可能性を拓いた。日本の自由詩が、西欧の定型詩の自由な翻訳から生まれたということは銘記しておくべきことである。

上田に触発されて、マラルメの詩を翻訳しようと試みる者は多く現れるけれども、訳の巧みさや美しさが競われるばかりで、フランスにおける自由詩の運動の意義を理解しようとする者はいなかった。上田は象徴派《サンボリスト》の自由詩より高踏派《パルナシアン》の定型詩を好むと公言していたくらいだから、自由詩のもたらした「詩句の危機」には関心がなかった。例外は三富朽葉（一八八九－一九一七）である。彼はマラルメに関して、韻文ではなく「秋の嘆き」や「青白い貧しい少年」といった散文詩を訳している。そしてこの点も上田とは違うが、高踏派よりも「自由詩の旗印のもとに集う」象徴派を好んでいた。一九世紀末のパリの自由詩の運動について、彼はすでに次のような詳しい分析を試みている。

雑然たる表象派〔＝象徴派〕を悄々截然たらしめるものは「自由詩」の旗印である。各自、モデルに依らぬ個性の印象を謡ふと同時にそれに応じる各自の表現法を求めた。記憶的な詩形の帝国を突破して銘々われの詩風を樹立《うちた》てた。単調な伝統的文飾に律せられずして彼等は各々の自然に帰つたのである。革新の行はれる所、常に「自然に帰れ」の叫びが聞かれる。
元来此の個性主義の運動に団体を生じたのは矛盾のやうであるが、極端に整正美といふ額縁の中に詩を螺《ちりば》めたパルナッスに対する、更に複雑した主張の群が馳集つたに外ならない。Villiers de l'Isle-Adam, Mallarmé, Verlaine, Rimbaud を経て、Gustave Kahn, Jules Laforgue が交互に自由詩の道を指示した迄を第一期とすると、その第二期 Jean Moréas, Francis Vielé-Griffin, Henri de Régnier, Emile Verhaeren, Maurice Maeterlinck, Stuart Merrill, Adolphe Retté の諸家は自自の見識によつて各自の道を歩み、各自の異色を出した。その一致する所は実に詩を解放し、自由にしたといふ過去の事実にしか続《つな》がつて居ないのである。一八三〇の浪漫派以来六十年間の全盛を持続した帝国式規法〔伝統的な韻律法のこと〕はパルナッス帝国に至つて絶頂に行詰つた末、象徴主義の破壊運動で瓦解し、茲《ここ》に自由詩の建設運動で共和的自由思想が確立されたわけである。(6)

朽葉はさらに、ヴェルレーヌを崇拝するナチュリスム（自然派）の詩人たちがマラルメを不当に低く評価していると言って批判している。彼によれば、自由詩の運動を起こすのにもっとも貢献したのはヴェルレーヌではなくマラルメである。しかしこの点に関しては、われわれはマラルメが自由詩を書く詩人ではなかったことを知っている。マラルメは、自ら『アン・ク・ドゥ・デ』のような大胆な空間的ポエジーの可能性を試みることはあっても、日頃は韻文詩と批評的な散文を書いていた詩人であった。サンボリストたちの自由詩には魅惑されたけれども、同時に危惧の念も抱いていた。そして自ら書く批評的散文を「批評詩」と名づけ、自由詩を書かない代わりに自分はそれを書くのだと公言していた。そのようなマラルメにとっては、むしろヴェルレーヌこそ自由詩の先駆者だったのである。たしかに朽葉はサンボリストによる自由詩の革命に注目はしたが、それに対するマラルメの期待と危惧のないまぜになった感情については把握するには至らなかった。とはいえ、ひたすら耽美的な翻訳に終始していた大正時代のフランス象徴詩研究のなかにあって、彼の視点は異彩を放っている。不幸なことに、彼は二八歳のときに銚子の海で溺死してしまった。

9　英語を介したマラルメの移入

野口米次郎（一八七五－一九四七）、小山内薫（一八八一－一九二八）、岩野泡鳴（一八七三－一九二〇）らも、日本において最初期にマラルメについて語った人たちである。長らく外国で暮らし、アメリカで英語の詩集を出版したこともある野口は、日本に戻ってから一九〇六年にマラルメの火曜会について語っている。彼はアーサー・シモンズを個人的に知っていて、シモンズからじかに火曜会の話を聞いたという。小山内は一九一五年に「マラルメと新戯曲」を書き、そのなかでマラルメのハムレットは新しい演劇の本質そのものだと述べている。彼は『ディヴァガシオン』のハムレット論を読んだわけではなかったが、ジョージ・ムーアやバーナード・ショーを通して、演劇評論家としてのマラルメを知っていたらしい。

（6）三富朽葉「フランス文壇の現在」、『早稲田文学』一九一三年一月。なお、文中の欧文人名は順に次の通り。ヴィリエ・ド・リラダン、マラルメ、ヴェルレーヌ、ランボー。ギュスターヴ・カーン、ジュール・ラフォルグ。ジャン・モレアス、フランシス・ヴィエレ＝グリファン、アンリ・ド・レニエ、エミール・ヴェルハーレン、モーリス・メーテルリンク、スチュアート・メリル、アドルフ・レテ。また、引用の後ろから三行目にある「一八三〇の浪漫派」とは、一八三〇年、ヴィクトル・ユゴーの戯曲『エルナニ』の上演をめぐる騒動が、ロマン主義の言挙げを象徴する事件とされていることを指す。

岩野は自然主義の作家であるにもかかわらず、一九一三年にシモンズの『象徴派の文学運動』を翻訳している。この翻訳は、当時の文学青年にフランス象徴主義の風土を伝えるという重要な役割を演じた。岩野にはほかにもマラルメについての論文があるが、のちに中島健蔵はそれらを学問的な正確さに欠けると言って批判している。しかし昭和に入ってからの中島などによる「アカデミック」な研究は、むしろこのころの自由な気風を押し殺してしまったところに成立している。明治末から大正の初めにかけては、英語を介した受容ではあったが、マラルメを語るにしても奔放な面白みがまだあったのである。

10　マラルメ研究の始まり

日本で初めてマラルメに関するアカデミックな研究を行なったのは、辰野隆（一八八八－一九六四）と鈴木信太郎（一八九五－一九七〇）であろう。彼らはともに東京帝国大学仏文科の教授であったが、とりわけ後者はマラルメの『詩集』の全作品について厳密なテクスト・クリティックを行ない、その全訳を完成することになった。またポール・ヴァレリーやアンリ・モンドールの仕事を引用しながら、マラルメの作品と生涯を日本に紹介した。かつて上田敏はマラルメを「新しい象徴派の詩人たちの父」と呼んだけれども、その後の日本での象徴詩の流行のなかで、マラルメは必ずしも重要視されてはいなかった。永井荷風の訳詩集『珊瑚集』（一九一三年）にはマラルメの作品はひとつも入っていないし、堀口大學の『月下の一群』（一九二五年）にも初期の作品がひとつ収録されているだけである。そのなかで鈴木信太郎の研究は、マラルメの詩人としての重要性を示したという意味で画期的であった。

しかし、彼はマラルメの『詩集』の研究から散文集『ディヴァガシオン』の全体的な解読には向かわずに、いつのまにかフランソワ・ヴィヨン研究の方へと逸れていってしまった。それはマラルメの散文が難解であったからというより、それが自分の肌に合わないことを本能的に感じとっていたからに違いない。彼もまた大正以降の象徴詩の流行のなかにいて、マラルメの韻文をひたすら美しい日本語に移すことに精力を傾けた人であったからである。当時『ディヴァガシオン』は廉価で手に入ったはずだが、それを翻訳して日本に紹介するより、稀覯本となったマラルメ詩集のオリジナルを独占しながら研究する喜びに彼は浸っていた。しかし日本におけるマラルメ研究の権威が『ディヴァガシオン』にほとんど言及しなかったということによって、マラルメの詩人としてのイメージは大きく歪んだのである。事実、マラルメは難解で秘教的な詩を書く象牙の塔の詩人であるというイメージが彼のおかげで出来上がってしまった。

辰野や鈴木は国家のエリートであって、二人とも文部省の留学生としてフランスに留学し、日本に戻ってからは東京帝国大学のポストについた。辰野は日本報国文学会の主要なメンバーとして活躍している。鈴木はその会には加わらなかったものの、当時の発言には軍国主義的なものもあったと言われている。彼の戦争中の最大の関心事は、自ら集めた貴重なマラルメの初版本コレクションをどのようにして米軍の空襲から守るかということであった(7)。彼らのもとで学んだ小林秀雄（一九〇二－一九八三）や前出の中島健蔵（一九〇三－一九七九）、さらに同じ東京帝大仏文の出身である三好達治（一八九〇－一九六四）や岸田國士（一八九〇－一九五四）なども、日本報国文学会で重要な役割を担った。彼らは雑誌や講演活動を通して、国家主義的イデオロギーを浸透させるのに貢献したのである。

（7）鈴木信太郎『半獣神の午後、その他』要書房、一九四七年、三五一－三五四頁。

11 「近代の超克」とヴァレリー

小林秀雄や中島健蔵はマラルメよりはヴァレリーの影響下にあった人たちである。ヴァレリーの『マラルメ論叢』が一九四三年に鈴木信太郎の弟子たちによって翻訳されて以後、マラルメをヴァレリーのプリズムを通してみるのがひとつの伝統となっていた。中島は「マラルメとヴァレリー」（一九二八年）という論文ですでに二人の関係を自明なものとみなしているし、小林が川上徹太郎らとともに雑誌『文學界』で行なった「近代の超克」という座談会（一九四二年）も、いわばヴァレリーを下敷きにしたものであった。そこに集まった一三人の日本の知識人にとっては、ヨーロッパ近代をモデルに発展してきた日本がどうしたらヨーロッパを「超克」しうるかが問題となったが、ヴァレリーもまた、日本（とアメリカ）による近代ヨーロッパの乗り越えを問題にしていた。

なぜか知らないが、かなり短時日のあいだに相ついで起ったシナに対する日本の軍事行動と、イスパニアに対する合衆国の軍事行動は、その当時（一八九五年および一八九八年）、私に特別の印象を与えた。それはたいして重要視するに当たらぬ兵力が参加しただけのごく極限された紛争にすぎなかったし、私について言えば、平静の私の関心事や配慮のうちには、かような遠方の物事を敏感に感じる素地を私に与えるものは何一つなく、そういう物事に興味を寄せる動機は私には全くなかった。とはいうものの私は、この別々の事件を偶発事や極限された現象としてではなく、徴候あるいは前提として、内在的重要性や外見上の有効限度をはるかに越えた意義をもつ意味深い事実として、強く感じたのである。前者はヨーロッパ風に改造され、装備されたアジア国民の最初の実力行為であり、後者はヨーロッパから抽き出され、いわば発展した国民のヨーロッパに対する最初の実力行為だったのだ。(8)

ヴァレリーは世界におけるヨーロッパの優越性を信じていたが、遅れてヨーロッパ文明を身につけた日本やアメリカによってそれが脅かされていることも、すでに日清戦争、米西戦争のころに感じていた。この『現代世界の考察』の第三版は一九四五年にフランスで出版されたが、ヴァレリーがその校正をしていた四四年末にはまだ日本とアメリカは太平洋の覇権をめぐって争っており、ヨーロッパはすでに焦土と化しつつあった。翌年死去するヴァレリーは、自らの体力の衰えとともに、かつて自分が若かったころの予感が的中するのを感じていたかもしれない。一方、四二年に『文學界』の座談会に出席した小林秀雄らにとっては、ヨーロッパが内部から瓦解するように見えたからこそ、ヨーロッパをモデルに発展してきた近代日本の在り方が問題になった。

しかし問題は、ヨーロッパの超克や凋落について語ることで、ヴァレリーも小林たちももう一つの問題を隠蔽しているということである。まずヴァレリーについては、日清戦争や米西戦争が行なわれた時期に、フランスでドレフュス事件が起きていたことをわれわれは知っている。そしてこの事件のときの自らの態度について、ヴァレリーが公式には一度も口を開いていないことも知っている。彼はここでもドレフュス

(8) ポール・ヴァレリー『現代世界の考察』序文、筑摩書房『ヴァレリー全集』第一二巻、一九六八年、四頁。

事件については語らずに、遠いアジアやアメリカでの戦争に思いを馳せる男としての自分を描いている。つまりその晩年に至るまで、ヴァレリーにはドレフュスというひとりのユダヤ人の運命（あるいは強制収容所に送られるフランスのユダヤ人の運命）よりも、ヨーロッパの未来の方が大事なことだったのである。一方小林秀雄らの場合は、関東大震災のあとの大杉栄の暗殺や朝鮮人虐殺、あるいは日本が中国で行なっていた侵略行為が無視されている。近代日本の在り方を根本的に見直すというのなら、まずはそれらの問題を見つめるべきであった。しかしそれについては語らない彼らは、ヨーロッパによる支配からアジアを解放するという軍の論理を正当化するのに貢献した。ヴァレリーと小林らの双方にとって、社会的正義や人権よりも、ヨーロッパや日本に生きる彼ら自身のアイデンティティー、そしてそれを保証してくれる伝統が問題であった。その意味では小林もヴァレリーとともに反ドレフュス派なのである。彼はヴァレリーを介してマラルメとつながっているが、マラルメの教えを裏切っていると言わねばならない。

12　村松剛と野間宏、あるいは批判の欠如

大杉栄が殺されたのは、彼がフランスでアナルコ・サンディカリスムの大会に参加して帰国した直後のことである。フランスのアナーキズムは、テロによって自滅した後に、ドレフュス事件を経てアナルコ・サンディカリスムとして息を吹き返した。しかし日本のアナーキズムは、大逆事件と大杉の殺害によって再生する機会を奪われた。それ以後の軍部の独走を思うと、そのときの知識人、メディア、政治家の沈黙は致命的なものであった。マラルメ研究者のなかでそのことに自覚的であった者はいない。

戦前のマラルメ研究に嫌気がさして、戦後それから離れてしまった者なら確かにいる。たとえば村松

剛《たけし》（一九二九－一九九四）と野間宏（一九一五－一九九一）がそうである。村松は東京大学で鈴木信太郎のもとに学んだ最後の学生の一人であるが、彼によれば日本におけるマラルメの影響は微々たるもので、この国に象徴詩のつかの間の流行を生んだだけにすぎない。そこで彼はマラルメよりポール・ヴァレリーの研究を選び、自らジャーナリスティックな世界に飛び込んでいった。ユダヤ人とナチズムの問題に関心を持って、アドルフ・アイヒマン裁判の折にはある雑誌から派遣されてイスラエルにも出向いている。しかし彼が次のように書くとき、そこには遅れて来た反ドレフュス主義者の姿しか見えない。

この世界よ、ほろびよ、とねがう心情は、だれの心にもおそらくあり、世界の改良をねがう市民的心情と対立する。文学はむしろ前者にかかわるのであって、その反社会的な部分は、もっと重視されてよいはずだろうと思う(9)。

村松によれば、文学とはまず個人の世界の自律性に関わるものである。社会的正義や他者の人権は二の次なのである。しかしすでに一九世紀の末に、ユイスマンスはそのような考えに固執して反ドレフュス派とならざるをえなかったのではないか。マラルメやゾラにとっては、社会的正義と個人の世界の自律性のどちらかを選ぶことより、その不可能な両立を生きることが問題だった。もしそうでなければ、ゾラが作家生命を賭けてまで『私は弾劾する』を書くことはなかったろうし、マラルメが『エロディアードの婚

（9）村松剛『文学と詩精神』南北社、一九六三年、三五頁。

礼』を書くために反ユダヤ主義が荒れ狂うパリから逃れることはなかったはずである。そしてもしフランスにおいて「文学」が二〇世紀にまで生き延びたとしたら、それは小説と詩という二つのジャンルの当時の立役者でもあるゾラとマラルメが、ドレフュス事件の折に正しい判断ができたからなのである。ドレフュス事件の洗礼を受け、そこからそれぞれの文学を作り上げてゆかねばならなかったプルースト、ジッド、ペギー、ヴァレリーといった次世代の作家や詩人は、ゾラとマラルメがドレフュス派であったがゆえに、共和制の社会のなかでかつての文学を受け継ぐことができた（たとえそれに反発するためであるにせよ）。しかしヴァレリーとヴァレリアンである村松は、そのことだけは語ろうとしない。

野間宏もまた戦後にマラルメ研究から離れてしまった一人である。戦前に京都帝国大学仏文科の学生としてマラルメを学んだ彼は、戦後の作家としての活動のなかでマラルメやフランス象徴主義から遠ざかってしまった。しかし彼は村松とは違ってれっきとしたドレフュス派であったと言える。その姿勢は、晩年に狭山事件裁判の不当性を訴えるときまで一貫していた。問題なのは、その努力がゾラがドレフュス事件で最終的に被告の無罪を勝ちとったようには報われなかったということである。自らの発言が日本の知識人やメディアに火をつけ、狭山事件が日本の社会を二分する問題に発展するのを彼はついに見ることがなかった。狭山事件とは、非差別部落出身の青年が殺人犯として逮捕され、強要された「自白」のために有罪となった事件である。野間は冤罪の証明のために晩年の年月を費やしたけれども、被告は仮釈放はされたもののいまだに無期懲役刑のままである。この事件の裁判にも、戦後においてもなお大逆事件の再審請求を棄却する、日本の司法の反動的な体質が現れていた。

なぜ狭山事件が日本のドレフュス事件にならなかったかと言えば、日本のメディアや知識人の鈍い反応もさることながら、野間にゾラのパフォーマンスが欠けていたことを挙げねばならない。ゾラは『私は弾劾する』のために訴えられて有罪となり、ロンドンに亡命したが、そのことが逆にドレフュス派の結束を強め、イギリスの世論を味方につけるのに役立った。一方、雑誌『世界』に延々と裁判批判を書き続けた野間は、むしろその地道さによって、事件から炸裂の機会を奪ってしまったように見える。もちろんその仕事は彼にしかできなかったものであり、それを生かしていかねばならないのはわれわれである。しかし司法権力を糾弾するのであれば、やはりゾラのような挑発的な主張で世論を揺さぶることが必要だったのである。あるいはマラルメのように事件については語らずに、明治以降の日本という国家に秘められた宗教性をあばきだすような作品を書いてもよかった。しかし当時はもう野間はそのような作品を書こうとは考えていなかった。またときおり戦後のマラルメ研究について語ることがあっても、マラルメに関して彼は戦前の誤解を引きずっていたため、その言葉には狭山事件を語るときのような鋭さが見られなかった。そのことは戦後のマラルメ研究にとっても悔やまれることだったのである。

マラルメによる都市の戴冠、『ディヴァガシオン』を読む

パリにはさまざまなコントラストが潜んでいる。そこにボードレールのように、美と醜、生と死、貧と富のコントラストを見ることもできる。しかしここでは、ルーヴル美術館とエッフェル塔という、二つのよく知られた仕掛けから始めてみよう。前者のなかに入れば、いくつもの部屋や長い廊下をめぐるという水平の移動を通して、古代オリエントやエジプトから一九世紀にいたる美術の歴史を足の疲れとして実感できる。また後者に登れば、今度はそのエレベーターによる垂直の移動を通して、ローマ時代からの街の拡がりを一望のもとに見下ろすことができる。パンテオンやノートルダムや凱旋門をそこから見つけることは、歴史をパノラマとして捉えることのできる驚きを私たちに与えてくれる。そしてそのようにしてパリを見下ろすと、この街がセーヌ河に浮かぶシテ島やサン・ルイ島を中心に、ローマ時代から同心円状に発達してきた街であることが分かる。そのセーヌの右岸には、証券取引所やデパートやオペラ座があり、商業や金融業が盛んである。左岸にはソルボンヌを取り巻いてカルティエ・ラタンがあって、学生たちの活動が盛んである。右岸はどちらかというと保守的、左岸は一九六八年の五月革命を思い起こすまでもな

く、革新的というイメージがある。またパリの東の地区には労働者が多く住み、西の地区にはブルジョワジーが多いとも言われる。しかしそれよりも重要なのは、おそらくノートルダムに象徴される中世以来の古いパリと、エッフェル塔に象徴される新しいパリのコントラストだろう。ノートルダムとエッフェル塔はいまではいずれも違和感なくパリの風景に溶け込んでいるが、後者が造られたときには建設反対の署名運動が行なわれ、それがドレフュス事件のときの署名運動のモデルとなったほどである。ここでは、このノートルダムとエッフェル塔という二人の「聖母」によって育まれてきたパリに特有のイマジネーション、そしてその歴史的・構造的変遷を考えながら、マラルメの散文集『ディヴァガシオン』を読んでみたい。その「ディヴァガシオン」（彷徨、妄言）は、パリを鳥瞰するユゴーの『ノートルダム・ド・パリ』のロマンティスムが消えうせた後に、「類推の魔」がパリの街路にさまよい出ることによって始まり、ブルジョワの勝利を象徴するエッフェル塔が立ち上がってもなお終わらず、ドレフュス事件のさなかまで、つまり『ディヴァガシオン』が書物として完結するまで続いている。

1　ノートルダムと表象空間

ノートルダム大聖堂はそのどこからでも見える高い鐘楼によって、都市の迷路をさまよう人々を文字通り救ってきた。パリの街のどこにいても、そこから響いてくる鐘の音を聞けばおのずと時刻が判り、その姿が見えればいま自分がパリのどこにいるかも判った。また西に向いて立っているこの大聖堂は夕陽を受けて輝くけれども、その展望台からはパリの家並みの向こうに夕陽が沈むのを眺めることができる。それはパリに暮らす人たちにとって大きな意味をもっていた。というのも、フランス語のイマジネーションにおいては、日没はそこにおいて人類の運命が啓示される特別なスペクタクルであったからだ。フランス語では名詞に性があり、太陽 soleil は男性で、大地 terre は女性である。それゆえ夕暮れの西の地平線では、太陽と大地が交わる婚姻の儀式が毎日行なわれているというイマジネーションが働く。一九世紀のパリの詩人たちは、地平線で刻々と変わる光と影の交錯に人類の運命を読もうとし、それを言葉に翻訳しようと試みた。そこには西の地平線に向かって建っているノートルダムと、それが象徴するカトリシスムの伝統があった。「目を閉じても、見ずにいることはできぬ、みまかったかつての時代におけるように都を支配する、双翼部の神秘的な霊処にうずくまった、ノートルダムの影を」（「魔術」三二五頁）[1]。ノートルダムとは聖母マリアのことだけれども、この大聖堂はパリに暮らす人々を護るばかりでなく、詩人たちのイマジネーションを育む女神でもあった。

　日没を眺める人々は、それに向かって心のなかで祈ることになる。私たちの地上における滞在の意味が明かされるとすれば、それが不吉なものでないことを願うしかないし、そこから生まれてくる明日がよき日であることを願わずにはいられない。たとえばミレーの『晩鐘』では、畑仕事を終えた農夫とその妻が夕暮れのなかで祈っている。彼らにとっては、畑での一日の仕事が太陽の最後の光によって祝福され、夜の静かな眠りと穏やかな明日の日を願うことが大切であった。しかし都市で暮らすようになった人たちは、畑ではなくて夕暮れに教会に集い、見えない地平線の代わりに祭壇に向かって祈るようになった。街の小さな教会はそのためにあったし、その延長上にノートルダムのような大聖堂も建てられた。わざわざ鐘楼の階段を登って展望台までいかなくとも、ステンドグラスの光のもとに佇むだけで、心のなかに日没を感じることができただろう。

教会には『聖書』という書物があり、司祭はそれをたよりに「日没」の秘密を会衆に語って聞かせた。しかし近代に入ると、哲学、自然科学、あるいは文学や音楽などの芸術が、それぞれ独自の仕方で「神秘」について語るようになる。つまり存在の何たるかを論理のことばで読み解き、自然の諸現象を数学的に解き明かし、あるいは日没のドラマを音楽や言葉に翻訳しようと試みはじめる。哲学者や数学者はそれぞれ書物を著したけれども、詩人や作曲家はさらに劇場やコンサートホールで作品を上演するようになった。こうして人々は、必ずしも教会に行かなくとも〈地平線〉を眺められるようになった。たとえばマラルメにとって、アパルトマンにある暖炉とは、その額縁型の舞台のような形からして劇場の舞台のひな型であり、その炉床に燃える火を見つめることは、さらにその向こうにある地平線の日没を見つめることにほかならなかった。「熱気と輝きの古い秘密が身をよじって、じっと見つめる我らの視線の下、炉床の光の形を通じて、更に縮約され遠くに見える一つの劇場の姿をどうしても思い出させてしまうとすれば、ここにあるのは自分用のギャラ〔特別上演〕なのである」(「芝居鉛筆書き」一五二頁)。

もちろん家にいるばかりでなく、劇場に出かけることも教会のミサに参列することもできた。また教会の役割が薄らいだとしても、それによって「祈り」が廃れることはなかった。教会での日没の「上演」は、書物や舞台による表象作用(ルプレザンタシオン)の原型だからである。近代になってからもデカルトは神を否定しなかったし、国家は教会と手を組んで人々を統治した。古典主義時代の表象空間においては、語ることは知を持つ者の特権であったが、それを持たない者もキリストの教えを唯一の知として語ること

(1) ステファヌ・マラルメ「魔術」、『ディヴァガシオン』(『マラルメ全集 II』筑摩書房、一九八九年)三一五頁。以下、本文中の小括弧内に示した頁数はすべてこの版による。

ができたため、民衆に不満が蓄積することはなかった。たとえば子供をしつけるのに人々が繰り返したのは、もっぱら教会で聞いてきたキリストの教えだったのである。それゆえ人々は、近代に入ってからも「ノートルダム」を敬い、それに庇護されながら暮らしてきた。

しかし庇護と監視とは裏腹であろう。庇護されているよりも監視されているという感覚が強くなれば、人は自由を求めて反抗するようになる。一八世紀には啓蒙思想によって人々に知が分け与えられ、演劇や書物を通して自ら地平線の日没を眺める者も増えてくるため、自由への、そして平等への憧れが強くなる。そしてこの世紀の終わりにはついに大革命が起こり、教会と結びついてフランスを支配していたルイ王朝も崩れてしまう。西に沈む太陽を追うようにアメリカ新大陸に渡る者もいれば、地方から都市へと移動してくる者もいるなか、パリの街も混乱に陥る。ノートルダムによって支えられていた古典主義時代の表象空間は崩れ始め、求心力を失ったパリの街が膨らみ始める。シテ島より少し下流のセーヌの左岸にエッフェル塔が建立されることになったのも、そのことへの危機感ゆえであった。

2　エッフェル塔とジャーナリズム空間

一八八九年のパリ万国博覧会の記念建造物として建てられたこの塔は、工業化された新しい時代のシンボルとして宗教なき時代の市民生活を支えることになった。エッフェル塔には誰でも登れるし、そこからはいつでも地平線が眺められる。書物や舞台を通して脳裏に地平線を思い浮かべるのではなく、じかに地平線が見えてしまうため、もはやそこに解釈の余地はない。もとよりエッフェル塔はノートルダムのように日没を上演するための装置ではなく、いずれ無線通信やラジオ放送に使われることからも判るように、ジャーナリスティックな機能を帯びていた。つまり遠くから送られてくる情報をキャッチし、また新たな情報を発信することが問題となったのだ。

この塔は鉄骨の組み合わせで出来ているから、そこには内も外もない。内側に入り込んだかと思うと、いつのまにか外に出ている不思議な構造である。風通しもすこぶるよいため、飛行機のための風洞実験や、単発飛行機でその脚の間をくぐり抜ける奇抜な冒険、さらには翼をつけてバルコニーから飛び降りるという自殺的な試みにも使われた。いまでもラジオやテレビの電波塔として、エッフェル塔を中心にしたネットワークがフランス全土に拡がっており、年の暮れや七月一四日の革命記念日にはその周囲を花火が飾る。ノートルダムによって支えられていたパリは、このようにしてエッフェル塔によって支えられる新たな表象のシステムとしてのジャーナリズムのなかで蘇るのである。言い換えれば、ノートルダムによっては担いきれないジャーナリズムという新たな表象のシステムが誕生し、そのことを確認するためにエッフェル塔は建てられた。ところでジャーナリズムというのは、誰もが情報を共有できるようにすることによって民主主義を支えるためにある。そのなかで生きる者は、自らに必要な〈知〉を選択し、それを正確に解釈しなくてはならない。司祭や詩人のいないところで、自立した市民として生きていかねばならない。そういう現代人に対して、エッフェル塔はあなたも私のようにしっかりと大地に脚を張って生きなさいと語りかけるのである。それは市民社会が成立したなかでの、カトリシスムに代わる新たな倫理の提示でもあった。

ひとたびジャーナリズムの空間ができてしまうと、人はそのなかに取り込まれてしまい、なかなかそこから逃れられない。そしていつしか〈日没〉のことなどどうでもよいものになってしまう。しかしこの地上に生きていることに変わりはないから、ときには不安になる。このようにしてジャーナリズム空間のなかで迷いはじめる私たちを、エッフェル塔は上からやさしく見守ってくれることになる。地上にいる自分を眺め降ろすその視線を感じることは、司祭や詩人がいないところで生きねばならない現代人にとっては救いである。なぜなら、そこに登れば路上に蟻のようにうごめく群衆が見え、普段は自分もそのなかにいると思えば、そのことがすでに立派な気晴らしとなるからである。その視線を獲得することによって、私たちは一時の自由を味わえるようになった。エッフェル塔への「巡礼」は、こうして世界的な流行となるのである。

しかし一九世紀末のパリには、エッフェル塔の他にも気晴らしの機会はいくつもあった。たとえばオペラ座に出かけるブルジョワジーのカップルについて考えてみよう。パリではオペラやコンサートのシーズンは、彼らが夏のヴァカンスから戻るのを待って秋に始まることになっている。郊外の森が紅葉し、それを燃え上がらせるように夕日が沈む、一年でもっとも美しい落日が見られる季節でもある。しかしパリのブルジョワジーは地平線に背を向け、オペラやコンサート会場に集ってくる。まずそこに着飾って出かけるということ自体が、彼らのステイタスの証明となった。ブルジョワジーとしてそれなりに成功を収めていることを、そこに集う人は互いに確認しあうだろう。オペラ座の豪華な内装やオーケストラピットの金管楽器の輝きには、地平線の夕日ばかりでなく、自分たちが一年のあいだに蓄えたお金の総額や、パリの外に拡がる小麦畑の金色の実りも重なって見える。これからやってくる冬を、今年もまたなんの心配もなく過ごせることの喜びを、彼らはこうしてひそかに確認しあうのである。客席の闇のなかでオーケストラの響きに身をゆだね、舞台の上に繰り広げられる登場人物たちのドラマを見ていると、かつての自分の青春やこれからやってくるはずの自分や妻の死について瞑想することになる。これも〈祈り〉には違いない。

しかし彼らが信仰を持っているとは限らないから、そういう人たちをも庇護するライシテ（非宗教性）の教会として、エッフェル塔は建てられたのである。

それではパリの労働者たちはどうだろうか。彼らはオペラ座に行く代わりに、秋の休日の午後を家族とともにフォンテヌブローの森などで過ごすかもしれない。オペラ座と違ってオーケストラの響きや金色の輝きに酔うことはないけれども、蒸気機関車に引かれて動く車窓からは郊外の麦畑の拡がりが見える。それに森はそこにある無数の樹木によってパリの無数の群衆と重なるから、彼らはそこにある木に自らを仮託しながら、それまでに溜まった一年間の疲れを枯れ葉とともにかなぐり捨てることができる。紅葉した森は空を焦がす壮麗な夕焼けとともに、パリへと帰る彼らを見送るだろう。しかし彼らはそれを見つめるよりは、むしろ夜に心地よく眠りに就いた後に、オペラ座のブルジョワたちと同様に、黄金色の麦畑と、壮麗な日没と、稼いだお金の輝きが重なりあう夢をみるだろう。日々を大地とともに生きることは、ミレーの『晩鐘』に描かれた農夫の祈りであったけれども、一九世紀末に生きるパリの庶民も、つつましい生活のなかで彼らなりに祈っていた。ただしそれがカトリックの信仰と結びつかないところにエッフェル塔の時代の特色があった。エッフェル塔のもとでは、アラブ人も中国人もフランス人もない。自由と平等と博愛の理念を信じ、パリに憧れてやってきたすべての人をエッフェル塔は受け入れた。

3　パラレリスム

エッフェル塔はノートルダムと対立していたというより、ノートルダムの担いえない役割を引き受けながら、むしろそれを補うように機能したと言うべきかもしれない。二人の〈聖母〉はいわば共犯関係を保ちながら、パリの人たちを見守っていたのかもしれない。ジャーナリズム空間がパリに成立したころ、かつての表象空間は崩壊の危機にあったけれども、一八七〇年に第三共和政が成立すると、むしろそれは積極的に修復されるようになる。ジャーナリズムはルポルタージュが基本だから、ルプレザンタシオン（表象作用）の一種であることに変わりはない。だからノートルダムがなくなれば、エッフェル塔も意味を失い、新しく成立したジャーナリズムの空間も崩壊してしまうことになる。そういう不安は当時の権力者たちにもあったし、もう血なまぐさい革命はまっぴらだと思う市民にもあったはずである。それゆえ第三共和政下のフランスでは、教育によってかつての表象空間を維持する政策がとられた。政教分離が行なわれるのは二〇世紀に入ってからのことだから、カトリックの勢力もまだ強かったのである。

しかし一九世紀も末になると、地平線の日没を解釈してくれる司祭や詩人の代わりに、情報を整理し分析してくれる有能なジャーナリスト、あるいはアカデミズムとジャーナリズムの双方にまたがって発言できる「知識人」が現れる。彼らが活躍したドレフュス事件は、それまでにはありえなかった仕方でパリの街を混乱させた。というのも、若い〈知識人〉《アンテレクチュエル》たちは、名誉棄損で告発されるのを辞さないゾラを擁護し、自らの主張をより効果的なものとするために集団で行動し、しかも自らの署名に重みを持たせるために、作家、科学者、法学士などのタイトルを用いたからである。(2) 多くの人々はそれを社会的規範の侵害とみなし、反ドレフュス派となって彼らを攻撃した。しかしこの闘いでドレフュス派が勝利したことによって、政教分離も成し遂げられ、ユダヤ人に市民権を与えた大革命の精神も確認されることになる。それから一世紀後の一九九八年のパリでは、『私は弾劾する』の一〇〇年祭が盛大に行なわれ、さまざまな国家的行事やフォーラムを通して、その理想がいまでもパリに生きていることが証明されることだろう。

しかしいまのパリはあまりにも大きくなってしまっている。その郊外からは、もはやノートルダムどころかエッフェル塔さえ見えないのである。ドレフュス事件一〇〇年祭も、もしかしたらそのことへの危機感ゆえに盛大に行なわれたのかもしれない。たしかに新たな対策も取られてはいる。たとえば高層ビルの立ち並ぶ西の郊外のデファンス地区に、新たに「凱旋門」が建てられた。旧凱旋門をコンコルド広場の方から見ると、それを背景に太陽が沈むのが見えるのだけれど、今度はさらにその西にポスト・モダンな凱旋門が造られ、その向こうに沈む夕日が眺められるようになった。またサン・ドニという北の郊外には競技場が造られ、そこで一〇〇年祭と同じ一九九八年に行なわれたサッカーのワールドカップでフランスが優勝したときには、フランス全土が沸き立ち、シャンゼリゼ通りも人の波で埋まったものだ。しかしロラン・バルトがその『エッフェル塔』で語ったような、てっぺんに二つの小さな明かりが瞬いているかつてのエッフェル塔のやさしい風情は、もはやすっかり失われてしまったかのようである。いまやそれは全身をライトアップされて夜のパリに燦然と輝いている。二〇〇〇年の元旦を前にした大みそかのカウントダウンでは、途中で電光掲示版が消えて何万という群衆をがっかりさせたけれども、日付が変わるときには全身から火花を撒き散らし、空に向かって飛びたつロケットのような演出もなんとか成功して、そこにいた人たちやテレビで見ていた人たちをほっとさせた。しかしかつてのように、色とりどりの花火が打ち上げられるのを背景にエッフェル塔のシルエットが闇に浮かぶのを懐かしむ人もいたのである。ヴァーチャル・リアリティーと呼ばれるネットワーク空間がコンピュータによって構築され、それによって世界が一

（2）Cf., Christophe Charle, *Naissance des «intellectuels»*（*1880-1900*）, Ed. de Minuit, 1990, p. 8.

つになるという幻想が喧伝されている今日、エッフェル塔もその役割を終えてしまったかのように見える。中世のパリの人たちはノートルダム大聖堂を造り、一九世紀のパリの人たちはエッフェル塔を造った。それではいま、パリに生きるすべての人の〈神性〉を回復しうるような建築を造るとすれば、それはいったいどのようなものとなるのか。マラルメは、「都市の中心を王冠のように飾っている無垢の広壮な建築」（二五〇頁）を夢みている。それはもとより、ノートルダムでもエッフェル塔でもなかった。

4　ブルデューとマラルメ

一九九二年、社会学者のピエール・ブルデューは歴史学者のクリストフ・シャルルとともに、「アレゼール」（高等教育と研究の現在を考える会）というグループを創設した（▼本書第二部参照）。そして一九九七年には、その報告書として『危機にある大学への診断と緊急措置』[3]を出版した。これを日本語に翻訳し、さらに日本版アレゼールを立ち上げる試みを何人かの友人と始めた私は、彼らとともに二〇〇二年の二月初めに、パリでブルデューとシャルルに会うことになっていた。シャルルへのインタヴューは予定通りにできたものの、ブルデューとのそれは、彼が一月二三日に亡くなってしまったためについに成しえないものとなった。

二〇〇二年二月五日、私たちはエコール・ノルマル（高等師範学校）で夕方までシャルルにインタヴューをした。その後に私はレ・アール地区のフナック（書籍や家電の販売店）に行き、日本から持ってきたパソコンをフランスの電話回線に繋ぐための器具を探した。それからシャトレ広場に出てブラスリーで休み、買ったばかりのル・モンド紙をそこで開くと、作家アニー・エルノーの「ブルデュー、悲しみ」、そしていま別れてきたばかりのシャルルがダニエル・ロッシュと共同署名で書いた「ブルデュー、歴史」という追悼文が載っていた。それらを読み、ロダンバックという、ベルギー出身の象徴派詩人と同じ名のビールを最後に飲んで店を出ると、宵闇のなかに雨が降っていた。シャトレ劇場の前を通ってセーヌ河畔のバス停の方まで歩いたとき、左にノートルダム、右にエッフェル塔が照明を受けながら雨のなかに輝いているのが見えた。

ピエール・ブルデューは、ノートルダムを中心にした中世以来の表象空間と、エッフェル塔を中心にしたジャーナリズム空間を、パリで自在に往復した人である（『パスカル的省察』と『テレビについて』〔邦題『メディア批判』〕）。しかもそのようなパリからマラルメ的な〈書物〉へと転位することもできた人である。その『世界の悲惨』という、手に取ることのできる小さな宇宙には、「世界」がたしかに収斂されており、そのことがそのまま「グローバリゼーション」という、ひたすら拡散するだけの世界に対する批判となっている。際限なく郊外が拡がり、エッフェル塔さえ見えなくなってしまった現在のパリにおいて、その一冊を所有するということは、一つの救済にほかならない。そしてそのような書物の出版を可能にしたブルデューが、突然いなくなってしまったことの「悲しみ」について、またその悲しみを共有する者たちの静かな連帯について、アニー・エルノーは追悼文のなかで語っていた。

もちろんブルデューの死に何も感じなかった人も多いに違いない。しかしそのときのパリは、まるで同時多発テロのあとのニューヨークのように、突然のその不在に戸惑い、喪の悲しみに沈んでいるように見

（3）本書一〇五頁の注（5）参照。

えた。翌日バスのなかで同じル・モンドを読んでいると、後ろに立っていた中年の女性から、それは昨日の新聞ですかと声をかけられた。ウェーバーとブルデューの名が見えたので気になったという。すると今度はそれを聞きつけたのか、私のとなりにホームレス風の女性が来て、私の新聞をのぞき込むようにしながら、「私もブルデューが好きだった」と言うのである。パリの街にはブルデュー亡き後の世界をどう生きればよいかと自問する人たちがいた。もちろんクリストフ・シャルルもその一人だった。

ところでブルデューは、マラルメと同じようにほとんど読まれることなく有名になった稀な書き手である。マラルメはその詩の「難解さ」をめぐる論争のなかで名を知られるようになった（良識派がサンボリストの詩の判りづらさを批判したのに対し、サンボリストは詩は難解であってもかまわないと主張し、その例としてマラルメを引用した。いずれの側にとってもそのテクストは「難解」でありさえすればよかった）。ブルデューの場合は逆に、マラルメ的な韜晦を行なわずにフィクションのメカニズムを公衆に晒してしまったため、テクストから離れた不毛な論争が起こって、そのなかで名前ばかりが喧伝されたのである。「私の『告発』に対する多くのパリサイ人たちの告発を前にして、私は自分がマラルメの足跡を辿らなかったことをしばしば後悔した(4)」とブルデューは書いている。

しかしおそらくブルデューは、マラルメから〈書物〉に潜在する破壊的な力について学んでいたはずなのである。マラルメが「文学のメカニズムを公衆の面前で不敬虔にもばらばらにして示すようなこと」（「音楽と文芸」五二五頁）と書くとき、それは一八九三年にオーギュスト・ヴァイヤンがブルボン宮で行なった爆弾テロを暗示していた。ブルデューはもちろんヴァイヤンのようにテロリズムには走らなかったけれども、文学のメカニズムを社会科学の言葉で暴露するという「不敬虔」な行為には及んでいる。しかし『裁判の過ち』を一八九六年にベルギーで出版したベルナール・ラザールと同様に、[5] ブルデューもまた、文学から離れながらも最終的にはマラルメの教えに従い、〈書物〉という爆弾によって世の中を揺さぶることに成功したのである。じっさいブルデューは、テロリズムを真に批判できるのは〈書物〉を成就しようとする者と、それをじっくりと読んで夜空に花火を炸裂させる者のみであることを知っていた。絶対権力の論理に居直って正義を主張する、アメリカ合衆国大統領のテロリズムへの報復発言を批判しながら、彼は次のように語っていた。「最も弱い者でも、絶望に追いやられたときには、最後の最後まで追いつめられたときには、自分のもつすべての武器を無制限に使用することがありうる世界では、〔覇者の論理が〕もはや通用しないということを確認すべきなのです[6]」。

シャルル・ペギー、マルセル・プルースト、ベルナール・ラザールなど、ドレフュス事件の後にミスティックへと傾いた文学者たちは、ポリティックへと傾いたクレマンソーなどの覇権主義を批判している。そして彼らが共有するミスティックな傾向は、マラルメが『ディヴァガシオン』のなかで「文芸のなかの神秘」として語っていた「エクリ」（書かれたもの）の属性につながるのである。フランスにおける知識人の伝統は、ゾラのように敢えてジャーナリズムに訴えた作家ばかりでなく、マラルメのように敢えて表象空間にとどまった詩人からも発している。その二つの流れは、ミスティックへと傾いたドレフュス派の

（4）Pierre Bourdieu, *Méditations pascaliennes*, Seuil, 1997, p. 15.（邦訳『パスカル的省察』加藤晴久訳、藤原書店、二〇〇九年、一七頁。引用箇所は岡山訳）

（5）岡山茂「マラルメとサンボリスムの詩人たち　その1　ベルナール・ラザールとアドルフ・レテ」、『教養諸学研究』一〇八号、二〇〇〇年三月、一一一五頁参照。

（6）ピエール・ブルデュー「アメリカという例外はない」加藤晴久訳、『環』第八号、二〇〇二年、藤原書店、五一頁（加藤晴久編『ピエール・ブルデュー』二〇〇二年、に収載）。

文学者たちのなかで一つになり、さらに彼らの言葉を二〇世紀にふさわしい社会科学の言葉で語り直そうとしたブルデューらによって受け継がれ、われわれのところにまで届いている。私たちにとっては、それをどのように継承するかが問題なのである。

5　『ディヴァガシオン』を読む

散文であれ韻文であれ、「そこに何らかの密かな、音楽の追求が込められているとすれば」、書かれたものはすべて〈詩句〉Vers であるとマラルメは語っている（「書物、精神の道具」二五六－二五七頁）。だからマラルメを読む場合には、つねに〈詩句〉を見出すことが問題となる。たとえば、それぞれの散文作品のなかに「一箇の韻律法を命ずる思考の直接的なしかじかの律動」（三五八頁）を感じること、あるいは『ディヴァガシオン』という散文集を読む場合には、「まるで崩れ落ちた僧院の跡に佇んでいるかのように、そこにかつて焚かれていた教義の遺香を嗅ぐ」（七頁）ことが問題となる。これは気ままにそのなかの作品を読みながら、そこにある（あるいはあったであろう）〈書物〉としての「構造」を思ってみるということだ。

しかし構造を読むということは、それを自律した空間として捉えると同時に、そのことが逆に浮かび上がらせる「外部」を感じるということでもあらねばならない。とりわけマラルメの場合は、『ディヴァガシオン』を一冊の本として読むことに加えて、そこに暗に示されている著者の政治的立場のようなものを読む必要がある。マラルメが divaguer（あちこちをさまよい歩く、妄言を吐く）を好んだとしたら、彼はおそらく政治的態度をはっきりと表明するのも拒んだに違いない。しかしその故意に曖昧な態度は、それ自体がひとつの政治的な態度であることを免れないし、じっさいドレフュス事件のときのマラルメは、ドレフュス派・反ドレフュス派のどちらの署名運動にも応じなかったために、多くの若いサンボリストたちから見放される結果を招いている。

しかし曖昧な態度をとったからこそ、マラルメはドレフュス事件の渦中にいながら、距離をおいてそれを眺める社会学者のような視線を備えることになったとも言えるし、さらにその〈書物〉への意志によって、一九世紀末のフランス社会にひそむ宗教的な妄信を晴らすという、それこそ「アンテレクチュエル」にふさわしい役割を果たすことも可能になったのである。そしてそのようなマラルメの態度に共感を示すフランシス・ヴィエレ＝グリファンのようなサンボリストもいた[7]。つまりマラルメは、カトリシスムが大衆の無意識を反ドレフュス主義へと向けさせるなか、聖母マリアの「秘蹟＝神秘」（ミステール）を文学によって解体し、さらに新たな「聖史劇」（ミステール）として創造しようと企てていた。もし文学がカトリシスムの信仰に取って代わることができれば、「政教分離」も不必要となるか、あるいは無理なく国民に受け入れられるものとなるはずだった。しかしその死によって聖史劇『エロディアードの婚礼』は未完のまま残され、「マラルメの宗教」はヴァレリー、ジッド、クローデル、プルーストら「使徒」たちによって伝えられることになる。二〇世紀前半には彼らの活躍によって、文学はかつてのカトリシスムに近い役割を果たすようになる。ボードレールやフロベールが見直され、人文科学としての文学研究が盛んになり、さらにリセ（高校）におけるディセルタシオン（論述試験）やアグレガシオン（教員資格試験）を通して、それは確実に学校文化のなかに定着する。しかしそのようにして文学が「制度」となると、今度

（7）岡山茂「「知識人」としてのフランシス・ヴィエレ＝グリファン（上）」、『教養諸学研究』一一二号、二〇〇二年、三‐一六頁参照。

はサルトルの登場をきっかけに哲学、さらにはブルデューの社会学が注目されるようになる。ところでサルトル、フーコー、デリダ、ランシエールらのマラルメへの傾倒は明らかであり、すでに述べたようにブルデューにもマラルメとの秘められた親近性があった。そしてブルデュー亡き後、ふたたびかつての「アンテレクチュエル」のような「集団的知識人」が注目されている。『ディヴァガシオン』を読むにあたっても、そのような関心からのアプローチが可能であろうと思われる。ここでは、そこに登場するさまざまな人物の「移動」を追いかけることで、パリという都市の空間の拡がりと変容を跡づけてみる。

6　さまよう詩人たち

ディヴァゲ divaguer という動詞はもともと「あちこちをさまよう」ことを意味している。事実『ディヴァガシオン』のなかには、自分たちにも分からない本能につき動かされて、さまざまな仕方でさまよっている人物が見出される。しかし彼らの「移動」をつぶさに追いかけてみると、彼らがどうしても入り込めない三つの場、〈地平線〉と〈舞台〉と〈エクリ〉があることも判る。まず〈地平線〉は、太陽のみが入り込める空間であり、マラルメが大文字で〈人間〉と呼ぶ特権的な人物も、そこまでは太陽を追いかけることができない。次に〈舞台〉も、マラルメによれば処女なる空間であって、そこにはたとえばバレリーナあるいはパントマイム役者のような、記号に変身することのできる特異な身体しか入り込めない。そして〈エクリ〉もまたマラルメによれば、「閑暇が誘う数々の花によって啓示された迷路」（「文芸の中にある神秘」二七六頁）のような、閉ざされた空間なのである。「新聞しか読むことを知らない現代人」（二八一頁）は、たいていその入り口に気づかずに通り過ぎてしまうだろう。そしてこれらの三つの場からの引力が交錯するエクリチュールの〈大地〉を、登場人物たちはさまざまな仕方で移動している。

この書物に描かれているかぎりでの古典主義時代の表象空間においては、これらの三つの処女なる場は〈詩人〉の明視の力によって結びつけられている。詩人とはもちろん、日没の神秘を読み解くことを任務とする者である。「天空という頁に書き込まれた戯曲」（二五二―二五三頁）を読み解いて、それを言葉に翻訳し、さらに舞台に載せる者である。劇場はだから詩人の神殿であって、その舞台で行なわれる上演はエクリの「直接的な消失」（二四九頁）にほかならない。こうして詩人によって、三つの場はひとつの大きな表象空間の内部で結ばれることになる。これは次のように図式化できるだろう。

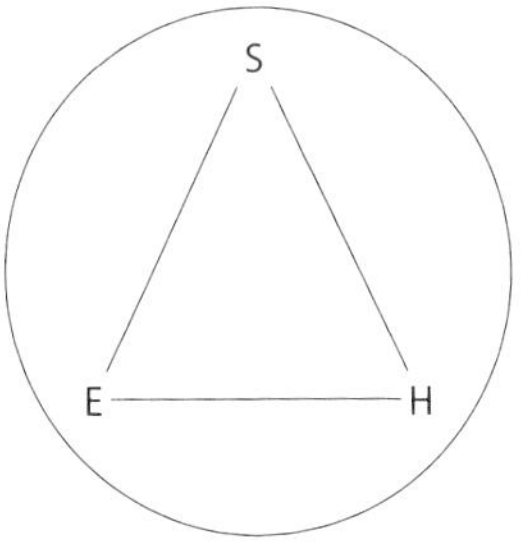

〈地平線〉Horizon、〈舞台〉Scène、〈エクリ〉Ecrit は、ここでは一つの大きな空間のなかにあり、その外は無あるいは信仰の領域である。たとえば教会の大オルガンは、「聖堂の入り口のところに追いやられて、外部を表現」（「同題」三〇〇頁）している。その低音はたしかに腹に堪《こた》えて、「空腹」そして「死」の観念をじかに呼び覚ますけれども、そこに集った人たちが心安らかに家路に就けるように、教会の内陣を「振動によって無限にまで押し広げる」効果も持つ。劇場も本質的には教会と同じである。マラルメにとってオペラ座は、ノートルダム大聖堂がセーヌのほとりで天に舞い上がる水鳥のようであるのに対し、まるで大地の隆起を抑える重しのように抑圧的である。しかしそれでも、そこで行なわれる上演は、観客たちにとっての「外部」を鎮める役割を果たしている。

この古典主義時代の表象空間は、一九世紀の半ばに崩壊の危機に瀕する。『ディヴァガシオン』においてそれを象徴するのは、一八八五年のヴィクトル・ユゴーの死である。ボードレールという「後ろにうごめく花火師〈魔王《サタン》〉」（六五頁）が亡くなるころに、その崩壊はすでにかなり深刻な事態となっていた。たとえばマラルメは『ディヴァガシオン』の冒頭に置かれた一八六五年の作品「未来の現象」のなかで、夕暮れの街路をさまよう群衆を描いている。彼らがさまようことを余儀なくされているのは、もはや晩禱の祈りを捧げる教会ばかりか、彼らに日没を上演してくれる劇場さえ街にはないからである。注目すべきは、詩人たちも群衆に交じって街路をさまよっていることである。彼らは本来なら〈地平線〉をひとり見つめて日没の神秘を読み解くことを役目にしている。しかしいまや群衆とともに「見世物師」のテント小屋に入り込み、そこで舞台上の「ひとりの昔の〈女性〉」に魅了されてしまうのだ。その髪の毛の「黄金の恍惚」あるいはその唇の「血の滴るような裸形」は、地平線の向こうに沈んだ太陽の残り火である。彼らが詩を書くのは、彼女から霊感を得て家に戻ってからのことにすぎない。つまり彼らは詩人としての明視の力ではなく、まるで明かりに吸い寄せられる蛾のようなその「移動」によって三つの場を結んでいる。マラルメが「空位時代」と呼ぶ〈詩人〉の不在の時代が、このようにして始まるのである。

7　ジャーナリズムの閉域

この空位時代を生きる人々は、「ジャーナリズム」の空間をさまよっている。「誰も決して、ジャーナリズムからは逃れられない」（六頁）と前書きで述べられているとおり、この新たな表象のシステムは『ディヴァガシオン』の全域を覆っており、登場人物はそこから逃れられない。この空間のモデルは次のように図式化できる。

かつて〈詩人〉によって結びつけられていた三つの場は、ここではばらばらになり、ジャーナリズムの空間の外に追いやられている。それぞれはたしかに登場人物たちに引力を及ぼすけれども、彼らは決してそこには入り込めない。まず〈地平線〉について言えば、人々はたしかに海辺や森に出かけてヴァカンスを楽しむようにはなった。しかし、そこにおいて毎日繰り広げられている日没の神秘に関心は示さない。たとえば「陳列」に描かれるある女性は、ヴァカンスで読むための本を、「自分の眼と海の間にそれを置くために」選んでいる（二五五頁）。つまり彼女は海辺でそれを読みながらのんびりと時を過ごしたいのであって、〈地平線〉にも〈エクリ〉にも関心はない。〈舞台〉もいまやパントマイム、バレエ、音楽劇あるいはオーケストラ・コンサートのような、「語のない詩」（二八七頁）によって占拠されている。そしてそうであるがゆえに、人々は〈舞台〉のまわりをうろつくようになった。街の劇場の薄暗い廊下では、売春婦と値段の交渉をしている「さまざまな国語の愚か者たち」（二九八頁）が観察されている。最後に〈エクリ〉に関しても、人はもはや一冊の本を繰り返し読むことはないし、一行の詩句の意味に悩むこともない。新聞を買っては翌日に捨て、あるいは新刊本を次から次に買い込んではその「脆弱な不可侵性」（二六八頁）と戯れている。つまり接近不能であるゆえに〈エクリ〉もまた欲望を刺激するものとなっている。まだ読まれていない新聞を拡げること、あるいは新しい本にペーパーナイフを差し込むことが、その空間に入り込めない苛立ちを鎮めることになる。この「野蛮な真似」から離れてひとりエクリの空間のエッセンスを楽しんでいるのは、詩人テオドール・ド・バンヴィルである。

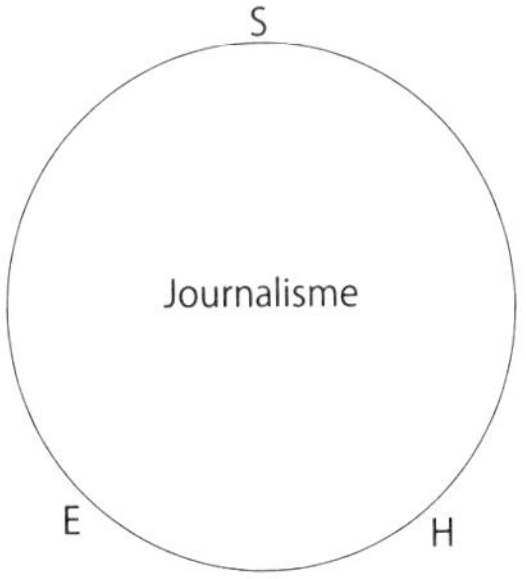

彼はまるでリュクサンブール公園でのように、「数々の花によって啓示された迷路」を散歩している。

ところで『ディヴァガシオン』においては、ヨーロッパ、フランス、パリという現実の空間が、それぞれジャーナリズムの閉域を構成している。まずヨーロッパは、そのなかでももっとも大きな空間である。たとえば、登場人物の一人で、一八世紀末から一九世紀前半を生きたイギリスの作家ウイリアム・ベックフォードにとって、ヨーロッパはむしろ崩れようとしている古典主義時代の表象空間そのものであった。彼はこの空間に暮らすことに深い不安を感じていたがゆえに、幼いころから読書によって伝説的なアラビアの世界に飛び立つのを好んだのである。そのベックフォードは一度もヨーロッパの外に出たことはなかったけれども、アルチュール・ランボーはたしかにアラビアの土地を自分の足で踏むことに成功する。しかしすぐにジャーナリズムによってフランスへと回収されてしまう。マラルメはその「ヨーロッパへの、耐え難い気候や習慣への完全な訣別」（九一頁）ばかりでなく、二度にわたるフランスへの「強制送還」と、マルセイユへの運命的な帰還について語っている。そしてランボーをフランスへと連れ戻すのは、いつでも新聞という不吉な鳥なのである。「一八九一年に、思いがけないニュース〔ランボーの訃報〕が新聞によって流れました〔…〕」（九二頁）。しかしこの「新聞」という鳥のお陰で、人々は地平線の向こうで起こっていることを知るために、もはや移動する必要がなくなった。書物という、ベックフォードを幻想的なアラビアの空へと運んだ伝説の鳥も、いまやより大きな翼を持つ新聞という鳥によって「パロディー化」されている。じっさいランボーは、そのような時代にあって文学がもはや不可能なことを、自らの「移動」によって示したのである。

次に、フランスもジャーナリズムの空間となっている。そこにはもはや純粋な文学の「土地」はないため、人々はドイツとイギリスという二つの隣国のあいだで引き裂かれている。まずドイツでは、ワーグナーがその音楽によって〈舞台〉を洗い清め、観客たちは「何かしら異形な、新しく野蛮な幸福感」（一四二頁）を味わっている。反対にイギリスでは、かつての純粋な文学の土地がいまでも大切に保存されている。つまりそこでは、産業都市が石炭の黒い粉塵に苦しんでいる一方、ケンブリッジ大学やオックスフォード大学のキャンパスという「攪乱されたことのない、伝統的な土壌」（三二二頁）が大切に保存されている。フランスでは、新古典主義のフランソワ・ポンサールのような劇作家が、ユゴーの不在をよいことにコメディー・フランセーズに君臨している。エデン劇場でワーグナーのオペラ『ローエングリン』が初演されるときには、それを妨害するために群衆が押しかけたけれども、このような愛国主義の発揚は、むしろワーグナーのような「天才」がいない祖国に対する不満のはけ口となっている。しかも詩人たちはといえば、パリの群衆を救うことを忘れてバイロイト詣でをしている。マラルメは、祖国の地を去ることに不快な思いを禁じえないという「芸術家の単純な本能」（二〇一頁）について語りながら、バイロイトには行かずにパリにとどまって、バレエや、パントマイムや、メロドラマなどの「フランス的なジャンル」に〈舞台〉を発見することになる。

しかしそれでもマラルメはイギリスには行っている。ランボーとヴェルレーヌのカップルのようにかつてロンドンに逃亡していたばかりでなく、熟年に達してからもケンブリッジとオックスフォードを訪れている。そして伝統的な大地を守るこの国に、フランスとは異なる「社会的寛大さ」（三二二頁）を見出し、帰路の列車のなかで「文学の土地基金」«Fonds littéraire»（三四七頁）をフランスに創るというアイデアを得る。Fondsというのは、フランスの若い詩人たちを支えるための「基金」であるとともに、彼らに文学者として生きることを許す「土地」でもある。そしてこの計画をアカデミー・フランセーズに提出しようとするが、アカデミーがそれに応えないため、彼は『ディヴァガシオン』の最後におかれた「擁護救済」においてもなお、学士院(8)の周辺を「さまよって」いる。

最後に、パリもまたジャーナリズムの空間でしかない。マラルメはこの都市において「現在が荒れ狂い」、「現下の情勢（アクチュアリテ）の大砲」（三二四頁）が轟いているのを確認している。この街で詩人たちは絶望し、「都市について悪しざまに語る」（三一九頁）ばかりか、そこから離れて田舎に戻ることを望むようにもなっている。かつてヴィリエ・ド・リラダンがパリにやってきたころ、パルナシアン（高踏派の詩人）たちはすでに自分のアパルトマンに閉じこもり、フランス語の詩句という「ときとして調子のはずれる古い楽器」を修理しながら弾いていた。ヴィリエ・ド・リラダンは、逆に絶対的な文学者であることに固執して、このジャーナリズムの時代にあえて街路をさまよい続けている。詩人たちはそれゆえ、「苦痛から始終逃れようとしつづけるこの必死の貴公子」（七七頁）に、一夜の宿を提供したのであった。ランボーと別れたヴェルレーヌもまた街路をさまよっており、そのようにして自由詩の先駆者となるとはいえ、「孤独、寒さ、ぶしつけ、窮乏」（八三頁）を忍ばねばならなかった。彼はその墓のなかでようやく、新聞の追跡から逃れて休息を見出している（八一頁）。

ところで話者としてのマラルメは、四番目の散文詩「類推の魔」の冒頭でアパルトマンから街路に飛び出している。そしてそのようにして彼の詩的彷徨（ディヴァガシオン）も始まるのである。部屋のなかにとどまることができないそのロマン的な魂は、生涯の終わりまで、あるいはこの本の最後までさまよい続けることになる。しかしその間に、嵐模様の外を窓越しに眺めたり、教会やコンサートホールで休んだり、あるいはパリの郊外に逃れることも学んでいる。つまり彼にとって、都市の「瘴気」（三二四頁）から逃れるためには、ランボーのように遠くまで行く必要はない。「一時半にでも、出かければよいのだし、ただ、列車の喧噪によって続く妄念がほぼやんでくれるように。〔…〕もっと前へと逃れていくことはつねに、〔セーヌ〕河となって帰ってくる」（三二三頁）。こうしてパリとその周辺をさまようほかは、まれにイギリスに行くことで満足する。「地上で限りなく、単純なものとして自己を知覚するというモチーフ」（三二四頁）に焦がれてはいるけれども、彼が移動する〈大地〉は、処女なる白い紙の上にも拡がるからである。

8　ハムレットの「アンガジュマン」

『ディヴァガシオン』のなかには、三つの処女なる空間を自由に横断する特権的な存在も見出される。ここで問題となるのは移動（デプラスマン）というより、むしろ転位（トランスポジシオン）と呼ぶべき「さまよい」である。たとえばバレリーナは、〈舞台〉から〈エクリ〉へと飛び移ることができる。なぜなら彼女は、女性であると同時に「記号」（シーニュ）あるいは「象形文字」（二〇二頁）であるからだ。あるいはまた、燃えさかる〈地平線〉で火刑に処される〈人間〉も、管弦楽コンサートや教会のミサで〈舞台〉のうえに現れる。しかしこのようなトランスポジシオンをもっともよく体現しているのは、この書物に現れる登場人物としてのハムレットである。彼はまず、秋になってパリに戻らねばならない話者に代わって、夕焼けのなかで燃え上がる森にひとり入り込んでゆく（一五九頁）。ところが話者は、そのハム

（8）フランス学士院（Institut de France）は、大革命後の一七九五年に創設された国立の学術団体。一六三五年創設のアカデミー・フランセーズ（仏語・文学）のほか、人文学、科学、芸術、倫理・政治学の各アカデミー（計五組織）から構成される。

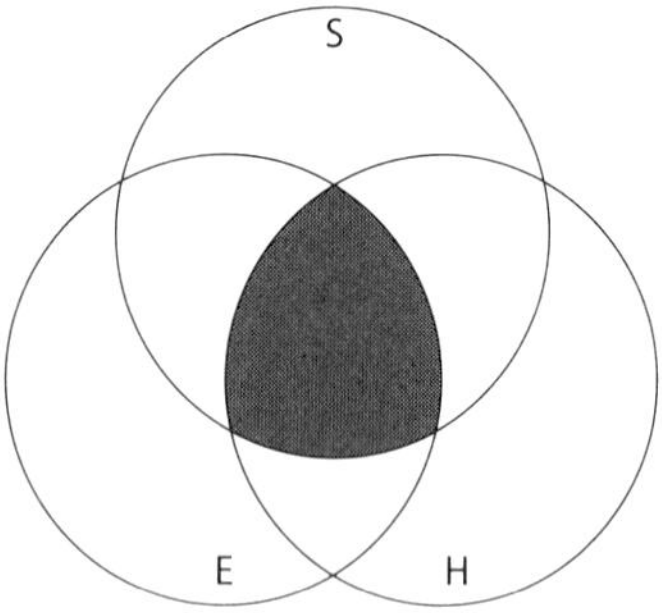

レットをコメディー・フランセーズの舞台のうえに、看板俳優のムネ＝シュリーによって演じられた姿で見出すだろう。またこのヒーローは、「彼は歩きまわる、ただそれだけだ、自分自身という書物を読みながら」（三五六頁）と言われるように、〈書物〉の空間の散歩者である。つまり「錯乱と怨念の迷路を踏み迷うこの人物」（一六一頁）は、三つの空間を自由に横断するし、あるいは同時に三つの空間に存在するのである。このトランスポジシオンは上のように図示できる。

　ここにおいては、〈地平線〉と〈舞台〉と〈エクリ〉は互いに重なり、そして重なり合った部分にひとつの濃密な空間が構成されている。「彼に近づくと、誰しも姿が消え、倒れ、消滅してしまう」（三五六頁）と言われているごとく、ハムレット以外は誰もこの空間に入れない。ところがハムレットは、マラルメによれば「すべての人間の若き亡霊」（一六〇頁）だから、彼は私たちのそれぞれのなかに潜んでいる〈神性〉でもある。言い換えれば、私たちの精神のなかに、ハムレットが移動する純粋にして濃密な地帯が存在する。しかし私たちはハムレットにはなれない。唯一可能なことは、彼の批判的な視線を自分のものとし、その視線によって三つの空間を貫くことである。『ディヴァガシオン』の話者もそのようにして、たとえばサロンの暖炉の脇で本を読みながら、劇場の舞台ばかりでなく地平線の日没も観ている。また自らの個人的な夢想の化身である「かくも繊細・異常なるご婦人」を連れて劇場へと赴く。アパルトマンでの夢想を、彼はこうして劇場のホールにおいても継続することができるのだ。

その話者が三つの空間を無傷のままに見出すのは、パリの郊外においてである。そこで彼は〈地平線〉をじかに眺めることができる。そして同時に、自ら俳優となって〈舞台〉に上がることもできる（「私の劇場、ずかずかと入ってそれを踏みしめること、役者そのものとして〔…〕」（三三一頁）。さらに緑ゆたかなこの土地においては、〈エクリ〉の空間も開かれている（「こんな田舎という頁、もう一つの〔テクストの〕頁への、煩わしいが、決して散漫ではない伴奏」（三三三頁））。だから郊外は、彼にとって詩的な夢想のための理想的な場所となるのだ。しかし彼はパリに戻らねばならない。それはヴァカンスが終わってしまうからばかりでなく、いまのところ「待機の状態」（三一九頁）にあるこの都市を芸術によって戴冠するためである。「〈正義〉の飛翔によって曇りを払われたガラスの高く聳える建物」（二五〇頁）を、パリの中心に建設するためである。それゆえパリと郊外を往復することが必要となる。そしてその反復が、彼のなかに三つの空間を同時に見通すことのできるハムレットの視線を徐々に構成するのである。

一度その視線を自分のものにできれば、もはや「移動」する必要はない。「制限された行動」のなかでは、彼のパリのアパルトマンに訪ねてきて「行動することの必要を洩らす」（二四五頁）若い詩人が描かれている。その彼に向かってマラルメは、部屋のなかに居たたまれないなら煙草でも吸ってみてはどうかと勧めている。これはたんなる皮肉や冗談ではなく、かつて「類推の魔」でアパルトマンから飛び出し、「詩句の危機」で悪天候のために外出できないことを嘆いていた話者の、心からの忠告なのである。なぜならこの批評的なポジシオンは、同時に政治的なポジシオンでもあるからである。最後に私たちは、マラルメのこのような「ポジシオン」が妥当なものであったかどうかを、ドレフュス事件を試金石として評価しなければならない。

9　マラルメとゾラ

一八九八年、ゾラに有罪判決が下ったその日に、マラルメはゾラに宛てて支援を表明する電報を打っている。また当時の証言によれば、マラルメは事件について語るときにきわめて雄弁であり、しかもゾラのことになると興奮したと言われる。(9) しかし彼は、公式には一度もドレフュス派であると表明していない。むしろ「この永遠に続くようなドレフュス事件」に飽き飽きして、四月にはフォンテヌブローの森の近くのヴァルヴァンに引きこもり、そこで『エロディアード的婚礼』を完成させるための静かな生活を送ろうとする。しかし九月にはその作品を未完成のまま残して、突然の咽頭痙攣のために亡くなってしまうのである。ところでそのようにしてパリを離れることで、彼もまたランボーのように〈ジャーナリズム〉に抗って死を宣告されたのではないか。

しかしマラルメは『ディヴァガシオン』のなかで、すでにドレフュス事件について語っていたかのようである。マラルメによれば、かつては「その存在が詩句そのものである」ユゴーが、若い詩人たちから「自分の考えを述べる権利」を奪っていた（二二六頁）。しかし一八八五年にその国葬が行なわれ、パンテオンにその遺骸が安置されると、ベルナール・ラザール、ダニエル・アレヴィ、ロラン・タイラッドなどの新たな世代の詩人たちもようやく自らの言葉で語り始める。ドレフュス事件において重要な役割を担う〈アンテレクチュエル〉は、まさにこの時期に形成され始める。詩人たちが政治的な無関心のなかにいるように見えたとすれば（二四五頁）、それは彼らがその独自の政治的な本能のはけ口をまだ見出していなかったからにすぎない。じっさいドレフュス事件は、彼らに思いきり主張する機会を与えたのである。

マラルメとしては、「市民たち同士の激烈な闘い」（三〇八頁）に詩人や文学者が参加するのを望まなかった。一八九〇年代の前半にパリで荒れ狂ったテロリズムの嵐においても、文学者はそれを支持したり批判するよりはむしろ、「それへの無関心を示しながら、この脇に退いた態度で少数派を形成すること」（三〇八頁）が大事だと言っていた。それゆえ、文学者たちさえ二派に分かれて争うようになってしまったドレフュス事件は、彼にとっては絶望的な事態であった。けれども彼は、そのなかでひとりハムレットのように行動しながら、『エロディアードの婚礼』を完成することで、ジャーナリスティックなものとなってしまったこの世界を、〈書物〉へと変容させようと試みていた。これはたんにジャーナリズムから逃れることではなかったと言うべきなのである。

モーリス・ブランショは、「最初からマラルメは、比類のない教師として、密かな仕方ではあったが、もっとも正しい選択をしていた」と言い、反ドレフュス派となったヴァレリーと、彼によって反ドレフュス派に引き込まれてしまったジッドを告発しながら、マラルメの政治的な正しさを語っている。[10] またモーリス・シューマンも、一九八一年に開催された「ドレフュス事件と作家たち」というコロックにおいて、マラルメの名をゾラやペギーとともに挙げながら、次のように語っている。「しかしステファヌ・マラルメが詩人としてもっともよく歌ったのは、ドレフュス事件のときのゾラを讃えたときでした。つまり一八九八年一月一三日の『私は弾劾する』と、一八九八年九月九日のマラルメの死という二つの日付の間で、

（9）Cf., Correspondance inédite de Stéphane Mallarmé et Henri Roujon, recueillie et commentée par G. Lefèvre-Roujon, Genève, P. Cailler, 1949, p. 59-60.

（10）Maurice Blanchot, «Les intellectuels en question», in *Le Débat* n° 29, mars 1984, p. 13.

エロディアードの詩人は、ドレフュス事件ではなくゾラ事件で有罪判決を受けた友人のために、そのもっとも美しい言葉を書いたのです。そのおどろくべき、そして美しい出会いによって、ペギー、ゾラ、マラルメは、新たな偽善者たちの罪を暴きながら、ある日おそらく彼らを治癒させることでしょう。この三人の不安な者たちは、まさに絶望した者たちでもありました。なぜなら彼らが絶望と呼ぶものは、あきらめることの拒否でもあったからです[11]」。

もしマラルメが、ブランショの言うように、政治的にも正しい立場をとることができたとしたら、それはおそらく、彼がそのときすでに『ディヴァガシオン』を完成させていたからではなかろうか。たとえ時々の状況に応じて書かれた散文ではあっても、ひとたび一冊の本にまとめられると、それらは互いに照らし合うようになり、そこから一つの「教義《ドクトリン》」が放散される。マラルメには、確信とは言わないまでも、少なくともそのような希望があった。『ディヴァガシオン』の前書きには、次のような言葉がある。「一冊の書物、なぜなら私は散逸して構築を欠いたそれらを好まぬから。誰も決して、ジャーナリズムからは逃れられない。望むらくは自分のために、そしてこの本を読んでくれる誰かのために、そこからいくつかの真実をもたらすことだ、人々の頭上を越えて、それらを白日の下に投げることなしに」。また彼は妻と娘にあてた遺言のなかで、書き散らした草稿のたぐいは『エロディアードの婚礼』を除いて、すべて燃やすようにと頼んでいる。

（11）Maurice Schumann, locution inaugurale au colloque organisé par le Centre Charles Péguy et l'université d'Orléans, 29-30-31 octobre 1981, in *Les Ècrivains et l'Affaire Dreyfus*, textes réunis par Géraldi Leroy, Actes Paris, PUF, coll. «Université d'Orléans», 1983, p. 5-6.

おわりに――ブルデュー『国家について』の余白に

ピエール・ブルデューはコレージュ・ド・フランスでの講義で、「私が一九八九年に『国家貴族』を出版したのは、フランス大革命は本質において何も変えなかったということを示すためでした」と述べている（『国家について』Pierre Bourdieu, *Sur l'État*, Seuil, 2012, p. 246）。グランド・ゼコールの卒業生がいまでも革命以前の貴族のように君臨していることを、大革命の二〇〇年後に出版したその本のなかで示したというのである。そういうブルデューにとっては、大革命以後のフランスと、明治維新以後の日本のあいだに本質的な差異はない。後者が下級武士の反乱であり、それによって日本の民衆が必ずしも解放されたわけではないのと同様に、前者においても、民衆はいまだに「旧体制」の下にある。それゆえ人々は、いまでも街頭や広場に出てデモをする……。

フランスでも日本でも、「国民国家」はパリ・コミューンや会津藩を潰すことによって一八七〇年代に成立し、二〇世紀になると二つの世界大戦を経験した。しかしそのような「国家」の萌芽は、ヨーロッパでは近代が始まるよりもはるか以前に、「ウニヴェルシタス（大学）」がいくつかの「ナチオ（＝ネーション）」によって形成されたときにすでに生じていたのかもしれない。「お国訛り」というときの「国」（ペイ）、国民としての「ナシオン＝ネーション」、そして国家としての「エタ」は、時代が進むにつれて大学のなかで／とともに成長し、分化している。フランスでは一七九三年に中世以来の大学が廃止されることで、ドイツでは一八一〇年にベルリン大学が創設されることで、「国民国家」への流れが加速している。

たしかに日本では、律令制の国家がすでに七世紀のころからあり、大学も国家（明治政府）が創ったものとされている。しかし大学を創るためには、ドイツとフランスのモデルが参照されたのである。ナポレオンの「ユニヴェルシテ・アンペリアル」（帝国大学）とナポレオンへの抵抗から生まれたベルリン大学は、そこにおいては混同された。また大正時代になると、江戸時代の終わりに創られた私塾や、明治時代に創られた専門学校も、「大学」として認められるようになる（「大学令」一九一八年）。まるで「神仏習合」のようなこの混淆をとおして、大学は自治を奪われ、戦争へと突きすすむ「国家」を支えるものとなる。戦後にはアメリカ経由で「民主化」の理念がもたらされたが、アメリカ本国でそれが失われるのにともない、いまではなし崩しとなってしまった。大学はエリートのための少数の大学とそれ以外の大学に二極化し、ポスト・モダンな外観とはうらはらに、藩校と寺子屋しかなかった江戸時代の昔に戻ろうとしている。

フランスでは一九世紀に二度の革命とパリ・コミューンが起こっている。ということは、「大革命」では革命は終わらなかったということだ。じっさいこの一八世紀末の革命は、貴族の資本を官僚の資本へと転換しようとする、貧窮した貴族たちによる「保守革命」であった。「人はアナロジーに驚くだろう」とブルデューは言っている。

私は明治維新を「保守革命」として描くことができると思う。ナチスの一部や何人かのナチスの先駆者のなかには、保守的な革命家、つまりかつての秩序の諸相を復元することをめざして革命を起こそうとする者たちがいた。明治の革命は、貴族による改革の形態のいくつかと多くのアナロジーを示している。この点に関してはアルレット・ジュアンナのすばらしい『叛逆の義務』〔Arlette Jouanna, *Le devoir de révolte*, Fayard, 1989〕を参照してほしい。〔…〕（*Ibid.*, p. 245）

幕末や明治の日本の志士たちは、自由と民権を求めることにおいて近代主義者であるようにみえるが、その求めたものは、特権を持つ彼らの視点からみた権利と自由であり、そこにあらゆる曖昧さもまた含まれていたとブルデューは言う。身分の低いサムライたちは、自分たちの固有の利益を普遍化しうる限りにおいて「維新」を起こした。つまり普遍的権利を要求する外観（「錦の御旗」）のもと、サムライの権力の拡大を図り、会津というナシオンを潰して、薩長というナシオン連合による「国民国家」（エタ＝ナシオン）を成立させたのである。しかしブルデューはさらに次のようにも語っている。

どうして日本においてパラドックスは最大なのだろうか。それを知るには、封建時代から現在の「東大」まで続く日本の貴族の歴史を見なければならない。宮廷の貴族は、文化そして官僚主義と結びついた文化の修得という方向のなかで、絶えず再教育されながら、八世紀から今日まで続いている。〔…〕（*Ibid.*, p. 246）

日本においては八世紀のころに公家と僧侶の文化が形成され、一三世紀ごろになると貴族の特徴をそなえた武家も現れるようになる。しかし武家と文化のあいだの関係が明確に形成されるのは、一七世紀に入ってからである。つまり「サムライへの崇拝が刀とともに永続化されるのは、まさにサムライが消え去ろうとしていたとき」(*Ibid.*)である。武士の神話、武道、茶道、日本の文化へのすべての崇拝は、武士が官僚や文人へと再教育されるときに拡がり始める。文字を読めなかった武士たちも、将軍や藩主が「学校」を創設するようになると、教育を受けて官僚や役人となってゆく。そして鎖国による平和が続くなか、その数は過剰なほどに増えてゆく。この過剰な者たち、余った者たち、官僚となれなかったサムライたちは、自由と民権を求めて闘うようになる。明治になると、実業界で名を成す者も、ジャーナリズムの世界に飛び込む者も、周縁的知識人、「自由人」となる者も現れる……。

こうしたブルデューの視点からみれば、現代の日本において語られる「教養」も、八世紀以来の僧侶や公家の文化、そして文人化した武士が受け継いだ文化と本質的に異なるものではない。官僚やジャーナリストや「自由人」となるのに必要な文化的そして社会的な素養は、まずは「学校」で教えられた。あるいは「学校」で学んだ「父」のもとで、家庭において躾けられた。移入されるべき中国や西洋の思想は、日本語に翻訳されることで文化あるいは教養として、さらには翻訳という行為の実践として叩き込まれた。それは旧制高校から昇格した新制大学の「一般教育」においても変わらなかった。

このような「学校」の文化は、日本ばかりでなくドイツやフランスにもあり、その起源は「大学」よりもずっと古いものである。「ヨーロッパで「学校」の語源とされるラテン語の「スコラ」あるいはギリシャ語の「スコレー」は、本来「閑暇」を意味するものとされ、生活に余裕のある貴族階級によって生み出されたものである。学校の発生は、文字の発生、文字による文化の進歩、蓄積と深い関係をもっている。生活のなかでの教育のみでは十分に文化を次代へと伝達することができなくなったとき、これを組織的、計画的に授けるために学校が発生する。日本で初めて学校が設けられたのは近江令〔六六八年ごろとされる〕時代であるとされているが、そののち公家の教育機関として大学寮などが発達した」(『ブリタニカ国際大百科事典』)。ところでブルデューが言うように、日本において「パラドックスが最大」なのは、「大学」がヨーロッパのように中世において誕生したのではなく、ようやく明治時代になって移植されたからにほかならない。

日本の場合はフランスと違って、国家のエリートの養成は「グランド・ゼコール」(「大・学校」)ではなく、東大のような「大学」によって担われた。しかし明治時代に移植された大学は、八世紀からこの国の公家や官僚や僧侶を育んできた「学校」の文化に取り込まれてしまうだろう。学校(初等・中等教育)でよく学べばよい大学(高等教育)へと進学でき、「国家貴族」にもなれるようなシステム、あるいはすでに親が「国家貴族」なら、子をよい幼稚園に入れ、そのまま大学にまで進学させられるようなシステムが、いつの間にか出来上がる。戦後の大衆化や一九九〇年代末以降の少子化を経たいまでも、このメリトクラシー(能力主義)のパロディーのようなシステムは、入試と学費というバリアによって巧妙に維持されている。

日本でもフランスでも変わらないのは、国家が大学に嫉妬しているということである。大学の自治はもとより知の普遍性を護るためにあるが、国家は自治を主張するにあたって自らの普遍性を語ることができない(「錦の御旗」ばかりでなく「人類の解放」でさえも国内でしか通用しない価値である)。それゆえ国家はなんとかして大学を手なずけようとする。二〇世紀末以降、国家を担おうとする人たちはこぞって大学に改革を押しつけようとしている。しかし政治家、官僚、財界人、ジャーナリスト、そして彼らと結託する大学人にしても、自分たちが青春を過ごしたころの、学生運動で荒れ果てた、あるいはその後のすっかり凪いでしまったキャンパスが忘れられないのである。大学は彼らがいたころとはまったく変わってしまっているというのに、自分たちのノスタルジックな大学をそこに重ね合わせ、大学は変わらねばならないと言う。「ハムレットだって？　なにを世迷言を。君たちは王子や王女でないからこそ大学で学ばねばならないのだ。よく学んで――われわれのように――大きな官庁や企業やメディアに就職し、そこで少しでも権力をもてばよい。大学もそのためにもっと効率的になればよい」。しかしそれが「保守革命」でなくて何だろう。

日曜日の夜には、テレビ（ＴＢＳ）で『半沢直樹』をみて胸のすく思いをしている人たちがいた（私もその一人である）。このドラマが『水戸黄門』や『大岡越前』と違うところは、主人公が小さな町工場のせがれで、しかもエリート銀行マンであるということだった。彼の父親は銀行から融資が受けられなくて自殺している。その父の無念を晴らすために半沢は大学に入り、銀行にも就職している。つまり彼はエリートというより、父のために復讐を志すハムレットのようなヒーローである。ハムレットは剣の達人だったが、半沢もまた剣道をたしなむ。大学（ドラマの設定では慶應義塾大学）の剣道部以来の友人で、同じ銀行に就職している同僚が潰されそうになったとき、かつてのように道場で稽古をしながら、「大学時代を思い出せ」と言っていた。あるいは同じ日曜の夜、ＮＨＫでは『八重の桜』をやっていた。ヒロインは会津藩士の娘で、女性のサムライである。鉄砲を学び、籠城戦では鉄砲隊をひきいて活躍している。そして会津が滅びた後、京都で新島襄と出会う。やがて彼らは結婚し、同志社大学の設立を目指すことになる。新島は安中藩の武士であったが脱藩し、国禁を犯してアメリカに渡航し、アマースト大学で理学を学びながらキリスト教に帰依した男である。彼らの結婚には、エロディアードと洗礼者ヨハネではないが、知の起源に関わる「ミステール」（聖史劇、神秘）あるいは「ミニステール」（聖職、内閣の任務）の光が、かろうじて届いていたように思われた。しかしそれらさえも、ブルデューのいう「サムライ」の文化なのかもしれない。

たしかに切腹やギロチンは過去のものとなった。しかし「国家貴族」はいまでも再生産されており、民衆はその支配のもとにある。フランスのアレバや日本の東電はそういう「貴族」たちの企業であり、CGT（フランス労働総同盟）や連合のような組合もその共犯者でしかない。そこにおいては真実を隠蔽することも正義とされる。真実を明かすことがパニックを招き、それによって多くの犠牲者が出ることが予想されるとすれば、そういう不都合な真実は隠蔽されねばならない。そしてそうすることによって成り立つ、とりあえずの平和や繁栄というものがある。ブルデューによれば、国家とは戦争や死刑に際してはあからさまな暴力をふるうが、平和や繁栄をとりあえず維持することによって民衆を支配する「象徴暴力」である。誰もそこから逃れることはできない。支配される者も逆らう者もその支配に協力してしまうこの「暴力」に対して、「学校」はもとより抵抗できない。しかし大学は、この「象徴暴力」を誰の眼にも見えるものにするためにある。ヒーローやヒロインに勇気があらねばならないのは、目には見えないこの暴力と闘わねばならないからだ。「学校」で学ぶやいなや、あるいはそこで学んだ「父」のもとで育てられるやいなや、子どもはその暴力のなかにいる。大学はそれを可視化することによって、すべての人がヒーローやヒロインになりうるようにするものだ。

八世紀からの貴族そして「サムライ」の血（もしくは知）は、いまでもエリート大学卒の官僚、政治家、企業人、法曹、大学人のなかに流れている。それゆえ戦前の亡霊がいまだにさまよっているとしても不思議ではない。しかしこの亡霊はハムレットの父の亡霊のようには語らない。フクシマの事故の後でも原発を新興国に売り込もうとするし、憲法を変えるにはナチスに学べばよいと漏らしたりもする。彼らにとっては、戦後にアメリカの占領のもとで「新制大学」を築こうとした人たちこそクローディアスである。もちろんそのクローディアスにしても、戦後に復権した「サムライ」であることに変わりはない。われわれはハムレットのように、「亡霊」たちの語ることの真偽を確かめることから始めるしかない……。

ＪＲ東海は九兆何千億円をかけて「リニア新幹線」を建設するという。「費用はＪＲ東海が全額負担する」と朝日新聞は書いているが、その記事を読むかぎりでは「全額」という意味が分からない。用地買収の費用は含むのか、関連技術の大学などでの研究開発費は含むのか、電磁波の健康被害の研究には出資するのかなどについて、この新聞記事には何も書かれていない。「科学技術立国」をめざす政府も、おそらくＪＲ東海を「援助」するのだろう。そしてそういう技術を世界に売り込もうとするのだろう。しかし国は、ようやく国際人権規約のなかの「高等教育の漸進的無償化」条項（Ａ規約一三条二項ｃ）への留保を撤回したところである。ＪＲ東海の巨額の利益（国鉄時代から受け継いだ東海道新幹線で儲けたものだ）を回収し、それを大学の学費無償化のために使うべきではないのか。オリンピックの東京への招致のためにフクシマを封印し、何の不安もないかのように世界に向かって語る安倍首相は、日本における高等教育への公的投資が、ＯＥＣＤ諸国のなかであいかわらず最低であることをどのように考えるのだろうか。経済的には世界でも稀なほど豊かになったこの国は、明治維新や第二次世界大戦の後に民衆が貧困のなかで抱いた大学への夢を、いまだに花開かせようとはしていない。「科学技術立国」や「オリンピック」につぎ込む資金はあっても、国家への批判的な知性を育むべきところに国費は使われていない。そのことが豊かになったこの国を、かつてより貧しい国にしてはいないだろうか。

ハムレットはデンマークの国王となる前に死んでしまった。しかしノルウェーの王子にその国の未来を託すまえに、父王の死の真実を明らかにし、正義を回復するのには成功している。それゆえハムレットはいまでも人々の心のなかに生きている。他方、日本という国家の正統性は、いまでも「錦の御旗」としての天皇に支えられている。この「象徴権力」はときどきの重臣たちの言いなりとなることはあっても、ハムレットやエロディアードのような個人をその責任において庇護することはない。もちろんそれは五年任期の大統領をいただく共和政のフランスにおいても同じである（この国でもニコラ・サルコジのような大統領が選ばれ、「五月革命をなきものにする」ための大学改革を行なっている）。しかし「象徴暴力」としての国家を打ち倒すことができないのなら、またグローバリゼーションも「国家」を解消することがないのなら、ドレフュス事件の折のゾラやマラルメを裏切らないような「新たなサンボリスム（象徴主義）」を育むことが大切かもしれない。エリートになろうとする者も、ヒーロー・ヒロインとなろうとする者も、ナショナリストもアナーキストも、「サンボリスム」に関する書物を読み、その限界と「イマジネールな知」の何たるかを知り、そしてそのようにして、もつれにもつれた大学と国家、科学と宗教の糸のからまりを解きほぐしてゆけばよい。ドレフュス事件以後の過ち（二つの世界大戦、フクシマ……）を繰りかえさないために。

この本がそのための一つの糸口となることを願っています。出版にあたっては、新評論の吉住亜矢氏と山田洋氏にお世話になりました。そして装丁では永田淳氏を煩わせました。三人に心からお礼を申し上げます。またここに集められた文章は、私の友人、同僚、学生、恩師など、多くの方々の支えや励ましがあってようやく書き継がれてきたものです。みなさんにこの本を捧げます。認識のあやまりがあればご指摘ください。最後に、この本を手に取るすべての人に、「ハムレットの大学」を！

岡山 茂

二〇一四年五月

【初出一覧】

はじめに――フクシマ以後の人文学　「競争的環境から出会いの場へ：フクシマ以後の人文学」、『週刊金曜日』八八四号、二〇一二年二月、三四-三五頁

第一部　イマジネールな知の行方

エロディアードの大学――マラルメとデリダによる　「イマジネールな知の行方、マラルメとデリダによる大学論」、『デュナミス』一五号、二〇〇七年四月
リクルートスーツのハムレットたちへ　「いま、大学で何を学ぶか、何を教えるか：21世紀のリベラルアーツを考える」、早稲田大学政治経済学部創設一三〇周年記念シンポジウム（二〇一二年一一月一〇日）での発言「「条件なき大学」のリベラルアーツ」に加筆
ハムレットの大学　同題、『デュナミス』一六号、二〇〇九年五月
大学蜂起論――リオタールとデリダによる　同題、『デュナミス』一七号、二〇一一年二月

第二部　アレゼールによる大学論

アレゼールの目指すもの――フランスの大学改革におけるその立場　同題、アレゼール日本編『大学界改造要綱』藤原書店、二〇〇三年、二二九-二四一頁
学長たちの惑星的思考――大学改革の日仏比較　「大学改革の日仏比較と学長たちの惑星的思考」、『現代思想』二〇〇八年九月号、一四三-一五三頁
ボローニャ・プロセスと『大学の歴史』――アレゼールからの批判と提言　同題、『現代思想』二〇〇九年一一月号、一一五-一二五頁
世界同時大学危機とアレゼール　同題、『全大教時報』三五巻三号、二〇一一年八月、六七-七八頁
フクシマ以後の大学　同題、『科学・社会・人間』一二一号、二〇一二年七月、四〇-四五頁
「国立大学法人化」前後のアレゼール日本の言葉から
　マニフェスト　同題、前掲『大学界改造要綱』一-四頁（アレゼール日本の承認を得て転載）
　私立大学の「危機」　同題、前掲『大学界改造要綱』四九-五〇頁
　「大学教員の採用、真の公募制のために！」　同題、前掲『大学界改造要綱』一八二-一八三頁

大学での第二外国語をどうするのか　同題、前掲『大学界改造要綱』三二六－三二七頁
大学を覆うモラルハザード　『朝日新聞』二〇〇四年三月九日夕刊
どうして日本の大学ではストが起きないか　「大学改革の日仏比較――どうして日本の大学ではストが起きないか」、『デュナミス』一四号、二〇〇五年九月

第三部　世界という書物

表象、ジャーナリズム、書物　同題、『早稲田政治經濟學雑誌』三七六号、二〇〇九年一二月、四－六頁
書物逍遙（二〇〇四～二〇一三年　書評）
『フランスを知る』『日仏教育学会年報』一〇号（通巻三二号）、二〇〇四年三月、二五一－二五二頁
『市場化する大学と教養教育の危機』『図書新聞』二〇〇九年七月四日
『ユイスマンスとオカルティズム』『本と社会』二一号、二〇一〇年八月二五日
『無知な教師』『図書新聞』二〇一一年一二月三日
『マラルメの火曜会』『図書新聞』二〇一二年八月四日
『人文学と制度』『図書新聞』二〇一三年八月一〇日
書物という爆弾――一八九〇年代、ドレフュス派としてのマラルメ　「一八九〇年代のマラルメと戦前の日本におけるその受容について」、『教養諸学研究』一〇六号、一九九九年
マラルメによる都市の戴冠、『ディヴァガシオン』を読む　「マラルメによる都市の戴冠――『ディヴァガシオン』のグローバルな読解へと向けて」、『教養諸学研究』一一三号、二〇〇二年
おわりに――ブルデュー『国家について』の余白に　首都圏大学非常勤講師組合早稲田ユニオン分会結成大会（二〇一三年九月二一日、早稲田大学）での発言に加筆

著者紹介

岡山　茂（おかやま・しげる）

1953年生まれ。早稲田大学大学院文学研究科博士後期課程中退，パリ第4（パリ－ソルボンヌ）大学第3課程修了。専攻はフランス文学。現在，早稲田大学政治経済学術院教授。共著に『大学界改造要綱』（アレゼール日本編，藤原書店，2003），『ネオリベ現代生活批判序説』（白石嘉治・大野英士編，新評論，2005／増補2008），訳書にクリストフ・シャルル，ジャック・ヴェルジェ『大学の歴史』（谷口清彦との共訳，白水社，文庫クセジュ，2009），アレゼール『危機にある大学への診断と緊急措置』（中村征樹との共訳，『大学界改造要綱』所収）など。

ハムレットの大学

2014年6月10日　　初版第1刷発行

著　者　岡　山　　茂

発行者　武　市　一　幸

発行所　株式会社　新　評　論

〒169-0051　東京都新宿区西早稲田3-16-28
http://www.shinhyoron.co.jp

電話　03（3202）7391
FAX　03（3202）5832
振替　00160-1-113487

定価はカバーに表示してあります
落丁・乱丁本はお取り替えします

装丁　永　田　淳
印刷　神　谷　印　刷
製本　松　岳　社

ISBN978-4-7948-0964-3
Printed in Japan